牧野文化研究

王　超 —— 著

牧野文献

李景旺／主编

李金玉　聂好春／副主编

中国社会科学出版社

图书在版编目（CIP）数据

牧野文献 / 王超著 . —北京：中国社会科学出版社，2023.3
（牧野文化研究）
ISBN 978 - 7 - 5227 - 1515 - 5

Ⅰ.①牧⋯　Ⅱ.①王⋯　Ⅲ.①文献学—研究—新乡
Ⅳ.①G256

中国国家版本馆 CIP 数据核字（2023）第 040853 号

出　版　人　赵剑英
责任编辑　安　芳
责任校对　张爱华
责任印制　李寡寡

出　　　版　中国社会科学出版社
社　　　址　北京鼓楼西大街甲 158 号
邮　　　编　100720
网　　　址　http：//www.csspw.cn
发 行 部　010 - 84083685
门 市 部　010 - 84029450
经　　　销　新华书店及其他书店

印　　　刷　北京明恒达印务有限公司
装　　　订　廊坊市广阳区广增装订厂
版　　　次　2023 年 3 月第 1 版
印　　　次　2023 年 3 月第 1 次印刷

开　　　本　710 × 1000　1/16
印　　　张　17.75
字　　　数　293 千字
定　　　价　98.00 元

新 乡 赋

——为《牧野文化研究丛书》代序

王国钦

新乡，是中华文明发祥地之一，新石器时期就有先民在此活动。新乡古称鄁国，春秋隶卫，战国属魏，汉为获嘉，自隋文帝开皇六年（586）置县，至今已1400余年。1949年5月7日和平解放，1949年8月至1952年11月曾为平原省省会。其建制、区划屡更，现辖二市、四区、六县。近年来，荣获了全国文明城市、国家卫生城市、国家园林城市、国家森林城市、中国最佳平安城市、中国优秀旅游城市、中国竞争力百强城市、中国十佳和谐可持续发展城市、《福布斯》中国大陆最佳商业城市、中国金融生态城市等光荣称号。2011年，新乡成为中原经济区中原城市群核心城市之一，2016年5月，新乡成为国家自主创新示范区。

新乡者，古来兵家必争之乡也。战鸣条而伐无道，终夏桀而起商汤；征牧野而绾恶纣，盟诸侯而成周武——其故事众所皆知也。围魏救赵，孙膑大败庞涓于桂陵；决战官渡，曹操以少巧胜于袁绍。赵匡胤黄袍加身，大宋文化陈桥始；岳鹏举精忠报国，义军抗金十八营……新中国之初，新乡曾为平原省省会，当下乃十五项国家荣誉获得者、国家二级交通枢纽、河南之省辖市、豫北经济之重镇也。其北邻安邑而南望郑汴，古都鼎立于外而内获新生。登巍巍太行乎居高而临下，瞰滔滔黄河兮达古而通今。更东鲁西晋壤接两省者，鼓双翼正翩翩奋飞也。

新乡者，中华姓氏主要发源之乡也。周武王赐林姓于比干之子；姜太公庇祖荫兮尊享双姓。传黄帝之师建都封父，始为封姓；有周公之子被赐胙地，胙姓见称。辉县原乃共城，姓衍共洪龚恭段；伯儵被封延津，国开曾立南北燕。叔郑封毛，后有毛遂勇于自荐；司寇捐躯，封丘长留牛父英灵。知否季？食宁，始有宁氏双雄起；且看获嘉城外，长立蒙古族五姓碑……史载六十七姓源出新乡，乃海外游子问祖中原之主要热土也。

新乡者，名人荟萃辈出之乡也。英雄治水，共工怒触不周山；剖心尽忠，国神复封忠烈公。直钩垂钓，吕尚得遇文王；名士遁世，孙登长啸苏门。辅国理政，原阳一十六相；同门三宰，人杰更显地灵。张苍精通历算，《九章算术》校正功千载；邵雍发愤苦读，《梅花组诗》预言九百年。解道闲愁，古今一场梅子雨；报国歌头，北宋唯有贺方回。孙奇逢躬耕百泉，位列三大名儒；李敏修宣讲新学，力倡教育救国。嵇文甫堪称学界巨子；徐世昌保持气节暮年……知否杨贵，十春秋奋战悬崖绝壁，创造出人工天河，高扬起一面精神旗帜……古往今来，新乡人能不油然而生自豪之情乎？

新乡者，文化积淀厚重之乡也。青铜器商代铸双璧，国之最圆鼎号子龙。汲冢竹书为纪年之祖；孟庄遗址乃文化之尊。登杏坛则忆圣人风采，品《木瓜》得赏《诗经》名篇。鎏金兽头出土魏王墓；三晋贵族重现车马坑。祖辛提梁卣堪称国宝；战国铸铁窑陶范水平。竹林七贤、李白高适、苏轼岳飞、元好问、郭小川、刘知侠、刘震云等名流隐士、墨客文人，或生于斯或游于斯，皆留下千古佳话矣。成语如天作之合、脱颖而出、歃血为盟、善始善终、运筹帷幄、细柳屯兵，以及没心菜、孟姜女、相思树、香泉寺、柳毅传书、翟母进饭的传说等，亦典出新乡之地或新乡之人也。流连于仰韶文化遗址，吟咏于龙山文化遗存，可观原生之民歌民舞，可玩创新之民间剪纸，复可赏传统之民戏民居……八方来者，亦将因祥符调、二夹弦之美妙乐曲而陶然乐矣哉！

新乡者，文化名胜俊游之乡也。太公庙庇护牧野大地，君子尊崇；比干庙彰表谏臣极则，妈祖归根。武王伐纣盛会同盟山；张良椎秦名噪博浪锥。三善难尽蒲邑之美；奇兽见证潞王奢华。三石坊勒石两代；千佛塔雕佛千尊。魏长城宏伟当年，遗迹已存两千载；中药材百泉大会，海内交易六百秋。太极书院，理学渊薮成风景；关山地貌，雄深险峻叹奇观。彭了凡瓮葬饿夫墓；陈玉成铁骨傲英魂。破司马迷魂兮忆故城络丝，望鸿门夜月兮染五陵晓色；赏李台晚照兮思牧野春耕，观原庄夏景兮漾卫水金波。平原省委旧址，记录辉煌历史；文化步行新街，彰显古贤精神。天苍苍野茫茫，山顶草原跑马岭；林密密水淙淙，避暑胜境白云寺。大河安澜，六十载浩荡东流去；湿地隐秘，万只鸟栖息嬉客来。万仙山、八里沟，壮美太行秀色；七里营、京华园，韵飘人文风光……旅而游之者，能不因之而流连忘返乎？

新乡者，堪谓中原美食之乡也。农博会金奖双获，原阳米无愧第一；原产地认证独颁，金银花绽放中原。封丘芹菜石榴，明清享用宫廷；辉县山楂香稻，今已惠及百姓。黄河鲤鱼跳龙门，双须赤尾；新乡熏枣益健康，色泽鲜明。肥而不腻乎罗锅酱肉；酥香软烂者新乡烧鸡。松酥起层，缠丝烧饼牛忠喜；长垣尚厨，中国烹饪第一乡。他如红焖羊肉、延津菠菜等，均亦远近闻名也……海内愿饱口福之欲者，新乡岂非中州首选乎？

新乡者，创新更新鼎新之乡也。忆当年人民公社，曾领先时代，留几多思辨；看今日城乡统筹，再与时俱进，敢万里弄潮。刘庄群众感念史来贺，问其间几多历史传奇？无私奉献不忘郑永和，慨辉县精神敢为人先。让一段岁月流金，太行公仆碑树吴金印；造几多乡村都市，刘志华好个巾帼英雄……耿瑞先宏图大展领头雁，范海涛变废为宝担责任，裴春亮富而思源惠乡邻。电池回收换来新乡少污染，挂壁公路终使汽车进山来……尽为民服务兮感动中国，数风流人物兮还看新乡。仰先进群体兮群星灿烂，育英雄辈出兮雏凤高鸣。

新乡者，和谐奉献崇文常新之乡也。季候分明兮冬寒夏热，人民勤劳兮春早秋凉。矿藏丰富兮振兴经济，土地肥沃兮图画粮棉。人才战略兮持续强市，机械制造兮海内闻名。战略重组，产业升级，集群发展迈新步；铜管铜业，冰箱冰柜，金龙新飞两夺冠；白鹭化纤，华兰生物，产品崛起赖创新。能源汽车生物医药，数十产品领先同行列前五；神九神十蛟龙航母，核心部件与祖国同行，破茧催生新乡模式；让新乡常新，改革成就新乡精神。机遇和挑战并存兮，路漫漫其修远；牧野兼榴花火红兮，泪盈盈而沾襟。

原载 2009 年 4 月 20 日《光明日报》

2018 年 5 月 28 日修订于中州知时斋

自　序

新乡又称牧野，《牧野文献》是一部上起先秦下迄民国时期的新乡籍、客居新乡的作者及其著述的总录。

牧野文化作为一种地方文化，在中原文化和华夏文化发展过程中起到重要作用。牧野文化的主要载体就是牧野文献，要了解和研究中原文化和牧野文化，就离不开牧野文献。受《中州艺文录》《中州文献总录》《两浙著述考》《皖人书录》《襄城文献录》《鄢陵文献志》等影响，决定编著一部此类作品，摸清新乡文献的家底。

本书的编著，具有较扎实的文献基础。《中州文献总录》《中州艺文录校补》《元明清中州艺文简目》《中州历史人物著作简目》《中州艺文志》《中州诗抄》《中州诗征》《中原文化大典·著述典》内容丰富，为本书编写奠定重要基础。关于人物介绍方面，对于一些知名人物，可以利用《河南历代名人辞典》、孙奇逢的《中州人物考》、李时灿的《中州先贤传》《历代中州作家简录》和二十五史人物传记；一些不太知名者，需要依赖《卫辉府志》《新乡县志》《辉县志》《延津县志》《阳武县志》《原武县志》《获嘉县志》《长垣县志》《封丘县志》等方志文献中的人物传记。

大致看来，本书具有以下一些创新之处。一是增加了一些文献，比《中州文献总录》和《中州艺文录》等著作的新乡文献数量要多一些。二是利用方志类文献，补充了明代之前的一些文献。《中州艺文录》等收录文献明清以来居多，明以前甚少。三是纠正一些错误的说法。如《中州文献总录》称王赟"辉县人"，查道光《辉县志》卷11《人物志·寓宦·王赟传》（646），他乃直隶新安人。四是增加了封丘等个别县区的文献种类。五是利用地方志和正史等文献进行人物介绍，并标明参考文献，可信度高。六是利用工具书，对文中重要名词进行解释。

本书也存在一些不足之处。本书为目录类著作，主要凭个人之力完成，由于能力不足，加上时间不足，存在以下缺陷：一些文献仅列名称、作者、卷次等基本信息，未评述内容；部分文献无法确定存佚，未特别注明；不能尽览相关文献，一些内容参考了前人成果，未予核实。当然，还存在其他一些问题，不再赘述。

本书的写作，得到我的博士研究生导师李小林教授的支持和帮助，提出大量中肯的意见，代为找寻一些不常见书籍，为本书增色不少。另外，我指导的"创新引飞"学生刘晓诚、宋君昊、侯梦瑶、陈芊芊等做了一些资料收集和校对工作，在此一并谢过。

凡　例

1. 本书坚持以马克思列宁主义、毛泽东思想、邓小平理论、"三个代表"重要思想、科学发展观和习近平新时代中国特色社会主义为指导，在编纂内容上坚持存真求实，突出科学性、文献性、资料性、代表性和实用性。

2. 本书旨在对新乡市一地历史人物所著文献作较为全面的搜集、整理和总结，并加以全面的著录。

3. 本书依地域、时代为序编次。当下新乡市辖区包含四区八县，其地域范围大致与 1949 年之前的新乡县、获嘉县、延津县、辉县、卫辉市（原汲县）、封丘县、原阳县和长垣县等相当。八县之下，再以文献责任人生卒年、大致活动时间等先后罗列，起于先秦时期，止于 1949 年中华人民共和国成立。如此按照空间和时间确定本书基本框架。

4. 本书以人系书。按照文献责任人的祖籍、长期居住、任官等，确定著录人选，归入相应的地域。然后简要介绍责任人，主要介绍生卒年（年号纪年和公元纪年并用）、字号、籍贯（注古今地名，古今地名一致者不注今地名，现籍贯一项，按《中华人民共和国行政区划简册》河南部分为准）、科举、任官和"传记"出处。最后介绍相关文献，主要介绍文献名称、卷数、存佚、版本、著录、收藏、主要内容和评价。由于"序""跋"包含大量信息，部分文献介绍罗列其全文或部分。部分文献责任人无考者，则以文献为纲，置于该时期尾部。

5. 本书所收录文献，包括书籍，也包括散见的诗、词、曲和文章等多种文献类型。

6. 存佚问题。对著作存佚，除实地查阅相关文献收藏情况外，多查阅各种工具书目和各种地方志的《艺文志》，因而挂一漏万，可能会存在失收、错收和存佚不确等情况，敬请读者谅解。

7. 本书涉及历史纪年，民国以前均以帝王年号纪年（后注明公元纪年），民国时期以民国纪年（后注明公元纪年），中华人民共和国成立以来，直接采用公元纪年。

8. 本书中涉及的古地名，一律文中注明今地名。

9. 主要参考各种"地方志"和《中州艺文录》《中州文献总录》《中原文化大典》《中州历史人物著作简目》《元明清中州艺文简目》等多种文献，并参考其他前人研究成果。

10. 为了检索方便，附有姓氏笔画索引。

11. 对于文献存佚，除了查阅现存各种版本的文献外，大量参考各种工具书目，存佚不确或失实在所难免，敬请批评指正。

目　　录

第一章　新乡文献

一　新乡的历史沿革

新乡县，商代属于畿内，周代为鄘国。秦朝属于三川郡汲邑。汉代为"河内郡之获嘉、汲二县地"[1]。晋代属汲郡，后省。北魏太和二十三年（499）复置。北齐废。隋代开皇六年（586），"于古新乐城置新乡县"[2]，属于河内郡。唐代初年"属义州，以后属殷州，贞观初（627）属卫州"[3]。五代仍属卫州。宋代熙宁六年（1073）县废，属于汲县。元祐二年（1090）复置新乡县，属于卫州。金袭宋制。元代属卫辉路。明代属卫辉府。清代沿用明代制度。

民国三十八年（1949），新乡县全境解放，划出县城扩建为新乡市。

二　宋辽金元时期的新乡文献

詹文，宋元祐年间曾任武骑尉[4]。其他事迹不详。

《新乡县重修学记》，詹文撰，存。该文记载了元祐四年（1089）重修县学之事。正德《新乡县志》卷6《文翰》、万历《卫辉府志》卷14《艺文志上》、乾隆《卫辉府志》卷45《艺文志》均著录，并收入全文。

---

① 顾祖禹：《读史方舆纪要》卷49《河南四·卫辉府·新乡县》，中华书局2005年版，第2308页。

② 顾祖禹：《读史方舆纪要》卷49《河南四·卫辉府·新乡县》，中华书局2005年版，第2308页。

③ 顾祖禹：《读史方舆纪要》卷49《河南四·卫辉府·新乡县》，中华书局2005年版，第2308页。

④ 武骑尉，宋朝为十二级勋官末等，从七品。

邢泽民，宋哲宗时汉阳人。其他事迹不详。

《太公庙记》，邢泽民撰，存。作于绍圣元年（1094）。该庙在"新乡县东北距邑二里，卫河之傍，茹岗之上"。正德《新乡县志》卷6《文翰》收录，作"《卫州新乡县重修太公庙记》"。另乾隆《卫辉府志》卷45《艺文志》著录，并收入全文。

三　明清民国时期的新乡文献

梁海，字德源，人称"沧溟先生"，河南新乡人。明代永乐时，举贤良①，不就。事迹详见乾隆《新乡县志》卷30《人物上·梁海传》。

《教言》，梁海撰，佚。乾隆《新乡县志》卷30《梁海传》著录。

潘铎，字振斋，明代新乡人。弘治己未科进士。历官兵科给事中、汉中知府和浙江右布政使。事迹见正德《新乡县志》卷4《人物·潘铎传》、万历《卫辉府志》卷11《人物志·潘铎传》、乾隆《新乡县志》卷30《人物上·潘铎传》。

《修城记》，潘铎撰，存。记载明代正德年间修筑新乡县城垣事。乾隆《卫辉府志》卷46《艺文志·记二》著录，并收入全文。

《重修民乐桥记》，潘铎撰，存。正德《乾隆县志》卷6《文翰》著录，并收入全文。

梁旭征，梁问孟之子，明代新乡人。嘉靖时诸生②，以荫官至大理寺少卿③。事迹见乾隆《新乡县志》卷33《义行·梁旭征传》。

《凤池雅集》，梁旭微撰，佚。乾隆《新乡县志》卷33《梁旭征传》著录。

《廷尉漫草》，梁旭微撰，佚。乾隆《新乡县志》卷33《梁旭征传》

---

① 举贤良，汉代的选举制度，推荐有才能、有学识的人。明清沿用。

② 诸生，明清时期经考试录取而进入府、州、县各级学校学习的生员，有增生、附生、廪生、例生等之别，统称诸生。

③ 大理寺是中国古代中央最高审判机关，其长官为大理寺卿，副长官是大理寺少卿。唐以后宋、元、明、清各朝大理寺皆设少卿。

著录。

郭孔完（1490—1560），字元成，别号前川，明代新乡人。嘉靖元年（1522）举人，授兴平知县。卒时 59 岁。事迹见万历《卫辉府志》卷 11《人物志·郭孔完传》、乾隆《新乡县志》卷 30《人物传·郭孔完传》和乾隆《卫辉府志》卷 52《艺文志·郭孔完墓表》。

《前川日录》，郭孔完撰，1 卷，佚。乾隆《新乡县志》卷 22《艺文志》和卷 30《郭孔完传》均著录。

《读书寱言》，郭孔完撰，4 卷，佚。乾隆《新乡县志》卷 30《郭孔完传》著录。

杨允（1486—1562），字展成，明代新乡人。嘉靖四年（1525）举人。事迹见乾隆《新乡县志》卷 30《人物传上·杨允传》。

《南园先生文集》，杨允撰，10 卷，佚。乾隆《新乡县志》卷 22《艺文志》作《南园先生集》。乾隆《新乡县志》卷 30《人物上·杨允传》著录。

《南园先生诗集》，杨允撰，1 卷，佚。乾隆《新乡县志》卷 30《人物传上·杨允传》著录。

梁问孟，梁大朝①之子，字静庵，号静斋，明代新乡人。八岁能文，嘉靖四十四年（1565）进士，授浙江西安知县。后历官兵科都给事中②、陕西布政使、宁夏巡抚。年 60 岁卒葬今新乡县七里营镇敦留店村。事迹见乾隆《新乡县志》卷 30《人物上·梁问孟传》。

《梧垣奏议》，梁问孟撰，1 卷，佚。乾隆《新乡县志》卷 21《艺文志》著录。

《抚宁疏稿》，梁问孟撰，2 卷，佚。乾隆《新乡县志》卷 21《艺文志》著录。

---

① 梁大朝，字班蒞，乾隆《新乡县志》卷 30《人物志上》有小传。

② 明代兵科都给事中是兵科主官，洪武二十四年（1391）设，一人，正八品，建文年间升正七品。

《杨林纪事》，梁问孟撰，1卷，佚。乾隆《新乡县志》卷22《艺文志》著录。

郭淐，字原仲，号苏门，郭蒙吉①之子，明代新乡人。为诸生时，被李化龙曾誉为"中州第一秀才"。万历二十三年（1595）进士，由庶吉士②进编修。历官左春坊庶子③、少詹事④、礼部右侍郎等。事迹详见乾隆《新乡县志》卷30《人物上·郭淐传》、乾隆《卫辉府志》卷51《艺文志·祭文·明熹宗谕祭郭淐文》、道光《辉县志》卷11《人物志·寓宦·郭淐传》。

《郭氏家谱》，又名《郭氏家乘》郭淐撰，2卷，残存。乾隆《新乡县志》卷30《人物上·郭淐传》、乾隆《新乡县志》卷21《艺文志》均著录，后者收入"自序"和孙奇逢"序"。国图藏有1卷刻本。

《东事书》，郭淐撰，1卷，存。未见著录。汇辑万历四十七年（1619）至天启二年（1622）与其季弟之家书，及与文总督、李督饷、熊经略上政府诸书，皆讨论自开铁、抚顺失守以迄广宁失陷之辽东兵事和治疗之法。前有"自序"。有天启间刻本国图藏。

《菉竹园文集》，郭淐撰，2卷，佚。乾隆《新乡县志》卷22《艺文志》和道光《辉县志》卷13《经籍志》均著录。

《菉竹园诗集》，郭淐撰，1卷，佚。乾隆乾隆《新乡县志》卷22《艺文志》、卷30《人物上·郭淐传》和道光《辉县志》卷13《经籍志》均著录。

---

① 郭蒙吉，字子正，明代新乡人。由岁贡授临清州同知。事迹见乾隆《新乡县志》卷30《人物上·郭蒙吉传》。

② 庶吉士，亦称庶常，明清翰林院庶常馆学员。永乐二年（1404），置翰林院庶常馆，选进士之优于文学书法者充之。在馆学习三年后奏请"御试"，分发任用，称"散馆"，或授编修、检讨，或授部员司员、知县，亦有留馆者。

③ 左春坊，官署名，唐代始设，明清隶詹事府。明代洪武十五年（1382）更定左右春坊官，置大学士一员，掌太子上奏请、下启笺及讲读之事；又有左庶子、左谕德各一员，左中允、左赞善、左司直郎各二员。二十九年（1396）又增置左清纪郎、左司谏、左通事舍人。嘉靖、隆庆之后，仅为翰林编修、检讨升迁之阶。

④ 少詹事，即明清詹事府少詹事。《明史·职官志二·詹事府》："詹事一人，正三品；少詹事二人，正四品。"

《后山公千之墓表》，郭湄撰，存。乾隆《卫辉府志》卷 52《艺文志·墓表》著录，并收入全文。

郭浣，字季昭，号孟诸，郭湄之弟，明代新乡人。万历三十八年（1610）进士，授行人。历官户部主事、荆州知州、天津兵备副使、南昌知府、山西粮道，终凉州参政①，忧劳成疾，卒于官，年 60 岁②，入乡贤祠。事迹见乾隆《新乡县志》卷 30《人物上·郭浣传》和道光《辉县志》卷 11《人物志·寓宦·郭浣传》。

《荆州三事记》，郭浣撰，1 卷。乾隆《新乡县志》卷 21《艺文志》著录。"自题"云："天启丙寅六月，浣已到天津任，而楚旧按台追参浣。其疏中原无秽迹，所指摘者三事而已。今述三事始末于后，不惟浣不肯一语失真，原案具在，亦无所容其不真也。"③

《宦草诗集》，郭浣撰，1 卷。乾隆《新乡县志》卷 22《艺文志》著录。

《宦草文集》，郭浣撰，1 卷。乾隆《新乡县志》卷 22《艺文志》、道光《辉县志》卷 13《经籍志》均著录，其中前者收入贺仲轼"序"和毛际可"序"。

《家藏集》，郭浣撰，佚。乾隆《新乡县志》卷 30《人物上·郭浣传》附孙奇逢撰《郭公传》著录。

《伯兄松石先生泸墓表》，郭浣撰，存。郭泸，郭浣之兄，字伯方，号松石。乾隆《卫辉府志》卷 52《艺文志·墓表》著录，并收入全文。

《张公克俭德政碑》，郭浣撰，存。张克俭，字禹型，山西长治人，崇祯四年（1631）任辉县令。其事迹见道光《辉县志》卷 10《循政志·名宦·张克俭传》。乾隆《卫辉府志》卷 44《艺文志·碑》著录，并收入全文。

---

① 参政，明朝各布政使司置，从三品，位在布政使之下。有左参政、右参政之别，无定员，随事增减。掌分守各道，及派管粮储、屯田、驿传、水利、抚民等诸事。
② 吕友仁主编《中州文献总录·上》（中州古籍出版社 2002 年版，第 828 页）作 68 岁。据乾隆《新乡县志》记载，当为 60 岁。
③ （清）赵开元纂，（清）畅俊修：乾隆《新乡县志》卷 21《艺文志》，《中国方志丛书·华北地方》第 472 号，台北：成文出版社 1976 年版，第 754 页。

郭士标（1605—1688），字公望，别号中水，郭浣之子，新乡人。以荫入国子监。卒年 83 岁。事迹见乾隆《新乡县志》卷 31《人物下·郭士标传》和乾隆《卫辉府志》卷 52《艺文志·郭士标墓志铭》。

《俊杰传》，郭士标撰，3 卷，佚。乾隆《新乡县志》卷 21《艺文志》、卷 31《人物下·郭士标传》和《中州艺文录》卷 37 均有著录。孙奇逢"序"曰："予过公望之多景楼，楼头一几一编，曰《俊杰传》。传凡八人：汉之子房、孔明，唐则怀英、子仪，宋稚圭、孝文与元晋卿、明伯安。噫，此八人者，真千古之俊杰也哉！八人而非俊杰，谁当称俊杰者？水镜之言曰：识时务者是谓俊杰。一时有一时之务，一人有一人之时，不甘以凡民自囿，便是以俊杰自期，为之即是，其谁限之？……公望为苏门先生嗣，负高才，守先荫，李德裕一流人。甲申后，销前代荫，公望一意恬养，绝意仕进，非所称识时务者耶？其手录此八人也，亦所谓夺他杯酒，浇我垒块耳。公望定以予言为知言。"①

《隐逸传》，郭士标撰，1 卷，佚。乾隆《新乡县志》卷 21《艺文志》、卷 31《人物传下·郭士标传》、《中州艺文录》卷 37 均著录。是书载东汉郭泰、陈寔，魏宋管宁、陶潜，宋元周敦颐、邵雍、刘因七人事迹。"自序"曰："予前有《八俊杰传》，今复有《七隐士传》。八人乃行义达道，仁覆天下者也；七人乃隐居求志，天下归仁者也。求志者求此仁，行义者行此仁，此孔门用行舍藏之旨，孟子所谓禹稷颜子，易地皆然者耳。先生此言正予欲合孔氏逸民之意，遂录之，以为亦师亦友之助。"②

《宿好录》，郭士标撰，10 卷，佚。乾隆《新乡县志》卷 22《艺文志》、卷 31《人物下·郭士标传》和道光《辉县志》卷 13《经籍志》均著录，今未闻有传本。

郭士栋，字公隆，别号南湖，郭士标之弟，新乡县人。顺治九年

---

① （清）赵开元纂，（清）畅俊修：乾隆《新乡县志》卷 21《艺文志》，《中国方志丛书·华北地方》第 472 号，台北：成文出版社 1976 年版，第 755 页。

② （清）赵开元纂，（清）畅俊修：乾隆《新乡县志》卷 21《艺文志》，《中国方志丛书·华北地方》第 472 号，台北：成文出版社 1976 年版，第 756 页。

（1652）岁贡，考授县令，母病不赴任，母殁，以毁卒，祀乡贤。事迹见乾隆《新乡县志》卷31《人物传下·郭士栋传》。

《大易解》，郭士栋撰，2卷，佚。乾隆《新乡县志》卷21《艺文志》、卷31《人物传下·郭士栋传》、《中州艺文录》卷37皆著录，今佚。

《四书解》，郭士栋撰，10卷。乾隆《新乡县志》卷21《艺文志》、卷31《郭士栋传》、《中州艺文录》卷37均著录。

郭汝靖，河南新乡人。郭瑄①之孙，以岁贡②任教授，后升长子县令，未任。事迹详见乾隆《卫辉府志》卷27《儒林·郭汝靖传》。

《敬斋集》，郭汝靖撰，今佚。乾隆《新乡县志》卷22《艺文志》、乾隆《卫辉府志》卷27《郭汝靖传》、民国《新乡县续志》卷3《艺文》均有著录。

储珊，字朝珍，明代南直隶颍州（今安徽阜阳）人。弘治十二年（1499）进士，十八年（1505）来任新乡知县。事迹见万历《卫辉府志》卷7《官师志·新乡县知县年表》小传。

正德《新乡县志》，储珊修，李锦纂，6卷，存。此书《天一阁藏书总目》著录，今孤本藏天一阁博物馆，另有1963年上海古籍书店影印本和《天一阁藏明代方志选刊》影印本流传较广。该志共6卷，前有知县储珊"序"，提出纂修旨要："区分类别，事以实而欲言，词以简而欲明。"各目所记简明，有关生产、贸易、民风、俗尚等较翔实。志书通例不为现任职官立传，然储珊之名见于传、文翰、名宦等达十余次之多。

李锦，字廷璋，明代南直隶江浦（今属江苏）人。举人出身，曾任新乡县儒学训导。见乾隆《新乡县志》卷4《秩官中·训导年表》小传。

---

①　郭瑄，新乡县人，明代弘治己未科进士。事迹见万历《卫辉府志》卷11《人物志·郭瑄传》和乾隆《新乡县志》卷30《人物志·郭瑄传》。

②　岁贡，国子监贡生之一种。明清时期，每年或两三年要府、州、县学选推年资长久的廪生升为国子监的生员，这种生员就称为岁贡。选推的数量开始不限，后来定额。

《贤侯储公德政记》，李锦撰，存。储公指知县储珊。正德《新乡县志》卷6《文翰》著录，并收入全文。

茹鸣金，明代南直隶无锡（一说太医院籍）人。嘉靖二年（1523）进士，正德末年来任新乡县知县。见乾隆《新乡县志》卷3《知县年表》。

嘉靖《新乡县志》，茹鸣金修，佚。万历二十二年（1594）郭庭梧"序"言："志自弘正以前不可考。嘉靖初，邑侯茹公始辑成编，岁久散佚，脱略无次。"该书已失传，郭"序"存康熙《新乡县续志·艺文志》内，乾隆《新乡县志》转载。

李承宝，号信斋，明代新乡县人。岁贡出身。素善谈兵，亦善卜，精于脉理，每遇危疾诸医敛手，宝辄起之。曾任山东灵山卫教授①。事迹详见乾隆《新乡县志》卷33《人物·技术·李承宝传》。

万历《新乡县志》，余相修，李承宝、郭从可纂，7卷，佚。② 该书已不传，仅有余相"序"存于康熙《新乡县续志·艺文志·序跋》。

《医卜闲谈》，李承宝撰，1卷。乾隆《新乡县志》卷22《艺文志》著录。

《遁甲八阵图》，李承宝撰，2卷。乾隆《新乡县志》卷22《艺文志》著录。

卢大谟，明代北直隶永年（今属河北）人。举人出身，万历十八年（1590）来任新乡知县。事迹见万历《卫辉府志》卷7《官师志·新乡县知县年表》、乾隆《卫辉府志》卷29《名宦·卢大谟传》。

万历《新乡县志》，卢大谟修，唐仁焕、陈至言、靳有德③纂，佚。

---

① 教授，学官名，北宋创设。明代诸府、都司、卫之学皆置，掌教诲、训导、考核、管理生员，初为正九品，后改从九品。清代唯设于府学及直隶厅儒学置，正七品。

② 余相，别号定所，明代浙江会稽（今绍兴）举人。万历五年（1577）任新乡县知县，事迹详见万历《卫辉府志》卷7《官师志·新乡县知县年表》小传。郭从可，明代新乡县人，事迹见乾隆《新乡县志》卷30《人物上·郭从可传》。

③ 当时唐仁焕任新乡县教谕，陈至言、靳有德二人任训导。

万历二十二年（1594）重修志书成。康熙《新乡县续志·艺文志》收入卢大谟"跋"和郭庭梧、梁问孟二人"序"。

《改册入卫议》，卢大谟，存。乾隆《卫辉府志》卷38《艺文志》著录，并收入全文。

米寿图（？—1654），字青坪，明代北直隶宛平人。崇祯年间，由举人来任新乡知县。娴于武略，亦重文治。事迹见《明史》卷183《列传·忠义·米寿图传》和乾隆《卫辉府志》卷29《名宦·米寿图传》。

崇祯《新乡县志》，米寿图修，佚。米寿图延本县张问仁等数人续修县志，崇祯十三年（1640）成稿付梓。该书今佚，唯有本县张缙彦"序"存后志中。

赵开元，江西奉新人。进士出身。乾隆五年（1740），由汤阴调任新乡县知县。见《乾隆新乡县志》卷3《秩官上·知县年表》小传。

乾隆《新乡县志》，赵开元修，畅俊纂，34卷，存。开元集当地乡绅修志，以康熙旧志为底本，乾隆十三年（1748）付梓。全志34卷，此次纂修，基本因循旧志，保存赋役、河渠等精华，设关梁志并附邮传目，详载交通关隘、桥梁、驿站，并附明清有关文件、条陈、德政记等。风俗志序目逐月记载各处庙会44处，较为罕见。艺文以经、史、子、集四部分类，各类又列子目。每种著作录书名、卷数、著者，部分附有序跋。新增内容大为丰富。

《增修鄘南书院记》，赵开元修，存。鄘南书院遗址，在新乡市旧城内小东街南附，即今染织厂址。因新乡居古鄘国辖区南部，故名鄘南书院。乾隆《卫辉府志》卷48《艺文志·记四》著录，并收入全文。

畅俊，字逸群，殷元福外孙，新乡人。乾隆三年（1738）举人，工书法。事迹见民国《新乡县续志》卷5《人物志·畅俊传》。

《鄘南书院课则》，畅俊撰，1卷。乾隆《新乡县志》卷22《艺文志》著录，并收入缪臻"序"，曰："时主教者，盖予同年友逸群畅君也，陈蕃座上，特高悬榻之风；黄泽堂前，大展执经之礼。丹砂玉札，尽入医师；根阃櫹栌，咸归匠氏。袪衣负笈，居然岳麓之名英；鼓箧扣钟，苑尔嵩阳之硕彦。课则敷陈乎座右，善比文翁；箴言胪列于案头，严逾常爽。言言导窾，直通苦孔之情；字字警心，曲尽铸彦之术，器识文艺，先后攸分；学问交游，正邪必辨。春风秋月，每按日以摊书；瓦屋纸窗，辄分期而搦管。"

《冷香吟》，畅俊撰，1卷，佚。乾隆《新乡县志》卷22《艺文志》、民国《新乡县续志》卷3《艺文·著述》均著录。

《学步草》，畅俊撰，1卷，佚。乾隆《新乡县志》卷22《艺文志》著录。《中州诗钞》《河南通志艺文志稿》均著录。程后濂"跋"曰："此吾师逸群先生有韵之言也。先生幼负奇姿，于书无所不读，弱冠即才名四驰，不独以诗见长。迨挟策壮游，得江山之助，遂尤精于诗。盖陶写性真，不事雕饰，自然名贵。又工书，得句辄自写之，远迩传颂，咸谓可追步少陵。"

乾隆《新乡县志》，赵开元修，畅俊纂，34卷，首1卷，刊本，存。赵开元时任新乡知县。该志有11图、4表、19志、12列传。卷首有"万历己卯新乡县志后序""万历甲午新乡县志序""御史邑人梁问孟序""崇正新乡县志序""顺治新乡县志序""康熙新乡县续志序""周毓麟序"等。今存有上海书店出版社《中国地方志集成》影印本和台湾成文出版社《中国方志丛书》影印本，后者为乾隆十二年（1747）石印本。

李光翰，字国祯，明代新乡人。明代弘治十二年（1499）进士，历官南京户科给事中、台州知府等。事迹见正德《新乡县志》卷4《人物志·李光翰传》、万历《卫辉府志》卷11《人物志·李光翰传》、乾隆《新乡县志》卷30《人物志·李光翰传》和《明史》卷188《李光翰传》。

《定疑讲义》，李光翰撰，10卷，今佚。万历《卫辉府志》卷11《人物志·李光翰传》、乾隆《新乡县志·李光翰传》均著录，今不传。

贺国定，明代河南新乡人。举人出身，嘉靖四十一年（1562）任赵城知县，甚得民心。事迹见嘉靖《赵城县志》。

《赵城县志》，贺国定撰，8卷，刻本。此志修于嘉靖四十五年（1566），续旧志而作。

郭廷梧（1534—1603）①，字子材，号养斋，郭从可②之子，明代新乡人。嘉靖四十四年（1565）进士，任山西曲沃知县，后官至湖广巡抚。死后入乡贤祠。③ 事迹见乾隆《新乡县志》卷30《人物上·郭庭梧传》。

《曲水园诗文集》，郭廷梧撰，2卷（诗、文各1卷），佚。乾隆《新乡县志》卷22《艺文志》称“《曲水园诗集》1卷”。

《河防记》，郭廷梧撰，存。乾隆《卫辉府志》卷47《艺文志·记三》著录，并收入全文。

梁祚明，字嵩岳，梁问孟之孙，明代新乡人。隆庆时以荫入国子监。事迹见乾隆《新乡县志》卷32《列传·孝友·梁祚明传》。

《古字集略》，梁祚明撰，1卷，佚。乾隆《新乡县志》卷22《艺文志中》、《河南通志艺文志稿》均著录，今未闻。

《读史汇编》，梁祚明撰，50卷，佚。乾隆《新乡县志》卷22《艺文志中》著录。

《尤物记》，梁祚明撰，3卷，佚。乾隆《新乡县志》卷32《梁祚明传》著录。

《鹔金录》，梁祚明撰，4卷，佚。乾隆《新乡县志》卷22《艺文志中》卷32《梁祚明传》均著录。

《镜古录》，梁祚明撰，1卷，佚。乾隆《新乡县志》卷22《艺文志中》著录。

张缝彦，字洙源，张缙彦兄，明末清初河南新乡县人。贡生出身，荐授东阳训导，以母老不就。卒祀乡贤祠。事迹详见乾隆《新乡县志》卷

① 乾隆《新乡县志》卷30《人物传上·郭庭梧传》、乾隆《卫辉府志》卷47《艺文志》均作“庭”。

② 郭从可，字黄冈，事迹见乾隆《新乡县志》卷30《人物上·郭从可传》。

③ 乡贤祠，州县学校及部分书院供奉当地先达名贤的祠宇。东汉创设。唐宋以来，地方学校间有建祠祀其乡贤者。明以后，州县学宫则普建祠，部分书院亦有建者，凡有品学而为地方推重者，死后由大吏题请，皆得入祀其中。每年春秋释奠先师的同日，由地方官主持，以少牢礼致祭。

27《邱墓下·张缝彦墓志铭》卷31《人物传下·张缝彦传》。

《卧园诗》，张缝彦撰，1卷。乾隆《新乡县志》卷22《艺文志》著录，并收入王铎"序"，略曰："洙源诗，大略感愤坎坷之所为也。其致震震于蠮蛸盯疃，离别不堪之况，盖有忧悴之心焉。"

《真武庙记》，张缝彦撰，存。乾隆《新乡县志》卷24《祠祀上》著录，并收入全文。

张缙彦①，字濂源，号坦公，张缝彦弟，明末清初新乡县人。崇祯四年（1631）进士，授陕西清涧县知县，后累官兵部尚书。入清后，历官山东右布政使、浙江左布政使、工部右侍郎等。后缘事革职戍宁古塔。事迹见《清史稿》卷245《列传三十二·张缙彦传》。

《河夫输派疏》，张缙彦修，存。乾隆《卫辉府志》卷38《艺文志·疏》著录，并收入全文。

《危城纪事》，张缙彦撰。《中州艺文录》卷37、《河南通志艺文志稿》均著录，未闻有传本。

《河朔杀贼始末》，亦名《河朔杀匪始末》，张缙彦撰，1卷。乾隆《新乡县志》卷21《艺文志》著录。"自序"曰："彦以苟日中枢，丁国大变，才既钝短，时已倥偬。痛哉！辞墓出门时，已永诀母子昆弟矣。朝房终制，故任而未任，公廨投缳，又死而未死。天乎！何沈孽缠绵，使我至此极也？贼使牛金星说降，具揭抗之贼，于是使权将军张能加刑拷矣，制将军王爱臣旋羁继矣，降贼内官王德化加困辱矣。伤哉！此际绝吭何难？储君尚在血，诚未了，死亦不足塞责耳！乃结义人劫之于途，混迹于乱军，匿名于深山，变形于黄冠，苦楚于跋涉，决计南渡，誓志报复。又被伪都尉诘获于仪封，押解于延津；伪锦衣又追捕于新乡，千死万死，只影间关，痛哉！此时自分骂贼而死，所志已矣，书述变歌于书壁，与卫紫岫诀绝。翌日，即破家呼义，舍身扑杀，幸而义奋云集，遂歼伪将贼兵数百人，大竖旗麾，晋、豫响应，连举三郡，彦谓：'此时苦难堪矣！'一面驰奏，一面挺身面国朝，诸固山犒其师，以大清为明雪仇也。孤臣孽子所为极难，虽杀贼泄忿未补毫毛。而母祖妻妾流离客死，家破人亡。万劫

①　李兴盛主编：《李兴盛文集》（第1卷），黑龙江人民出版社2018年版，第228页。

未尽，谨将疏檄歌札诸项，信手记之，以志吾罪耳。"

《商麻应诏始末》，张缙彦撰，1 卷佚。乾隆《新乡县志》卷 21《艺文志》和《中州艺文录》卷 37 均著录，前者收入"自序"。明末清初，张缙彦避祸于六安州的商麻山中据险自守。清廷派人前往招抚，是文作于是时。

《两义侠传》，张缙彦撰，1 卷，佚。《中州艺文录》卷 37、《河南通志艺文志稿》均著录，未闻有传本。不知两义侠为何许人。

《二岳名山志》，张缙彦撰，1 卷，佚。乾隆《新乡县志》卷 21《艺文志》《中州艺文录》卷 37、《河南通志艺文志稿》均著录，后者作《五岳名山志》。

《宁古塔山水记》，张缙彦撰，1 卷，存。乾隆《新乡县志》卷 21《艺文上》著录，并收入"自序"和殷元福"跋"。"自序"曰："予窜身万里，自辽沈出阴沟关道，经十八道岭，十八道河，询之土人，皆不能名，予以为骤遇之不能知也。及再历百余山，百余河，亦迄无能名者，迨至今，所亡二年，环堵皆山，即予亦不能指其一峰一壑也。乃知域外之观，非耳目之可及，心思之可测，名字之可类，意天固留之，以待幽人放逐之臣，有如是哉！……穷乡僻壤，耳目有穷，意兴无极，又乌可以已乎？乃与吴江钱德维、吴汉槎谋，再搜索，撰为山记。无名，姑以其地，以其里，以其所居之人姓氏名之，亦曰由其山性与幽逐之人，见弃于世者，同归之无名焉耳！"① 殷元福《跋》曰："吾邑坦公先生，以八斗宏才被谪肃慎，流离患难，不废琴书。披览之余，辄与同时被放骚人，流连于山巅水涯，以抒幽怀。凡所经历必悉志之。其文雄深雅健，与子厚相颉颃。即零记碎书，皆露坚光。殆削尽铅华，独存真液者也。"② 今有《续修四库全书》影印本。

《新乡县新志》，张缙彦撰，4 卷，佚。乾隆《新乡县志》卷 21《艺文志》和《中州艺文志》卷 37 均著录。顺治十七年（1660）修成县志付

---

① （清）赵开元纂，（清）畅俊修：乾隆《新乡县志》卷 21《艺文志》，《中国方志丛书·华北地方》第 472 号，台北：成文出版社 1976 年版，第 760 页。

② （清）赵开元纂，（清）畅俊修：乾隆《新乡县志》卷 21《艺文志》，《中国方志丛书·华北地方》第 472 号，台北：成文出版社 1976 年版，第 762 页。

梓。志书有刘宗正、魏裔介、孙奇逢"序"及"自序"，邑人太仆寺少卿许作梅"跋"，皆存于康熙《新乡县续志·艺文志·序跋》，乾隆《新乡县志》转载。孙奇逢评曰："新乡坦公先生所称具识力而能文章者也。其邑志虽奉豫中丞贾公檄，实出先生之手。酌旧志之所详略而一衷于理道，既无所遗，又无所滥，洋洋乎大观也哉。"所修志书版毁书销，不复存世。

《蒘居封事》，张缙彦撰，4 卷，存。乾隆《新乡县志》卷 21《艺文志》著录，有中州古籍出版社 1987 年点校本。"自序"曰："戊寅五月，今上御中左门，召对诸郡县吏，以征书至者。缙彦于时，以户曹改史官，明年正月，又改谏官。儒生孤陋，不知所报，因记宋司马光曰：志其大，舍其细，先其急，后其缓，汲汲于名，犹汲汲于利，夫名与利高卑判矣。古人犹谆谆于此，致箴史巫纷，若口过丛，焉可不慎所发欤！年来金戈之气未灭，民穷盗煽，四郊多垒。皇上午夜焦劳，思扫氛祲。则言之所亟欲治粃者，何如士君子分卿大夫之辱可忘所以报乎？今封事存笥具在矣。于细大缓急之间，深惧无当。然无所为而为，即动成口过不敢隐也。若曰：'古人焚草，岂其然乎？'则予罪深矣。"[1]

《蒘居文集》，张缙彦撰，2 卷，刊本存。乾隆《新乡县志》卷 22《艺文志》著录，并收入黄文焕"序"，略曰："味其文，巍巍然八大家之裁，味其诗，泅泅乎原本盛唐国家之气运。以坦公诗文之气运卜之。"[2]国图藏有刻本 1 册。

《蒘居诗集》，张缙彦撰，1 卷，存。乾隆《新乡县志》卷 22《艺文志》著录，并收入左懋第"序"。国图藏有刻本。

《金刚经疏义》，张缙彦撰，10 卷。"自跋"曰："忆令池阳时，与张君宪谈《金刚经义》机锋互出，要渺相搜，散见于书者，尚有存也。请公诸禅悦，令天下人识精坚之义，而证果不更大乎！或曰：'经义不以色见我，不以音声求我，故普觉禅师曰：佛之一字，我尚厌闻。今于佛外有

---

① （清）赵开元纂，（清）畅俊修：乾隆《新乡县志》卷 21《艺文志》，《中国方志丛书·华北地方》第 472 号，台北：成文出版社 1976 年版，第 776 页。

② （清）赵开元纂，（清）畅俊修：乾隆《新乡县志》卷 22《艺文志》，《中国方志丛书·华北地方》第 472 号，台北：成文出版社 1976 年版，第 801 页。

四句偈，偈外有三十二分经，经外又有数千百言注疏。其为色也，音声也多矣。'予曰：'六祖不立文字，而见地作佛，则从无所住，而生其心一句悟入，是仍以文字悟也。善悟者，从偈可入，从经可入，从疏义亦可入。不善悟者，即灭烛焚钞，尚无把鼻，终空虚魔障耳。疏义者，金钢之把鼻也，若能刮出了义，提大坚利以破贪痴嗔之世界，何处有我相何处不见如来乎？'"①

《依水园文集》，张缙彦撰，4卷（前集2卷，后集2卷），存。国家图书馆藏有刻本，另有《清代诗文集汇编》影印本。乾隆《新乡县志》卷22《艺文志》著录，并收入方拱乾"序"，略曰："公抗志幽探，既丽以则复典而风，既夐夐乎金华，复悠然而传泉石散。而为文赡之娴于蓄也，奇离之凌于潦沈也，博大之游于庄衢也。茂陵扶风，且当辟《易》，是又理之挟乎志，以抱之有本，而舒之有绪，不期于兼而兼矣。"

《燕笺诗集》，张缙彦撰，5卷，存。乾隆《新乡县志》卷22《艺文志》著录，并录入胡世安"序"。今有上海古籍出版社《清代诗文集汇编》影印本。

《域外集》，张缙彦撰，1卷。乾隆《新乡县志》卷22《艺文志》著录，并收入姚其章"序"，略曰："坦公先生，以文章得罪论，谪海东。既十年，复撰次其谪后所为文若干卷，曰《域外集》。"②

《铜龙歌》，张缙彦撰，1卷。乾隆《新乡县志》卷22《艺文志》著录，并录入殷元福"跋"，略曰："吾乡少司空张坦公先生，国初于燕市见明宫中铜龙，半身方鳞，谓龙鳞之方无可考，作长歌以俟博物君子。"

《征音诗集》，张缙彦撰，1卷，存。未见著录，今有上海古籍出版社《清代诗文集汇编》影印本。

《归怀诗集》，张缙彦撰，1卷，存。未见著录，今有上海古籍出版社《清代诗文集汇编》影印本。

---

① （清）赵开元纂，（清）畅俊修：乾隆《新乡县志》卷22《艺文志》，《中国方志丛书·华北地方》第472号，台北：成文出版社1976年版，第791页。

② （清）赵开元纂，（清）畅俊修：乾隆《新乡县志》卷22《艺文志》，《中国方志丛书·华北地方》第472号，台北：成文出版社1976年版，第805页。

许作梅（1603—1659），字景说，一字傅岩，号休沐，明末清初新乡县西元封村人。崇祯十三年（1640）进士，授行人[1]。清初，补原官，考授工科给事中，历官太仆寺少卿[2]。其墓在县北十里周村。事迹见乾隆《新乡县志》卷33《文苑·许作梅传》《中州先哲传·名臣》本传。

《咏闲堂文集》，许作梅撰，1卷，存佚不明。乾隆《新乡县志》卷22《艺文志》著录。

《掖坦疏草》，许作梅撰，4卷，今存刊本。乾隆《新乡县志》卷21《艺文志》、《中州艺文录》卷37均著录。该书乃作梅为京官时疏草。乾隆《新乡县志·艺文志》收入胡世安"序"，略曰："其得时而驾职，思其居行，志重于梯荣，矢辞期于裨国，勌历梧掖，知无不言。虽娓娓毅持，不肯唯诺，而将以公诚归诸平恕，敷陈利弊，多切实可从。今其疏草具在也，咸得耳而目之，公私之鸣，世有能辨之者，因是而饬职业厚民生，端趋向化，矫虔未必非借鉴也。"民国间中州文献征辑处征辑有《休沐集疏草》刻本4册，当为此书。

《鹤园菊谱》，许作梅撰，1卷。乾隆《新乡县志》卷21《艺文志》著录，并收入"自序"，曰："陶元亮爱菊，古今人艳称之。予则谓此玩物遣怀耳，非性之癖也！何以言之人生苦乐之境，非身历者不能知，亦不能道？元亮自解印绶归，隐居柴桑，其君子不得志于时者也。当九日独坐篱边，摘菊盈把时，设无白衣人至，则元亮亦索然三径中耳。予奉环召谏院六年，清乡数月，归省后，筑林圃于城隅，豢四鹤，杂植草花数种，以悦亲志，温清欢然，兄弟怡然，叨荐绅之荣，享林泉之乐，可谓遭时过元亮矣。无何丧子，一年以来，怆目动心，何能遣此？此日此情，实苦于元亮。予赋性既不能如元亮之高，而此情亦非元亮之菊，王弘之酒所能解。玩物遣怀，窃有比焉，作《鹤园菊谱》。"

《四种诗集》，许作梅撰，4卷。乾隆《新乡县志》卷22《艺文志》著录，并收入"自题"，曰："夫人不出则处，不动则静，非劳则闲，不

---

[1]　行人，官名。春秋时周王室与鲁、晋、郑、卫、吴等国设置，掌朝觐聘问之事。汉代大鸿胪属官有行人。明代设行人司，复有行人之官，掌传旨、策封等事。

[2]　太仆寺少卿，官名。北魏置，为太仆寺副贰。明初设二人，正德年间增为三人。清代满、汉各一人，正四品。皇帝出行时一人随行，管理车驾马驼。每年夏季，赴马场稽查马匹。

必其长林丰草也。予通籍遂当胜国之变，本朝拜夕郎未几，以多言自劾，跧伏八载，是处而闲也。迨章皇帝亲政，赐环左掖五年，待命一年，署五月，虽出入东华，供职不遑，而退食之暇，不敢旁务，未尝不从容邸舍，焉是静而闲也？予性不耽诗，感物引兴亦不废诗，惟其闲也。诗曰：‘咏闲抒怀也。’或曰：‘诗亦癖也。子云之赋，何如公和之琴为近道乎？’予曰：‘人之精神，必有所用，不用之此则用之彼。富贵用之声色，贫贱用之货利，比比也与用之笔墨，其孰得而孰失耶？’予之为诗，其古人运甓之意乎。或曰：‘《河上曲》，亦闲中所作也。胡为乎别为一编？’予曰：‘黄河自汴梁沦陷，而后十三年中，无年不决，无年不修。修而决，决而修；旋修旋决，旋决旋修，征柳佥夫，岁无宁晷，民困于役矣。虽闲中偶成，实以代劳人之浩叹，何得云闲？’《河上曲》者志慨也，如予两赋皇华，初试于越，再行河漕，其间纪行，有作吊古，有作怀人，有作赋物，有作咏游，以志壮游，亦正不忘君命也。庚寅，客东楚，广陵春色，钟山佳气，江湖之浩渺，岩壑之幽深，草木之葱蔚，何地不堪游？瞩然以君平之卜，卖阮籍之途，则扬州鹤醉翁梅，只增旅人愁思耳。不能成咏，乌足言游楚吟。云者亦挚情比事而有合，非与咏闲之抒怀，《河上曲》之志，慨同词而异情哉！或揖而退。因授剞劂，知人生出处动静皆君子之赐也。”

《归舟纪行》，许作梅撰，1卷，刊本存。乾隆《新乡县志》卷22《艺文志》著录，并收入王紫绶“序”，曰：“许子傅岩，盖尝两赋归来矣：其一，见于乙酉掖垣疏，凡二疏：其一疏留中复补，一疏自劾。当其时，挺身虎圈，眦发齐张，碎首龙鳞，槛裾欲折，天地震动矣。人生之境，莫危于此。乃卒至转喉虹贯，仰面霜飞。嗟乎！此忠臣之厉气也，然而不怒。其一见于己亥归舟诗，五言近体，凡五十八首。……许子前此刻，各体诗凡四种，行世已久。”中国国家图书馆藏有刊本。

《休沐集》，许作梅撰，2卷，刊本存。乾隆《新乡县志》卷22《艺文志》著录，并收入张溍“序”，曰：“壬寅，于役纡道鄘南，谒先生于里中，复读其《休沐》近作，因念先生以名谏，议策治安抨权贵，封章数十上，天子动容，海内耸听，与长孺敬舆先后颉颃，已擢冏卿，骎登三事，乃愁然念两尊人春秋高，急请省觐，予时在长安僦舍，赋诗六章送之先生，既归佩用视具，所以奉晨昏欢甚。笃里之人咸称颂之。不啻一口时以余闲，作为诗歌。速姻亲喑故旧，劳长牧赠交游邑，固当子午冲举，凡羽骑牧屯刍糇储峙户口滋息租调，追乎皆不能不有慨于中。且苏门淇水之间，菟裘存焉。青岩蠹蠹，珠泉汤汤，访安乐之遗迹，寻平仲之旧址，啸响犹存。竹林无恙，一俯一仰，吊古情深。已见苑栋蛛丝，陵园玉碗，山河常在，风景顿殊，则又太息久之。于是属词比事，托物写怀，诗满箧中矣。盖先生依依子舍，深爱积中婉容孚物。以故随其所感。长言短咏，有啴谐之德音，无噍杀之厉节，其为三百之遗无疑也。"中国国家图书馆藏有刊本。

《为沁水屡为卫患请责成卫河分司梳》《漕运不变移卫议》，许作梅撰，存。乾隆《卫辉府志》卷 38《艺文志》著录，并收入全文。

《望京楼》《游百泉》《河上曲》《苏门山》诗多首，许作梅撰，存。乾隆《卫辉府志》卷 38《艺文志》著录，并收入全文。其中《望京楼》6 首，乾隆《汲县志》卷 14《艺文志下》著录，亦收入全文。

许尔梅（1639—?），字季酸，号紫阳，许作梅之弟，明末清初新乡县西元封村人。顺治十一年（1654）拔贡①。

《水竹居诗集》，许尔梅，4 卷。乾隆《新乡县志》卷 23《艺文志下》《中州艺文录》卷 37 均有著录。

任文朗，字光璧，号念恬，任文晔之兄，河南新乡县人。明代崇祯九年（1636）举人。顺治四年（1647），弟文晔成进士，文朗曰："显扬之事，寄之吾弟。定省之节，吾其任之。"遂谢公车，日以娱亲为事。卒年 58 岁。事迹详见乾隆《新乡县志》卷 32《人物·孝友·任文朗传》。

《敦伦要道》，任文朗撰，1 卷。乾隆《新乡县志》卷 22《艺文志中》《中州艺文录》卷 38 均著录。

《丧礼撮要》，任文朗撰。乾隆《新乡县志·任文朗传》著录。

任文晔，字联璧，号雪潭，河南新乡县人。明代崇祯十五年（1642）

---

① 拔贡，清代贡生之一种。清初，每六年选拔府、州、县学的生员入国子监读书。乾隆年间定制，每十二年由各省府、州、县学廪生中选拔优秀者贡入京师，称为拔贡生。

举人。顺治四年（1647）进士，授江西广信府推官。卒时年66岁。事迹见乾隆《新乡县志》卷31《人物传下·任文晔传》。

《嵩岱纪游》，任文晔撰，2卷。乾隆《新乡县志》卷22《艺文志》著录，并收入郭遇熙"序"，曰："《嵩岱纪游》者，雪潭先生游嵩岱之所纪也。其诗其文，烜耀载册。嗣君升茨，将以授梓，乃问序于予。以予与先生为年家子也，又能悉先生之生平。先生有气节，司李江右以忤上官，解组归里，肆志古文辞，每于山水登临，必发为诗歌，以写其胸臆。抑郁居恒，举止端肃，不苟言笑，人望之如泰山乔岳，凛凛不可犯。今观其纪载，一咏一啸，磊落亢直，无异为司李时，则先生之襟怀可知矣。"

《泽畔吟》，任文晔撰，1卷。乾隆《新乡县志》卷22《艺文志》著录，并收入"自序"，曰："待罪信州，以不克善事上官被放。居萧寺，心迷意乱，莫知所持。有客悯予困备，时来吊唁。一日，出少陵诗数帙，授予曰：'读此可忘忧也。'予读之，读至放逐，宁违性虚空不离禅名，岂"文章著官应老病休"之句，不觉掩卷太息曰："为人受过，今古同辙。予何必空咄咄也。然少陵忧君爱国。寄托深切，千载之下，情文具见。至陈涛斜之败房琯被逮，抗疏救之，卒之，人未出井，而身已及溺，与予今日之事，大小不同，其趋一也。独其诗悲壮慷慨，怨而不怒，三百篇而后推为绝响。予今者心虽爱慕，陡能诵习遗什而已！讽咏之久，触境情生，勉起学吟，亦聊以自抒怀抱也。积久成帙，颜为《泽畔吟》。"[1]法若真"序"略曰："近披《泽畔吟》，露洗蔷薇，风含菡萏，六十年间，大半皆忠君爱国，劳吏逸人，悲歌慷慨之声。读其《滕王》《迭山》诸什，可以告东皇；读其《鹅湖》《博山》诸什，可以答天问；读其《嵩岱》《崇福》诸什，可以谢山魈；读其《白露》《香泉》诸什，可以咏江蓠；读其《东园》《长泽》诸什，可以痛哭于云浦待经；读其《名山》诸胜游，可以笑傲于武陵。搔首扪青天，数夜快读，豁然病起。"

《东园诗》，任文晔撰，1卷。乾隆《新乡县志》卷22《艺文志》作"东园集"，收入许尔梅"序"，曰："于《泽畔吟》，则见其忠厚和平，怨而不诽焉。于《东园诗》，则见其沉郁者，雄浑者，悲壮者，峻洁者，

---

[1] （清）赵开元纂，（清）畅俊修：乾隆《新乡县志》卷22《艺文志》，《中国方志丛书·华北地方》第472号，台北：成文出版社1976年版，第831页。

炳炳彬彬，托之兴观，群怨之惊，扩之事父、事君之大焉。《嵩岱纪游》名山赖以不朽，而先生遨游五岳之怀，不能无遗憾云。繁霜一编，感逆藩之变，而征于诗。其他年诗史乎？然而含蓄深矣。兹三集者又取《东园诗》，而别出之者也。"

《清商词》，任文晔撰，1卷。乾隆《新乡县志》卷22《艺文志》、《河南通志艺文志稿》均有著录，前者收入陈名世《题辞》曰："天冻雨寒，雪飞冰乳，鲛绡一片临堂庑。客窗弹铗咏瑶篇，琳琅字字清商吐。豹隐全文，光悬片羽，从来尤物难多睹。譬如西子采莲归，捧心暂把腰肢舞。"

任璇（又作"璿"），字政七，号具茨，任文晔之子，河南新乡县人。清代己未进士，授翰林院庶吉士，散馆改户部主事，历刑部郎中①，出为山东登州府知府。事迹具乾隆《新乡县志·人物志下·任璇传》。

《任氏家谱》，任文晔纂修，任璇续修，存。有清康熙年间刊本，新乡任氏家藏。民国《新乡县续志》卷3《艺文·谱叙》著录，云："任氏世居关堤，明末清初簪缨之族。自文晔创为族谱，后历经续修，支派颇藩。"其子任璇家乘题言略云："吾宗自山右诏迁以来，图牒散亡。吾父司李公重辑所知，以示将来。其自德祖而下，世系秩然，宗支不紊，德行文章，无少遗忘……其后人犹能嗣诗书之传而博科名于当世，则吾侪何不师祖父之善，以自立于士君子之林乎？有君子而无禄位，族虽衰犹盛也。禄位光荣而君子无闻焉，族虽盛犹衰也。此司李公谱族之深心，而亦余小子今日续而辑之之微意也。"

《东园卧吟》，任璇撰，1卷。乾隆《新乡县志》卷22《艺文志》著录，并收入两篇"序"。贺振能"序"曰："廊南太史具茨任君，以将太夫人予假居里，既壤相接，而予以葭莩末谊，又同小阮谱得时过从奉颜笑。日者手一编示予，则所为《卧吟》诗也。骤读之，而冷然善，雍然以和，复之穆穆乎，渊渊乎，而不可尽也。"许尔梅"序"略云："今《东园卧吟》一集，则其思深风木而养志，承欢之余之所为作也。或寄怀

---

① 郎中，官名，战国时齐与三晋（韩、赵、魏）都设郎中，为侍卫之官。秦汉沿置，属光禄勋。东汉转为尚书台的属官，主管曹司事务。隋唐至清各部均设郎中，为各司的主官。

旷远，切忧时爱国之诚，或微言刺讥，亦不戾于雅正。"

《东园吟》，任璇撰，4 卷。乾隆《新乡县志》卷 22《艺文志》著录，并收入许尔梅"序"曰："在庵公气刚而才敏，好学深思，才足以远所学，而气又有以摅之。凡所为诗古文辞，皆与时异。今擢守东牟，取癸亥以后诗之作于都门者，别为《研斋集》；取甲子以后诗之作于里门者，名之曰《东园吟》。"

《丹崖草》，任璇撰，1 卷。乾隆《新乡县志》卷 22《艺文志》著录，并收入赵执信"序"曰："守登州面神山，主溟海，难其人矣，况践苏端明之迹乎？弇者既不足责，文者类附托耳，犹未必工也。予居近海上，欲一游且不敢，而吾友在庵任君，日夕涖之。及观所赋咏，前人如复作者。噫！是乃其人乎？请列之图经，俟予按而游焉。"

《东园遗稿》，任璇撰，1 卷。乾隆《新乡县志》卷 22《艺文志》著录，并收入殷元福"序"曰："今年季冬，予需次都门，阅月燕及寄《东园遗稿》一帙，恳求为序。予翻阅数过，见其审音赴节因心冲口，皆有合乎七情之正，而无词人雕绘绮艳之习。顾枚公慨然曰：'使在庵今日尚在，所就当不止是。'惜乎！其学之方进而没也！"

《似舫词》，任璇撰，1 卷。陈名世《题辞》曰："炉火深红，茶烟浅展。取《舫词》一卷，行间字里，玉润珠圆，胜读中郎黄绢。真是好句天开，秀夺江山，香林清艳。笑邯郸学步，一般依调，惜余春慢。看他那学擅雕龙，才高绣虎，把贺新郎频换。清新俊逸，蕴藉风流，向来词宗都占。挥手烟云满纸，唤醒莺花，同司笔砚。听声残月晓风，付与雪儿掌案。"

《研斋集》，任璇撰，1 卷。乾隆《新乡县志》卷 22《艺文志》著录，并收入许尔梅"序"曰："在庵忠君爱民之志，顺亲信友之情，无不形之于诗。刘、柳无闻于事业，姚、宋不见于文章，公固已两得之已。乃其遇匪穷，其诗则工，非梅圣俞所可同日语者。盖其才大，大故能兼；其学富，富故能工。其气坚以昌，凡穷通忧乐，仓猝繁剧，举不得以移之，故能充其才而彰其学。"

刘源洁（1604—1681），字一六，河南新乡县人。顺治五年（1648）举人，十八年（1661）成进士。康熙二十年（1681）卒，时年 78 岁。事迹见乾隆《卫辉府志》卷 50《刘源洁传》。

《语录日谱》，刘源洁撰，1 卷（一说 2 卷），佚。康熙《新乡县续志》、乾隆《卫辉府志》卷 50《刘源洁传》、乾隆《新乡县志》卷 22《艺文志》、《中州艺文录》卷 37 均著录，其中乾隆《新乡县志》收入"自序"。

《石居文集》，刘源洁撰，2 卷，佚。康熙《新乡县续志》、乾隆《卫辉府志》卷 50《刘源洁传》、乾隆《新乡县志》卷 22《艺文志》和《中州艺文录》卷 37 均著录。

《学古录》，刘源洁撰，1 卷，佚。康熙《新乡县续志》、乾隆《卫辉府志》卷 50《刘源洁传》、乾隆《新乡县志》卷 22《艺文志》和《中州艺文录》卷 37 著录。

《南游草》《北游草》，刘源洁撰，各 1 卷，佚。康熙《新乡县续志》、乾隆《新乡县志》卷 22《艺文志》、《中州艺文录》卷 37 著录。

《四书大全要言》，刘源洁撰，6 卷，存。康熙《新乡县续志》、乾隆《卫辉府志》卷 50《刘源洁传》、乾隆《新乡县志》卷 21《艺文志》、《中州艺文录》卷 37、《续修四库全书总目提要》均著录，有乾隆间刻本，另有抄本。乾隆《新乡县志·艺文志》收入殷元福"序"言："四子之书，萌芽于汉氏，表章于宋儒。宋儒推朱子为集大成，而《四书》之章句、义理备焉。自讲章出而朱子之书厄，而《四书》之意晦。故吾谓今之讲章，朱子之罪人也。顾朱子四书大注，语约旨微，学者习矣，不察而《或问》《小注》《问答》，非一人一时，又苦于折衷无穷，此吾邑一六刘先生《四书要言》之所以作也。先生以名进士辞官家居，寂寞著述，默而好深湛之思，似杨子云。悯讲章淆乱，乃采集儒先说，敷衍白文，珠贯丝联，冰解理顺，俾阅者一览了然，总期不肯背乎朱子而止。书既成，颜以要言，而先生不得已之心见矣。"

《旌贞静夫人李氏文》《贺于兰谷举进士序》《重修香泉寺中殿碑文》，刘源洁撰，存。民国《新乡县续志》卷 4《艺文·文选》著录，并收入全文。

南起凤，字羽伯，河南新乡县人。顺治六年（1649）进士，授湖南湘乡知县。死祀湘乡名宦祠。事迹详见乾隆《新乡县志》卷 32《人物志·宦望传·南起凤传》。

《悬胆集》，南起凤撰，1 卷。乾隆《新乡县志》卷 22《艺文志》著录，并收有畅泰兆"序"，曰："《悬胆集》者，同邑南羽伯先生为诸生所著也。忆髫龄趋庭，即闻先生除湘乡浮粮事，心知为学道爱人者成礼而退。自先生归林后，得聆謦欬，习见其口不离杯酌，虽贵介要津，往往于醉后责呵之。予因是，知先生为志士，为循吏，为步兵青白眼。迨读《悬胆集》，而叹先生之仁心为质也。"

周嗣昌，字显承，河南新乡县人。顺治十二年（1655）进士，授山东邹县知县。旋以讳误罢官，民为立祠。归里，构小园自怡，孙奇逢题曰"也成趣"。

《归去来草》，周嗣昌，1 卷，佚。乾隆《新乡县志》卷 23《艺文下》《中州艺文录》卷 37、《河南通志艺文志稿》等皆著录。

尚滨馨，字水滨，河南新乡县人。康熙元年（1662）恩贡①。生平详见乾隆《新乡县志》卷 33《文苑·尚滨馨传》。

《滨河草》，尚滨馨撰，1 卷。乾隆《新乡县志》卷 23《艺文志》、《中州艺文录》卷 37、《河南通志艺文志稿》均著录。

王时泰，字运熙，河南新乡人。康熙五年（1666）进士，初授直隶玉田县知县。丁父忧服除，补福建宁洋知县，再补麻阳。卒葬新乡，其墓在县西郊十里。生平详见乾隆《新乡县志》卷 22《人物·宦望·王时泰传》。

《闽游草》，王时泰撰，1 卷。乾隆《新乡县志》卷 23《艺文志》著录，并收入张丰玉"序"曰："候以鄜南名进士出宰吾闽，以宁邑弹丸黑子，属大君子制锦海内，无不为候叹息。而候独慷慨下车，亦不以此为戚戚，况宁邑屡遭兵燹、凋残之后，市无屋宇，城惟青草，寥寥数村，里甲竭蹶，奉公候一琴一鹤，堂若无吏，以实心行实政，常赋之外，无日不为

---

① 恩贡，贡生的一种。明清科举制度规定，凡遇庆典和皇帝登基，该年在岁贡之外，加贡一次，称为恩贡。另外，清朝特许"先贤"后人入国子监者，也称恩贡。

百姓分忧，无时不为地方请命。以故，山野子遗得保，吾十室之邑，庶几于孔子所称道者。候于簿书之暇，独处冷署，触景歌吟，相忘乎身之在冰蘖中也。壬戌之秋，予偶浪游至宁，侯邂逅知己，随出诗草相质，颇得风人怨而不怒之旨。因思向之人，为候惜者，予独为候幸焉。"

任昌期，河南新乡县人。康熙六年（1667）举人，官太常博士①，授绥阳县知县。

《默斋小言》，任昌期撰，1卷。乾隆《新乡县志》卷22《艺文志》，并收入"自序"，略曰："自省腹笥寒俭，如夏虫不可语冰返，而求诸东壁，汉、魏、晋、唐咸足为我师表，又不禁歧路之泣。因思诗发心声，吾第抒吾志，适吾情，存吾性焉。小言詹詹，与无言同，仍不失默斋之意云耳！"

《居播吟》，任昌期撰，1卷。乾隆《新乡县志》卷22《艺文志》著录，并收入"自序"曰："山水之缘，其何负于人哉？爰历游邑名胜，见柳子厚书院在焉。询其故，皆云：'以柳易播，事虽未行而心已至。吾播独高其义，遂构堂而祠之。'予听此，不禁喟然而叹，岂非非人所居之中，犹有可居者在乎？播虽边隅，文教易入，簿书之余，宁废咏歌。故凡山川所历，人事所接，岁序所值，辄敢效颦如嫫母。率其本质，忘其鄙陋，何计玉貌艳妆，过而姗笑哉！"

《朴窝词》，（清）任昌期撰，2卷。乾隆《新乡县志》卷22《艺文志》著录，并收入"自题"曰："方域有山，名载朴窝。窃取以思，于义云何？既卑且平，无是陂陀。我之所效，彼之所呵？丽词未赋，少雪儿歌，下里巴人，属和者多。初焉学步，调寄踏莎。于今知命，终类砖磨。岁不我与，日月如梭。聊将灾木，也号朴窝。"

康熙《新乡县续志》，周毓麟修，任昌期纂，10卷，今存刊本。该志是现存清代最早的新乡县志，不过今仅一帙藏国家图书馆。此志为奉巡抚阎兴邦修志檄文而修，康熙三十三年（1694）完稿付梓。书凡10卷，图

---

① 博士，官名。博士之名，最早见于春秋战国。秦汉为太常所属，此后历代相沿。明代国子监博士厅置五经博士，五人。清代沿明制，国子监博士厅置博士满汉各一人，初制从八品，后升为七品，掌抄写文牍、祭祀庶务。

4 幅。此虽为续志，内容却颇丰富。

郭治化，字熙候，郭遇熙之兄，清代新乡县人。康熙十七年（1678）岁贡授训导。从孙奇逢治学。事迹见乾隆《新乡县志》卷 33《义行·郭治化传》。

《河干桑者年谱》，郭治化撰，2 卷。乾隆《新乡县志》卷 21《艺文志·乙部史类》收录，并收入郭遇熙"序"曰："负笈兼山，从征君先生游，究濂洛、关闽之学，磊磊落落，不屑与流俗伍。征君先生常盛暑燕处，候遇熙候兄至而肃，具衣冠，改容致敬曰：'吾望汝提携后进，不啻阳明先生之一见王艮，而心辄为之动也。'兼山诸弟子，如孔伯汤公、蓬陆魏公，皆视为畏友。而熙候兄亦时出所得，以相发明，有水乳之合。由是，学日益博，道日益进。归依卫河之滨，筑精舍于慕蓬斋，种花修竹，陶然自乐，因号为河干桑者。盖有取羲皇上人之意也。"

郭遇熙（1639—1698），字骏臣，号省斋，别号钟山，郭士栋之子，清代新乡县人。从孙奇逢受学，乃其得意门生。康熙十八年（1679）进士，授广东从化县知县，擢刑部主事。卒时 70 岁。事迹见乾隆《卫辉府志》卷 50《艺文志·传二·郭遇熙传》和乾隆《新乡县志》卷 31《人物下·郭遇熙传》。

《麟经要旨》，郭遇熙撰，3 卷。乾隆《新乡县志》卷 21《艺文志》著录。

《读礼要钞》，郭遇熙撰，16 卷，佚。乾隆《新乡县志》卷 22《艺文志》著录，并收入"自序"。

《粤归日记》，郭遇熙撰，1 卷。乾隆《新乡县志》卷 21《艺文志》著录，并收入吴宪儒、许尔梅等"序""跋"。吴宪儒"序"曰："甲戌，治从五载，政成民和，颂声达于京师。天子下玺书宠召，复有《粤归日记》一编，宪受而读之，则由粤东返旆而归里，而入都，朝暮之行止有书。时序之燠凉有书。其间登山涉水，过郡越邑，凡风雨晦明之纷错，物情人事之变迁，无不历历有书。兴酣落笔，辄成云汉之章。能使览者如逢异境，忽发遥情，或怡然以悦，或怆然以悲，则其温厚和平，慷慨淋漓之致，动人於自然，而莫之禁也。"许尔梅"跋"略曰："骏臣郭公，奉内召过里，以所集《粤归日记》示余。其行役之所感遇，莫不一寓于诗。"

《从化新志》，郭遇熙纂修，3 卷，存。"自序"曰："康熙癸酉，重修《从化新志》既成，士民请予弁言其端。或曰：'重修者，何异乎旧之称也？何以复言新志也？'曰：'以别于前，此之重修也。盖予莅任之初，各郡邑志乘皆告竣，限期甚迫，不容更缓，遂隐括旧志，装潢成帙，固已达之史馆矣。然前志稍述其梗概，犹虑辑焉而未备，语焉而未详。越二载，退食之余，再加校雠，征文考献，略者补之，疑者阙之，论断则谬，抒以己见焉。故曰'新'也。"① 今有《中国方志丛书》影印本，乃民国十九年（1930）铅印本。

《郭氏族谱》，郭遇熙撰，12 卷，佚。乾隆《新乡县志》卷 21《艺文志》、《中州艺文录》卷 37、《河南通志艺文志稿》均著录。"自序"曰："吾郭氏自元以前无可考已，又不敢妄为牵引，以诬先世。谨按宗伯公家乘，粤稽上世自五老公始，当元季时自十里铺迁居定郭村。三百余年以来未之或易，迄今宗支相衍，盖十五世矣。……吾郭氏当元末之际孑然一农叟耳，递传而后子孙盛茂，科名蝉联，忠孝之绩载诸国史，功业之隆编入邑乘，德仁施于百姓，令望著于桑梓。使世世孙曾农服先畴，士食旧德者，孰非祖宗之积厚流光而贻谋无穷也哉……吾郭氏之子姓日繁也，乃祖宗之余荫也，睹生齿之殷蕃，不可不思教养焉；吾郭氏之文运克昌也，乃祖宗之嘉训也，沐诗书之余泽，不可不勤课读焉；吾郭氏之行谊表著也，乃祖宗之勋猷也，为高贤之苗裔，不可不敦志气焉。善乎老泉之叙族谱曰：同族之中相识如涂人者，其初兄弟也。兄弟其初一人之身也，夫以一人之身散而为数十百人之身，则情涣矣。涣则不可不有以萃之。吾今日之叙族谱者，非止昭纪载，明劝戒也，盖将以萃其情也。情萃则伦叙以敦族谊，以睦孝悌，礼让之风油然而生，于以光前徽而继先志勿难矣。"②

《大事录》，郭遇熙撰。《中州艺文录》卷 38 著录。

《海棠小谱》，郭遇熙撰，1 卷。乾隆《新乡县志》卷 21《艺文志》

---

① （清）赵开元纂，（清）畅俊修：乾隆《新乡县志》卷 21《艺文志》，《中国方志丛书·华北地方》第 472 号，台北：成文出版社 1976 年版，第 763 页。

② （清）赵开元纂，（清）畅俊修：乾隆《新乡县志》卷 21《艺文志》，《中国方志丛书·华北地方》第 472 号，台北：成文出版社 1976 年版，第 769—770 页。

著录，并收入"自序"曰："丙寅仲冬，予卧病西斋，闻有卖花老伧，遂捡囊中青钱，移卸海棠一株，置之盆内……时远近同人，携酒过我，或联韵，或分体，更为广征诗篇，以歌咏其事。一时小斋书案名作如林，竟不觉蜀国诗中，果少子美之发扬否也。惜乎名花，虽早藏于小斋，亦止供友人之歌咏已耳。假如真宗当日春正，得此花于后苑，不知晏相诸人当如何赓扬？沈立谱中，又如何记载以铺张盛事也？今姑不必竟为侈丽，乃取诸同人佳什，命童缮录，授之梓人，以补旧谱之缺略。"

《半优亭小景杂记》，郭遇熙撰，1 卷。乾隆《新乡县志》卷 21《艺文志》著录，并收入"自序"曰："予莅从之半载，簿书稍暇，上宪不以予为不才，即委付中宿，旋摄宝安，走马东西，日无宁晷。望榕荫而思停骖，尚趑趄之不前，又安计片厦之憩足乎？迨辛未秋杪，扶病归署，复有增江之檄，予固辞，乃获命，遂择堂之西隅，覆瓮为亭，筑圬成垣，取鲁论之仕学两优而各分其半，以步趋焉。乃运甓意也，亭之中一琴一书，恐其羞涩，驾以香罘，弼经砚石，昕夕把玩，可却吾竖子而怡其神思。有客过予曰：'离群索居，古人怒之，不有君子可以入室乎？'遂移幽兰数茎，而蜀之红茶，粤之丹桂，相与晤颜蹴处，订予石盟。当是时，悠然南山，偃卧北窗，可比羲皇上人矣。遂寝于斯，食于斯，吟风啸月，度寒暄而破岑寂。初，若不知从阳之署，为蕞尔山丸也，乃胪列亭之小景，而呼为二十四朋。凡在檐外者，其景有九：曰兰圃，曰桂林，曰瑞香岩，曰蜀茶枰，曰菊巘，曰荔子楹，曰茉莉棵，曰莲渟，曰移香槛。凡在帘内者，其景一十有五：曰端溪砚，曰断纹琴，曰莞香山，曰孔雀尾，曰锦石屏，曰花梨窗，曰鸟木凭，曰西瓜枕，曰花梨榻，曰龙须簟，曰英石峰，曰沉香菩萨，曰蜡石，曰龙尾香，曰玄宰真迹，皆得杂摭数言，纪扬胜梗，咏以诗而系之铭。"

《大清律例注解》，郭遇熙撰。《中州艺文录》卷 38 著录。

《西斋文集》，郭遇熙撰，4 卷，今存刊本。乾隆《新乡县志》卷 22《艺文志》《中州艺文录》卷 38 均著录，并收入有蒋弘绪、屈大均、毛际可等诸人"序"。蒋弘绪"序"曰："郭氏世有令德，省斋本其家学，释褐筮仕令粤之从化。从化为刁瘠邑，非弹琴而理者。省斋治之，百务厘举，恢恢乎有余裕。观其著述盈笥，公余之所草，平日之所存，无体不备。为古文，为时艺，为骈偶，为韵语，为经义，为禅悦。上述先世之渊源，下集课士之帖括，或高大文章，或闲情小品，无不一一手辑，登之剞劂。余读之如入武库，如游上林，赏之无尽，取之不竭，此可以见其为政之整暇矣。"屈大均"序"略曰："古文辞博大醇深，有典有要，骎骎乎凌唐、宋。而上之《西斋集》一编，诸体悉工，序记而外，若议论考辨说解之类，斟酌古今，老成练达，皆具精识伟画，可以行之久远而无弊。盖候之才，所蕴蓄于经术者甚富，神而明之，有空言复有实事，儒者之效，遂能兼收如此。"毛际可"序"略曰："明季诗文，怪僻空疏之习，时中乎人心。迄兴朝，启运风会，一返于正，而卓然能以古人自命者，亦指不多屈。郭子原本大家，而涵泳乎六籍之义蕴，崇雅黜浮，披文相质，至有韵之章，则澹然自写其胸臆。如闲云之出山，如清泉之下峡，绝无摹拟剽窃，宜亟以问世者也。"

《西斋诗集》，郭遇熙撰，2 卷，刊本。乾隆《新乡县志》卷 22《艺文志》著录，并收入李登瀛"序"曰："先生以名进士出宰东粤，政成俗理，当事以治行入告，为一时循良最。遂膺玺召，方且展其嘉谟，以应前席之求。乃犹不废翰墨，吟咏间作，其所纪之程即皇华于役之道也，其所咏之篇，即山水经临友朋聚散之作也。一尊风雨明月扁舟，语无不隽，句必惊人，又何古人之多让焉。"国图藏有《西斋全集》6 册，应为《西斋文集》《西斋诗集》之合集。

《修明伦堂记》，（清）郭遇熙撰，存。乾隆《卫辉府志》卷 48《艺文志·记四》著录，并收入全文。

《刘源湛传》，郭遇熙撰，存。刘源湛，号石友，清代新乡人。[1] 其墓在县南二十里司马村。乾隆《卫辉府志》卷 50《艺文志·传二》著录，并收入全文。

《王氏宗谱跋》，郭遇熙撰，存。乾隆《新乡县志》卷 21《艺文志》著录，并收入全文。

李登瀛，字东皋，华亭（今上海）人。康熙二十四年（1685）进士，康熙三十年（1691）任新乡县令，后擢升御史。事迹详见乾隆《卫辉府志》卷 29《名宦·李登瀛传》。

---

[1]　生平事迹详见乾隆《新乡县志》卷 31《人物传·刘源湛传》。

《咏三冈》《题岳王冢》《题刘海蟾碑》《牧野咏怀》《咏卫水》《络丝潭题咏》，李登瀛撰，存。三冈即龙冈、凤冈和龟冈，在今新乡市茹冈、杨冈一带。《新乡县文史资料》第六辑《新乡历代名胜诗选》收入以上诗全文。

《省身书院记》，李登瀛撰，存。乾隆《卫辉府志》卷 48《艺文志》著录，并收入全文。

《刘源渊传》，李登瀛撰，存。乾隆《卫辉府志》卷 50《艺文志》著录，并收入全文。

畅泰兆（1638—1711），字子交，新乡畅岗村人，清代书法家。康熙十八年（1679）进士，初任祁门令，力除积弊，又任稷山令，后擢任工科给事中，死后祀乡贤。其墓在县北十里小朱庄。其生平详见乾隆《新乡县志》卷 27《邱墓·畅泰兆墓表》。

《畅氏族谱》，畅泰兆修。畅氏为本县巨族，四代科甲，人文繁盛。民国《新乡县续志》卷 3《艺文志·谱叙》著录。畅泰兆创修族谱。

《卫水咏》诗 1 首，畅泰兆作。《新乡文史资料》第六辑《新乡历代名胜诗选》收入。

殷元福（1662—1725），字梦五，河南新乡县于店村人。康熙三十二年（1693）解元①，次年（1694）成进士，选翰林院庶吉士，授广西柳城县知县。母忧归。服除，补江南武进，调无锡。去官后，浙江巡抚朱轼延主杭州敷文书院②。其学宗守程朱，精研易经，诠发图书太极之旨，垂老不倦。年 64 岁卒，学者私谥文介先生。其事迹详见《清国史》第 12 册《殷元福传》和乾隆《卫辉府志》卷 52《艺文志·殷元福墓表》③。

《寓理集》，殷元福撰，11 卷，钞本，存。乾隆《新乡县志》卷 22

---

①　解元，科举乡试第一名之称。唐制，乡试的应试者都由地方解送入试，所以考得第一名称解元。以后沿用此称谓。

②　敷文书院，在杭州凤凰山之西，原为宋代的报国寺，明代弘治年间在旧址建成万松书院。清代康熙年间御书"浙水　敷文"四字，悬于中堂，是为敷文书院。

③　张大有撰。张大有，字书登，一字火天，号慕莘，陕西合阳县人。康熙年间成进士，历任奉天府、顺天府尹、都察院左金都御史、太常寺卿、大理寺卿和左副都御史等。

《艺文志》著录，《中国古籍善本书目》亦有著录，不过为 2 卷。有康熙末俞玉局抄本，目录完整，但仅存 1—3 卷。又有雍正间刘至东抄本，仅存 1—5 卷。又有清末署曰杜秀才抄本 2 卷，内容与俞本所列目录基本一致，唯次序略有不同。此 3 种抄本均藏于新乡市图书馆。此集乃知柳城及南宁时作，乾隆《新乡县志》卷 22《艺文志》收入"自序"、吴隆元"序"和邹升恒"跋"。"自序"曰："张文潜云：'自六经以下，至于诸子百事骚人辨士，大抵皆将以为寓理之具也。'文潜从眉山兄弟游，苏氏论文标气，而文潜更标理，其所得有出于师资之外者矣。顾尝思之，六经尚矣，至若诸子百氏骚人辨士，多离经背道之言，而以为寓理之具，何哉！及观延平之论二苏语，孟说曰：'天地间只是此理，随人所见，但其见处却有病要，乃知其见处虽有病要亦各据其偏至之理，气以鼓之，而雄伟震荡，轩豁呈露，足以开人心胸，终古不废，学者精择之而已矣。昌黎谓荀杨择焉不精。其自命谓世无孔子，不当在弟子列。然不能辨鹖冠之伪，识反出柳州下，而集中读墨篇与荀杨所见何异，则折衷不綦难乎？但千虑一得，不必文人学士而时有精诣之语，可寿金石，无他理之真也。故予虽学识闇昧，而读书近三十年，亦未必无一言之几于道者。汇前后所著，得若干篇，颜曰《寓理集》，以俟就正先觉。若谓择之已精，折衷焉而不悖于六经，则予岂敢？'邹升恒"跋"略曰："自十三岁，即能倒诵小学，至于今几六十，未尝一日去乎儒先之书。盖先生于归根立命之学，好之者出于天性，而非犹俗伪欲标榜以为名也。故其不得已而著之于言，无非理窟之粹精，性命之圭旨，不求工而天下之至文莫加。乃读其文，而其继往圣开来学之意，概可见矣。寓理一编，先生宰柳城及南□时所作，释经衡史，必折衷于至是。上下千古，剖晰精微，真有不极于理不止者。"

《读易草》，殷元福撰，3 卷①，存。乾隆《新乡县志》卷 22《艺文志》《贩书偶记续编》卷 14 和《中州艺文录》卷 37 均有著录，前者收入"自序"。有康熙五十五年（1716）刻本。

《读易外集》，殷元福撰，1 卷，刊本。乾隆《新乡县志》卷 23《艺文下》《中州艺文录》卷 38 均著录。

---

① 据乾隆《新乡县志》卷 22《艺文志》记载，该书分为上集、中集和外集。

《候鸣集》，殷元福撰，6卷，刊本，存。乾隆《新乡县志》卷22《艺文志》、《贩书偶记续编》卷14、《中州艺文录》卷37均有著录。有康熙五十年（1711）刊本，河南省图书馆藏。此集乃任柳城知县时作。"自序"曰："邵子深于先天观物，皆成四片，以《易》《书》《诗》《春秋》，分属春、夏、秋、冬。予尝即时代以论诗，而四序皆具。三百篇其春乎！其鸣也朝阳夜半，凤啸鹃啼。《骚》其夏乎！其鸣也雷奔电笑，石破天惊。汉、魏、晋其秋乎！其鸣也蟀凄螀寒，杂砧和鞩。唐其冬乎！其鸣也飞沙走石，谷叫窍噫。即唐诗以论，有初、盛、中、晚之递变，是春、夏、秋、冬一代皆具也。即初、盛、中、晚一人以论，有喜怒哀乐之互异，是春、夏、秋、冬一人皆备也。持此而宋、元、明作者可例举也。今予渺若蜉蝣，一日之四序耳。潜移乎一日之景，而一日之气应之，故取候鸣名集。纪诗若干首。借邵子四片观物之意，次卷帙之先后云。""后序"曰：右六卷，多赴任柳城暨既在柳三年所作，前后付梓者，仅十之一。忆予辛巳，掣签得柳亲串，深以瘴疠为忧，同门胡芝山酌予言曰：'昨阅子诗，有真气，此行必无伤。'迨抵柳数月，僚从非死则病，而予独三年无恙。公余读《易》，学《诗》，因窃思《易》有太极，是生两仪，真气之流行也。故以言者，尚其辞、诗，尤言之精者，则六十四卦，三百八十四爻，皆可为《诗》所取材也。又《易》之为字，取象日月，而伊川以日月为阴阳之气之盛，非有物焉。无他，惟其真也。予取'候鸣'名集者，以候虫效鸣，虽拘墟笃时，难语大方要，皆天机之真，不可已也。而并志芝山之言于不忘。"①

《知非草》，殷元福撰，1卷，刊本，存。乾隆《新乡县志》卷22《艺文志》、《贩书偶记续编》卷14、《中州艺文录》卷37均有著录。有清写刻本，河南省图书馆藏。此集乃补武进知县时作。乾隆《新乡县志》卷22《艺文志》收入"自序"和蒋家驹"跋"。"自序"略曰："辛巳，外补柳城令，天末荒僻，举目凄凉，凡有感触，辄形于诗。久之，觉凤作多可笑，发愤刊前欲成一家言，故所刻《候鸣集》强半，柳城作者前后什之三，而馆中诗一不载焉。今距宰柳日，忽忽十载，而予已半百有二

---

① （清）赵开元纂，（清）畅俊修：乾隆《新乡县志》卷22《艺文志》，《中国方志丛书·华北地方》第472号，台北：成文出版社1976年版，第855页。

矣，未刻诸杂咏，间有可存者，断自五旬，以次编年，名曰《知非草》。取乡先生行年五十，知四十九年非之意。以志予愧于终身，而未敢云过，此之皆是也。"

《三刘集》，殷元福编，不分卷，存。有清抄本，新乡市图书馆藏。此编乃刘源洁、刘源渊、刘孳材文之合集，其中收刘源洁文 16 篇，刘源渊 6 篇，刘孳材 5 篇。殷元福"序"略曰："进士（源洁）之文广而渊，司训（源渊）之文醇而穆，茂才（孳材）之文充实而条达，皆卓然成一家言。予司训之门人也，成童夙亲进士懿范，而茂才与予为石交，故得而汇叙之，以为《三刘集》云。"

《郦南书院记》，殷元福撰，存。乾隆《卫辉府志》卷 48《艺文志·记四》著录，并收入全文。

《张来章墓表》，殷元福撰，存。张来章，字载见，号旸谷，新乡人。乾隆《卫辉府志》卷 52《艺文志·墓表》著录，并收入全文。

郭培祉，字繁若，别号怡亭，郭遇熙长子，河南新乡人。年十六补博士弟子。康熙三十七年（1698）拔贡，任宝丰县训导。年 70 卒。事迹详见乾隆《新乡县志》卷 33《郭培祉传》。

《怡亭诗集》，郭培祉撰，佚。《河南通志艺文志稿》著录。

郭培绪，字缵若，河南新乡县人。康熙三十八年（1699）副榜①，曾官宝丰县教谕。事迹见道光《辉县志》卷 11《人物志·儒林·郭培绪传》。

《四书集义》，郭培绪撰。《中州艺文录》卷 38 和《河南通志艺文志稿》皆著录。

郭晋熙（1651—1729），郭士标之子，字介臣，河南新乡县人。康熙三十九年（1700）进士。四十二年（1703），圣祖西巡，幸其第，命赋

_____

① 副榜，亦作备榜、副贡，明清科举制度之一。凡乡试、会试落榜，择其优者，给俸读书，以待下科。副贡因不在正取之列，以后参加科考，仍要参加乡试，不能同举人同赴会试。清代承袭此制。

"竹里泉声百道飞"诗，援笔立就。上褒之，授广东恩平县知县，擢吏部员外郎，出为江南徽州府知府，六载乞休。以属官亏帑诖累，侨寓钱塘，病卒。生平详见乾隆《新乡县志》卷32《宦望传·郭晋熙传》。

《丛桂堂诗集》①，郭晋熙撰，1卷，佚。乾隆《新乡县志》卷23《艺文志》、《河南通志艺文志稿》均著录。

郭培远，字尔若，河南新乡县人。康熙四十一年（1702）举人，拣选知县，候补内阁中书②。事迹见道光《辉县志》卷3《选举表》小传。

《毅庵文集》《毅庵诗集》，郭培远撰，各1卷，佚。乾隆《新乡县志》卷23《艺文志》、《中州艺文录》卷38和《河南通志艺文志稿》均有著录。

张来极，字两生，张儒彦孙，河南新乡县人。康熙时诸生，工诗。

《学吟集》，张来极撰，1卷，佚。乾隆《新乡县志》卷23《艺文志》《中州艺文录》卷38、《河南通志艺文志稿》皆载，前者收入陈之兰"序"曰："人必大小之分明，而后取舍之道得。尝爱诸葛武候《梁父吟》，无声色臭昧之可寻，高绝千古。张睢阳诗亦不减盛唐诸公，然皆不以诗名世，大掩小也。然发乎情，止乎礼义，至今读其诗，如见其人，小藏大也。得此意者，可与读张子两生之诗。张子为人慷慨，有古豪杰之风，世人坐拥有余昧，哀多益寡之义，虽其亲朋与褐之夫睨之耳，而张子遇人当厄，一举事动掷数百金，利日损而义日增，其言前之身，固不囿流俗矣。先立其大，不必以小自见，虽无诗可也，而况固有诗乎！"

张来旬，字毅庵，河南新乡县人。康熙五十年（1711）举人。事迹详见乾隆《卫辉府志》卷32《人物·文苑·张来旬传》和乾隆《新乡县志》卷33《文苑·张来旬传》。

---

①　乾隆《新乡县志》卷23《艺文志》作《丛桂草集》，"草"应为"堂"之误。

②　内阁中书，官名。清代在内阁中设中书一官，其中满洲70人，蒙古16人，汉军8人，汉人30人，掌撰拟诰敕、草签票拟、本章翻译、缮写和记载等事。其职官，或由举人考授，或由皇帝特赐。若从进士朝考中任用者，可以外补同知、直隶州知州，充乡试主考，保任军机章京。

《四书讲义》，张来旬撰。乾隆《卫辉府志》卷32《人物·文苑·张来旬传》、《中州艺文录》卷38均著录。

尚重，字威如，清代新乡县人。弱冠为诸生。潜心理学，尝师事孙奇逢。事迹详见乾隆《新乡县志》卷32《儒林传补遗·尚重传》。

《四书酌言》，尚重撰，10卷，佚。乾隆《新乡县志》卷21《艺文志上》《中州艺文录》卷38均著录。孙用正"序"曰："此郿南尚威如先生所著《四书讲义》也。言何以酌？盖酌夫四子之言，进而酌之于四子之心，再反而酌之于我之心，再博而质之诸家之言，使之言言相证，心心相印，靡弗晓畅熨贴，俾读者咸了了于立言之旨者也。"

《尚氏族谱》，尚重撰。乾隆《新乡县志》卷32《尚重传》著录。

郭培乾，字健若，郭遇熙之子，清代新乡人。雍正四年（1726）岁贡，兵部职方司学习，选广西象州知州，未任卒。事迹详见乾隆《新乡县志》卷33《义行·郭培乾传》。

《惕庵杂著》，郭培乾撰，1卷，佚。乾隆《新乡县志》卷22《艺文志中》、《中州艺文录》卷38著录，今佚。

郭培墉，字勤若，郭遇熙之子，清代新乡人。乾隆元年（1736），以生员举孝廉方正①，授许州训导②，升南阳教谕③。事迹见《中州先哲传·孝友传》、乾隆《新乡县志》卷32《孝友·郭培墉传》和乾隆《卫辉府志》卷44《艺文志·碑·郭培墉庐墓碑》。

《独坐轩遗稿》，又名《郭孝子诗抄》，郭培墉撰，1卷，存。中州文献征辑处征《第三期征辑书目》《中州艺文录》卷38均有著录，新乡市图书馆藏抄本1册。共收诗70多首，多为祝寿赠别之作。

---

①　孝廉方正，自雍正时起，新帝嗣位，诏直省府、州、县、卫各举"孝廉方正"，赐六品章服，备召用。乾隆以后，定荐举后送吏部考察，授以知县等官及教职。

②　训导，学官名。明清府州县儒学均置训导，分别为教授、学正、教谕的副职，掌训迪所属生员。

③　教谕，地方学官或职事名。宋代于州儒学设教谕。元代县儒学置教谕。明清沿元制，于县学置教谕，掌文庙祭祀，与训导同掌县学管理及课业，秩正八品。

郭汤铭，字新也，号蘧园，郭晋熙之孙。清代新乡人。康熙时诸生。事迹详见乾隆《新乡县志》卷33《文苑·郭汤铭传》。

《蘧园文集》，郭汤铭撰，1卷。乾隆《新乡县志》卷22《艺文志》《中州艺文录》卷37、《河南通志艺文志稿》皆著录。

张资淇，字环卫，河南新乡人。雍正七年（1729）举人。庚戌进士，以亲老就教职，选授怀庆。尝主河阳书院①、郿南书院。事迹详见民国《新乡县续志》卷5《人物志·张资淇传》。

《郿南书院条规》，张资淇撰，1卷，佚。乾隆《新乡县志》卷22《艺文志中》著录。"自序"曰："诵习讲贯，学者事也。授业解惑，则教者事也。予不敏，惧不克倡导以勷大化。《学记》曰：'学然后知不足，教然后知困。'故教学相长。《说命》亦曰：'惟教学半。'教宜先与，率宜谨与，予之责也，亦二三子之责也。二三子勉乎哉！勿却行而求前，勿反鉴而索照，他日有质有文，庶几乎彬彬之选，邦家之光。"②

傅良臣，清代新乡县人。雍正八年（1730）进士，三甲第126名。曾官江苏泰兴知县。其墓在秦村营东。

《祭张烈女陈节妇文》，傅良臣撰。民国《新乡县续志》卷4《艺文·文选》著录。

畅于熊（1706—1735），字光群，畅泰兆之孙，河南新乡县人。雍正二年（1724）进士，当年19岁。礼部尚书张伯行荐其才。授湖北黄冈县知县。以劳卒官，年仅30岁。事迹见乾隆《卫辉府志》卷52《艺文志·畅于熊墓志铭》和乾隆《新乡县志》卷32《宦望·畅于熊传》。

《黄冈县志》，畅于熊撰，10卷，佚。《中州艺文录》卷38和《河南

---

① 河阳书院，在今河南孟州市。清代康熙二十三年（1684），知县徐登瀛创于县署南大街。光绪三十一年（1905），改为高等小学堂。

② （清）赵开元纂，（清）畅俊修：乾隆《新乡县志》卷22《艺文志》，《中国方志丛书·华北地方》第472号，台北：成文出版社1976年版，第787—788页。

通志艺文志稿》均著录，未闻有传本。

《高都纪游》，畅于熊撰，1 卷，佚。乾隆《新乡县志》卷 22《艺文志》、《中州艺文录》卷 38 和《河南通志艺文志稿》均著录。

孟之哲，字鉴远，新乡县人。雍正癸卯举人，拣选知县。乾隆十四年，选授四川清溪县知县，引见改授广东和平县知县。后因病归乡。卒时 56 岁。事迹详见民国《新乡县续志》卷 3《孟之哲墓志铭》和卷 5《人物志·文苑·孟之哲传》。

《诗柄要览》《易经卦解》《四书文稿》，孟之哲撰。民国《新乡县续志》卷 5《孟之哲传》均著录。

《公旌牟伯禄文》，孟之哲撰。民国《新乡县续志》卷 4《艺文·文选》著录，并收入全文。

孟克谨，字惟寅，清代新乡人。雍正、乾隆时贡生①，能文章。事迹详见乾隆《新乡县志》卷 33《义行·孟克谨传》。

《丧礼撮要》，孟克谨撰，1 卷，佚。乾隆《新乡县志》卷 22《艺文志》著录，并收入王瀛客"序"，曰："鄘邑之南，有明经孟惟寅者，与予相友善，称莫逆，予尝数造其庐，促膝谈心。一日于案头拾得一册，乃《丧礼撮要》，系公所手订者。予伏读之，用古而不泥于迹，崇今而不徇夫俗。因分定礼，缘情起义，诚大儒之言，可师也。"

《家训庸言》，孟克谨撰，1 卷。乾隆《新乡县志》卷 22《艺文志中》著录。刘永芳"序"曰："工于文而不轻于著述，所集《家训庸言》一书，未尝示人。予因以询公，公曰：'是诚有之。然吾老，不欲自荒，姑以自儆耳。何可使闻于公耶？'予再请，得允。启视，皆公所躬行心得，其言布帛菽粟而神化性命之奥具焉。当与许鲁斋、薛敬轩诸先生录并存也。"

---

① 贡生，明清时期府、州、县的生员，升入国子监充当学生的称谓。贡生因升入国子监的情况不同而又有区别，清代有恩贡、拔贡、副贡、优贡、例贡等。

张应棻，字眉永，号兰圃，河南新乡县人。乾隆庚寅副贡①。年57岁卒。事迹见民国《新乡县续志》卷5《人物志·文苑·张应棻传》。

《课心约编》，张应棻撰，佚。民国《新乡县续志》卷3《艺文》《中州艺文录》卷38和中州文献征辑处《第三期征辑书目》均著录，前者引有"自序"、张凤台"序"，其"自序"云："丙戌孟夏之三日，徙居城北张门村，构一小轩，轩旁桐荫方茂，赖以清暑，自号碧梧居，为课子内室。讲习之余，景愈暇，外念不纷，仍恐此心泛无所用，故凡有感触，辄勉力成一小局，并不敢仍疏懒旧习，听其散遗，乃自订一页，举诗、序、书、启等概笔之，并留时日，名之曰《课心约编》，盖亦即事收心，随时自课之术也。"

《随笔小草》，张应棻撰，佚。民国《新乡县续志》卷3《艺文·著述》、中州文献征辑处《第三期征辑书目》、《中州艺文录》卷38和民国《新乡县续志》卷3并见著录，今去向不明。

《莲亭诗草》，张应棻撰，1卷，佚。民国《新乡县续志》卷3《艺文·著述》、中州文献征辑处《第三期征辑书目》、《中州艺文录》卷38和民国《新乡县续志》卷3并见著录，其中前者收入"自序"。

《秋鸿堂小草》，张应棻撰，存佚不明。民国《新乡县续志》卷3《艺文·著述》著录，并收入"自序"。

郭墭（约1723—1793），字华阳，号云庵，别号槐斋，清代新乡人。乾隆十五年（1750）举人，任睢州学正②。卒年81岁。事迹见民国《新乡县续志》卷5《人物志·文苑·郭墭传》。

《易经正韵》《诗书正韵》《四书正韵》《百种秘书》《朱陆王学考》《云庵杂著》《雅谑漫抄》《童蒙砭语》《智囊集》《雅言集》，郭墭撰，均佚。民国《新乡县续志》卷3《艺文·著述》著录，今佚。

《槐斋偶忆》，郭墭撰，3卷，佚。民国《新乡县续志》卷3《艺文·

---

① 副贡，贡生的一种，乡试列入副榜，不再经过考试送入国子监学习。因不在正取之列，以后参加科考，仍要参加乡试，不能同举人同赴会试。

② 学正，地方学校学官。元代路、州、县学和书院设学正，明清时期州学设学正，正八品，与训导共同负责州学的管理及课业。

著述》著录，并收入"自序"和田芸生"跋"。

《令节编珠》，郭墣撰，12 卷。民国《新乡县续志》卷 3《艺文·著述》和《中州艺文录》卷 38 均著录，今存有刊本。郭泉声"书后"云："其槐斋制秘大小稿、槐斋诗赋及《令节编珠》十二卷，则授梓者，族属中往往有之，顾皆珍为秘籍，而泉也未之见焉。壬辰，客梁苑，适书肆，于古籍缤纷中得《编珠》五册，补其虫蠹鼠伤者，读而藏之。窃自幸此书之遇，而慨其它数十余种未知尽存与否，而不获寓诸目也。"

郭两铭，字景章，号玉亭，郭培墉之子，清代新乡人。乾隆时廪贡①，历官涉县、巩县、永宁教谕、武安训导、光州学正和永城教谕。卒时 84 岁。事迹见民国《新乡县续志》卷 5《人物志·文苑·郭两铭传》。

《椿萱日记》《悦心随记》《自讼铭》《五伦分纪》，郭两铭撰，佚。《中州艺文录》卷 38、《河南通志艺文志稿·子部·儒家类》均著录以上 4 种文献。

《玉亭诗抄》，郭两铭撰，1 卷，抄本，存。民国《新乡县续志》卷 3《艺文·著述》著录。中州文献征辑处《第三期征辑书目》作《郭玉亭遗稿》，后附郭宗懋《益夫诗草》，抄本 1 册。

《族贤传略》，郭两铭撰，民国《新乡县续志》卷 5《郭两铭传》著录。

郭浍，字灵坡，号百川，别号小痴，晚年号河上老人，郭两铭之子，清代新乡人。以书画知名。乾隆时廪贡，历官禹州训导、镇平教谕、唐县训导等。事迹详见民国《新乡县续志》卷 5《人物志·文苑·郭浍传》。

《珠囊记数》，郭浍撰，佚。民国《新乡县续志》卷 3《艺文·著述》《中州艺文录》卷 38 和《河南通志艺文志稿·子部·杂家类》均著录，今佚。

郭肇霖，字沛苑，清代新乡人。乾隆时诸生。

《敝匣偶存》，郭肇霖，佚。《中州艺文录》卷 38、《河南通志艺文志

---

① 廪贡，明清时期贡生的一种，府、州、县学的廪生被选拔为贡生。

稿·子部·杂家类》均著录，今佚。

郭宗懋，字益夫，清代新乡人。乾隆、嘉庆年间布衣。工书，善诗，尤喜邵雍之学，诗摹《击壤集》。

《益夫诗草》，郭宗懋撰，1卷，存。中州文献征辑处《第三期征辑书目》著录，有抄本附《郭玉亭遗稿》后。

孟天馥，字芳严，新乡县人。乾隆癸卯举人。精通堪舆之学。事迹详见民国《新乡县续志》卷5《人物传中·文苑·孟天馥传》。

《四书文稿》《读诗手抄》《兴会书屋文稿》，孟天馥撰。民国《新乡县续志》卷5《孟天馥传》著录。

《秋桂堂诗稿》《怀乔日记》，孟天馥撰。民国《新乡县续志》卷3《艺文·著述》、卷5《孟天馥传》均著录。

《阳宅存是》，孟天馥撰，2卷。民国《新乡县续志》卷3《艺文·著述》、卷5《孟天馥传》均著录。

《地理存是》，孟天馥撰，4卷。民国《新乡县续志》卷3《艺文·著述》、卷5《孟天馥传》均著录。

朱彦仪，字四正，清代新乡县合河人。乾隆间生员。民国《新乡县续志》卷5《人物传中·儒林·朱彦仪传》。

《朱氏族谱》，朱彦仪修。民国《新乡县续志》卷3《艺文志》著录，并收入朱彦仪"自序"。乾隆二十五年（1760），朱彦仪创修族谱。

《婚丧礼仪注大略》，朱彦仪撰，2卷。民国《新乡县续志》卷5《朱彦仪传》著录。

郭宗楷，字直夫，清代新乡县人。嘉庆时廪贡，工书画。事迹见民国《新乡县续志》卷5《人物传上·文苑·郭宗楷传》。

《左传分国》，郭宗楷撰，佚。民国《新乡县续志》卷3《艺文志》《中州艺文录》卷37、《河南通志艺文志稿》均著录，今不传，可能已佚。

《葭草吟》，郭宗楷撰。民国《新乡县续志》卷3《艺文志》《中州艺文录》卷 37、《河南通志艺文志稿》均著录，今不传，可能已佚。

张昭宣，张氏十七世孙，清代新乡人。

《张氏族谱》，张昭宣纂修，3 卷，存。民国《新乡县志》卷 3《艺文·谱叙》著录，并收入刘至东"序"。清嘉庆二十三年（1818）刊本，新乡市图书馆藏。张氏谱为顺治间张含所创，乾隆间张资汉续修。昭宣是谱为三修族谱，凡分 15 类，日纶音、封荫、爵秩、齿德旌奖、节孝、翰墨遗稿、祠堂、茔兆、家规、世系、神道表墓表、墓志、行述、谥、传。张氏一门，自永乐中始祖得山公徙新，至嘉庆二十三年（1818），凡传十八世，世居宋佛村，为邑之世族大家。十一世坦公张缙彦，官至兵部尚书，事载国史，门益著。后登科第、列仕籍，被旌奖入郡志、邑志者代不乏人。

卫大壮（1756—1837），字健斋，新乡人。弱冠由弟子员补博士，肄业成均，遂授司铎。道光六年（1826），任归德府教授。其墓在城北王门村。事迹见民国《新乡县续志》卷 3《卫大壮墓志铭》、卷 5《人物传上·宦望·卫大壮传》。

《卫氏族谱》，卫大壮纂修，4 卷，《门谱》1 卷，《缙绅录》1 卷，存。民国《新乡县续志》卷 3《艺文志·谱叙》著录，并收入卫大壮"族谱序""缙绅录序"，今存清嘉庆二十二年（1817）刊本。卫氏为陕韩巨族，世代簪缨。自四世卫霍迁新，乐善好施，扶危济困，族益大。至静澜中丞，称贵盛焉。然新乡卫氏原无谱，大壮族叔帝佐公曾刻意谱牒，沿村稽访，累年始得就稿。己酉，大壮屡次作书到韩，购取之，则誊作二本，并摘叙《门谱》一本、《缙绅小录》一本，裁订成套。然世系未曾排次。移任菊潭，已三十余年。丁丑，图成世系，并重录各本。《缙绅录》作于乾隆五十四年（1789），按门次订序，所有传记更取诸志书，或采之国史，或见于先正品评，不曾妄增一字。

《迷津普渡》，卫大壮辑，1 卷，存佚不明。民国《新乡县续志》卷 3《艺文·著述》著录。

《呓语志略》，卫大壮撰，1 卷。民国《新乡县续志》卷 3《艺文·著述》著录，并收入"自序"和王有隽"序"。

《刘将军论》，卫大壮撰。民国《新乡县续志》卷 4《艺文·文选》著录，并收入全文。

郭文贞，字恕宣，郭浤之妹，卫大壮之妻，河南新乡人。幼喜颂诗，效兄学画，其草书挥洒奇妙，可追仿板桥。事迹见《中州先哲传·列女》。

《呓语志略附刻》，郭文贞撰，1 卷，今存有刊本。民国《新乡县续志》卷 3《艺文·著述》著录，并收入“自序”曰：“予幼侍庭训，每见笔砚及古人词章辄爱玩之不释手。稍长，见十四兄渲染绢素，心窃慕之，偶一摹仿，不敢示人。乾隆壬子，随夫任至固陵，佐中馈，习针黹，而学诗学画之意渐废。嘉庆戊辰，至菊潭县署，女公子汪吉衣尝以词章见投，不获已，十答四五，未能工，亦不求工也。道光丙戌至睢阳郡，承宋太恭人垂顾，又以女公子宋竹芳雅嗜染翰，因于太恭人寿日，勉绘寿屏二幅。从此索者累累，欲藏拙不能也。迩来眼渐花，气血渐衰，不惟诗久搁笔，即画亦成苦境矣。癸巳秋初，夫子命镌《呓语志略》，儿子自强缀此册附刻之，予故叙其颠末以见生平之所经历如此，非敢谓敝帚堪享，不忍废弃也。”杨淮《中州诗钞》收入《手炉》《寻孔颜真乐处》《和喜雪原韵四首》《答闺友四首》等诗共 13 首。

郭爔，字宜光，号昭斋，清代新乡人。道光十二年（1832）岁贡，授罗山训导，未赴。生平详见《河南通志艺文志稿》和道光《辉县志》卷 3《选举表·岁贡》小传。

《汉晋名士铭》，郭爔撰，佚。《河南通志艺文志稿》著录，未闻有传本。

祝垲（1827—1876），原名隆贤，字幼荻（又字定庵），号爽亭、印垲，清代湖北武昌人。道光二十七年（1847）进士，分发河南内乡知县，后调太康知县。咸丰五年（1855），补授新乡知县。九年（1859），调任光州知府。十年（1860），署归德知府，以军功加道衔。十一年（1861）九月，由军保举以道员用，加盐运司衔。同治十三年（1874），赏二品顶戴，署天津长芦盐运使。著有《体微斋日记》《爽亭斋易说》《语录》等书。事迹详见民国《新乡县续志》卷5《循吏传·祝垲传》。

《通禀举行乡甲约文》，祝垲撰，存。民国《新乡县续志》卷3《艺文》著录，并收入全文。

赵珂（1756—1838），字鸣玉，号雪斋，清代新乡人。原居饮马口村，道光十三年（1833）移居辉县苏门百泉静乐园。现新乡市平原路东段饮马口村七世同居坊即赵珂遵旨所立。事迹详见民国《新乡县续志》卷5《赵珂传》。

《居家庸言》，赵珂撰，存佚不明。民国《新乡县续志》卷3《艺文·著述》著录，并收入周际华"序"。

《静乐园集》，赵珂撰，存佚不明。民国《新乡县序续志》卷3《艺文·著述》著录。

郭宗棻（1798—1876），字挹馨，号芳园，河南新乡人。道光五年（1825）举人，以知县分直隶，改就罗山县教谕，补陕州学正。事迹见民国《新乡县续志》卷3《郭宗棻墓志铭》、卷5《人物·文苑·字宗棻传》。

《郭氏族谱》，郭宗棻等纂修，12卷，存。民国《新乡县续志》卷3《艺文志》著录，并收入"自序"。有清光绪二年（1876）孝思堂刊本，现藏新乡市图书馆。此谱为康熙间郭遇熙、郭培远始创，嘉庆、道光、同治、光绪间两铭、彦昭、宗棻等相继续修。郭氏谱原为13卷，宗棻于13卷中删去世纪，并删居宅，补入家课为正卷，厘为世纪、祠堂、茔兆、家规、家课、诰敕、志表、世传、宦迹、乡贤、艺文、诗赋等12卷。皆所以束身心于无形，欲后人之相观而善也。是谱上起元，下至光绪二年（1876），凡二十世。郭氏为新乡望族，历代不乏闻人达士。明有孔完、蒙吉、浇、浧、士标、士栋，清有晋熙、遇熙、培墉、两铭等，或以仕宦显，或以文学、孝行闻。

郭祥瑞（1812—1873），字玉六，号毓麓，新乡县人。道光丁未进士。历官监察御史、给事中、广东按察使等。事迹见民国《新乡县续志》卷3《郭祥瑞墓志铭》、卷5《人物传上·宦望·郭祥瑞传》。

《拙斋漫谈》，郭祥瑞撰，1卷，佚。民国《新乡县续志》卷3《艺文志》、卷5《郭祥瑞传》均著录，并收入李云杞"序"，云："除政绩外，闻有著作六七种，而《拙斋漫谈》一书尤其脍炙人口者。……于残纸堆中得一册，展阅之乃《拙斋漫谈》墨迹旧稿也，都三十余篇，或有关风化，或寓言，劝惩牛鬼蛇神之诞，谭天说剑之奇，妙谛精蕴，皆不悖于危微之旨，其精神有不可磨灭者。即拟付之梨枣，以公同好，而家无儋石，壮志未酬者三十一年。庚申春，山左韩鹤亭县长修志局开，搜求遗书，出此备证，诸同人争先快睹，金谓有关世道之文，湮没不彰，致前辈风流草木同腐，岂非吾人之憾事也哉？商付石印，俾此书流传于江国海隅，未必非社会之一助也。"

《郭氏家谱》，郭祥瑞撰。民国《新乡县续志》卷3《艺文·谱叙》著录，并云："中定家规十条，颇足为法。"

《谏垣奏稿》，郭祥瑞撰。民国《新乡县续志》卷5《郭祥瑞传》著录。

《鲍段二公遗爱记》，郭祥瑞撰。民国《新乡县续志》卷4《艺文·文选》著录，并收入全文。

《香山纪游》，郭祥瑞撰。民国《新乡县续志》卷4《艺文·文选》著录，并收入全文。

郭祥椿，字菊庄，号继云，新乡县人。道光乙酉拔贡。辛卯举人，授内黄县教谕。事迹见民国《新乡县续志》卷5《人物传中·郭祥椿传》。

《菊庄诗文稿》，郭祥椿撰。民国《新乡县续志》卷3《艺文》、卷5《郭祥椿传》均著录。

《日记录》，郭祥椿撰。民国《新乡县续志》卷3《艺文》、卷5《郭祥椿传》均著录。

《赵雪斋归奄輓诔》，郭祥椿撰。赵雪斋即赵珂，字鸣玉，新乡县人。民国《新乡县续志》卷4《艺文·文选》著录。

杜来锡（1808—?），字蓉珊，河南新乡人。咸丰二年（1852）举人，三年（1853）进士，授工部郎中，军机处行走。官至朔平府知府、归绥兵备道。事迹见民国《新乡县续志》卷5《人物传上·宦望·杜来锡传》。

《杜氏族谱》，杜来锡纂修，佚。民国《新乡县续志》卷 3《艺文志·谱叙》著录，并收入杜来锡"序"和杜常立"序"。杜氏自乾隆间杜超群始创族谱，嘉庆、道光、同治、光绪间继程、来辂、世重、来锡等屡经续修。民国八年（1919），常相、常立续修。

张时中，字道宜，新乡县人。咸丰庚申进士，以知县分贵州，未赴。后屡主欧阳书院讲席，著述甚丰。事迹见民国《新乡县续志》卷 5《人物志上·宦望·张时中传》。

《笔谈》，张时中撰，2 卷，存佚不明。民国《新乡县续志》卷 3《艺文·著述》著录。

《三字鉴》，张时中撰，1 卷，存佚不明。民国《新乡县续志》卷 3《艺文·著述》著录，并收入"自序"。

《黻社乡谈》《黻社琐谈》，张时中撰，各 1 卷。民国《新乡县续志》卷 3《艺文·著述》著录。

张恕增（？—1887），字如心，河南新乡人。岁贡出身。嗣因屡踬乡闱，遂绝意仕进，专以成就后学为己任。事迹见民国《新乡县续志》卷 5《人物志·文苑·张恕增传》。

《友善轩集》，张恕增撰，1 卷，佚。民国《新乡县续志》卷 3《艺文志·著述》著录，今未闻有传本。安昌王辂《张如心先生传》云："尝谓书中之道，皆我身所当行可行之道；书中之理，皆我心所自具素具之理。学者须以身心体之，凡静动言语，酬应往来，无不将之以敬，然后可以言学。"

王锡侯，字子蕃，号葆源，清代新乡县人。同治间举人，曾任官河南罗山县训导、西平县教谕、广西天河县知县。卒时 59 岁。事迹详见民国《新乡县续志》卷 5《人物志·儒林·王锡侯传》。

《性理辑要》《日记录》，王锡侯撰。民国《新乡县续志》卷 3《艺文·著述》、卷 5《王锡侯传》均著录。

田芸生（1860—1926），字香圃，河南新乡人。同治、光绪间举人，历任应城、巴东、钟祥等县知县和安陆府知府。见民国《新乡县续志》卷 2《选举·举人》小传和《田芸生墓志》。

《新乡县征文献启》，田芸生撰，存。民国《新乡县续志》卷 3《艺文·公牍》著录，并收入全文。

《停云轩文集》，田芸生撰，4 卷。民国《新乡县续志》卷 3《艺文》著录。

《寄兴吟诗集》《宁城爪痕集》《梁苑爪痕集》，田芸生撰，各 1 卷。民国《新乡县续志》卷 3《艺文·著述》均著录。

《日记录》，田芸生撰，30 卷。民国《新乡县续志》卷 3《艺文·著述》著录。

《错杂弹》，田芸生撰，6 卷。民国《新乡县续志》卷 3《艺文·著述》著录。

《田氏族谱》，田芸生修。民国《新乡县续志》卷 3《艺文·谱叙》著录，并收田芸生"序"。

《南村别墅记》，田芸生修。民国《新乡县续志》卷 4《艺文·文选》著录，并收"自序"。

田荫生，田芸生之弟，新乡县人。附贡生出身。事迹见《志余叶雅集·自序》。

《志余叶雅集》，田荫生撰，1 卷。民国《新乡县续志》卷 3《艺文志·著述》著录，并收入"自序"。该集为诗集汇编，而"以修志余暇，扪苔扫叶，弄月吟风"得名。

王安澜（1857—1908），字静波，新乡县朗公庙村人。光绪十六年（1890）进士，官翰林院编修①，主讲覃怀书院。民国时为河南高等学堂监督。卒时 52 岁。事迹见民国《新乡县续志》卷 5《人物志·宦望·王

---

① 翰林院编修，官名。宋代国史院及实录院均置编修官，掌编修国史及实录。金元国史院沿置。明清时期翰林院修撰之次置编修，正七品。清制，殿试后进士一甲之第二、三名均授翰林院编修，此外进士二甲之改翰林院庶吉士者，经过散馆考试后，部分授以翰林院编修，谓之留馆。

安澜传》。

《诗说》，王安澜撰，1 卷，佚。民国《新乡县续志》卷 3《艺文志·著述》、《中州艺文录》、《河南通志艺文志稿·子部》皆著录。

《日记批答钞存》，王安澜撰，18 卷（一说 22 卷），抄本，存。民国《新乡县续志》卷 3《艺文志》、《河南通志艺文志稿》皆著录。前者作 22 卷，名曰《日记批答》。

《漫存集》，王安澜撰，1 卷，稿本，存。民国《新乡县续志》卷 3《艺文志》、《河南通志艺文志稿》皆著录。

《覃怀吟草》，王安澜撰，1 卷，抄本，存。民国《新乡县续志》卷 3《艺文志》均有著录。

《口吃集》，王安澜撰，1 卷，今存稿本。民国《新乡县续志》卷 3《艺文志》著录，并收入“自序”，曰：“甲午秋，馆于杨子和前辈家。七月二十五日夜，秋雨淅沥，杂木叶而下，凄凄切切，触绪增怀。已就寝，不能寐也。因思古人心中蕴结，每借诗以宣之，惜予不能诗也，乃忽欲姑试为之。辗转伏枕，卒成多首恐睡后辄忘也，乃披衣起，燃灯漫书之。比书出，则又赧赧然，惭其与古人大不相似也，而忿然欲焚之，盖恐见之者之掩口而笑也。即而又憬然曰：是不过言之不工耳，言之不工亦不过如口吃者之格格难吐耳，口吃者不以人之笑之也而遂废其言，则予亦何必恐人之笑之也而遂废其诗乎？且言招笑必内惭，惭必渐改，则吾口吃之病必渐轻。今而后有怀，欲吐则吐之，不必畏人笑，且愈幸笑之者之多之足以益吾也。因序而录之，名之曰《口吃集》。”

《有不为斋赋草》，王安澜撰，1 卷。民国《新乡县续志》卷 3 著录。

卫延龄，字绍彭，卫荣光长孙，清代新乡县人。光绪丁酉“列拔萃科”。精医术事迹见民国《新乡县续志》卷 5《人物志·宦望·卫延龄传》。

《东游日记》，卫延龄撰。主要记载光绪二十六年（1900）赴京参加顺元乡试沿途见闻，尤详于义和拳事。民国《新乡县续志》卷 3《艺文志》著录，并收入李云杞“序”。

夏奠川，字子定，河南新乡人，光绪二十年（1894）进士，签分浙江。事迹详见民国《新乡县续志》卷 3《夏奠川墓志铭》和卷 5《人物志·宦望·夏奠川传》。

《夏氏族谱》，夏奠川纂修，存。民国《新乡县续志》卷 3《艺文志》著录，并收入夏奠川"序"云："丙申，丁内艰，旋里，奉从龙公严命，继先曾祖延龄公志修谱……广咨博采，搜残碑，采遗闻，检故牒，得延龄公族谱底稿一纸，又奉从龙公手示族谱底稿一纸，详考互订，越一岁而谱告成。"有清光绪二十三年（1897）刊本，新乡夏氏家藏。夏氏始祖为光州固始人，明洪武初从军职，居十旗长。大定后分屯宋南七里营，五世祖迁居邑南夏庄，后世居于此，族颇繁盛。

《吕夏氏节孝碑序》，夏奠川撰，存。民国《新乡县续志》卷 6《列女传·节孝》著录，并收入全文。吕夏氏乃其姑母。

李云杞，新乡县人。光绪二十三年（1897）拔贡。

《秀绿轩诗草》，李云杞撰。民国《新乡县续志》卷 3《艺文志·著述》著录，并收入"自序"。

《过万圣庵》《吊岳忠武》《偕友游古城有感》等诗 3 首，李云杞作。民国《新乡县续志》卷 4《艺文志·诗选》著录，并收入全文。

郭泉声，字亦琴，河南新乡人。光绪时诸生。尝师从田芸生等。"年未不惑，竟以疾卒，士林惜之。"事迹见乾隆《新乡县续志》卷 5《文苑·郭泉声传》。

《亦琴遗稿》，郭泉声撰，存。中州文献征辑处《第一期征辑书目》、《中州艺文录》卷 38 著录，今存有刻本 1 册，又有抄本。

《责志斋日记》，郭泉声撰，不分卷，稿本，存。新乡市图书馆藏。该书记事自光绪十九年（1893）五月起，迄光绪二十五年（1899）六月十九日，逐日排记，偶有间断。

韩邦孚，字鹤亭，山东蓬莱人。民国八年（1919）来任新乡县知事。生平见民国《新乡县续志》卷 2《职官》小传。

民国《新乡县续志》，韩邦孚等修，田芸生等编纂，6 卷，铅印本，存。《中国地方志联合目录》著录，今存有《中国方志丛书》影印本，乃民国十二年（1923）铅印本。此志民国九年（1920）修，民国十二年（1923）付诸铅印。另有民国三十年（1941）铅印本，仅河南大学图书馆藏。不少门类所辑资料甚有价值。《艺文志·谱叙》目，记载任、郭、杜、朱等30余家族的族谱，分量之大在河南方志中实为罕见。艺文志的公牍、金石等目，广为搜求，数量可观。

《征新乡县文献启》，韩邦孚撰，存。民国《新乡县续志》卷3《艺文·公牍》著录，并收入全文。

赵一揆，民国时人，其他不详。

《白马峪韩公鹤亭德政碑序》，赵一揆撰。民国《新乡县续志》卷4《艺文志·文选》著录，并收入全文。

张所（又名锡所），民国时人，其他不详。

《香苟东匪记》，张所撰。民国《新乡县续志》卷3《艺文志》著录，并收入"自序"和田芸生"跋"。撰者本名锡所，"东人呼为香苟，姑妄应之，即取以名此记"。"东匪"即咸丰年间蔓延直隶、山东、河南等地的捻军起义。

刘易，清人，生平不详。

《刘源洁传》，刘易撰。乾隆《卫辉府志》卷50《艺文志·传二》著录，并收入全文。刘源洁，字六一，河南新乡县人。

张子定，字仲安，新乡县人。岁贡出身。事迹详见民国《新乡县续志》卷5《人物·文苑·张子定传》。

《溢香斋诗草》，张子定撰。民国《新乡县续志》卷3《艺文·著述》著录。

赵凤诏，新乡赵氏十二世孙，生平事迹不详。

新乡《赵氏族谱》，赵凤诏续修。民国《新乡县续志》卷3《艺文志·谱叙》著录，并收入周际华"序"。该谱乃十世赵珂创修，民国四年（1915）、九年（1920）十二世赵凤诏等续修。明朝初年赵江自洪洞迁来新乡，清初移居饮马口，即赵庄。

孟家本、孟大本①，孟氏十九世孙，清代河南新乡人。

《孟氏族谱》，孟家本、孟大本续修，佚。民国《新乡县续志》卷 3
《艺文志·谱叙》著录，并收入孟天馥"序"云："孟氏峄山一派，相传
随宋南渡，籍江左凤阳县，元末以兵散，上世不可考。始祖辅从明太祖自
濠州起兵，身经百战，论功行赏，封万户侯。二世受世袭，擢宁山卫所掌
印正千户，官署在山西泽州之凤台，所辖新、滑两邑，各五百户……六世
祖遂居新邑，八世祖始攻儒业，以军籍列诸生，厥后书香继世，食廪饩，
举明经，出仕者不一。"有清乾隆年间刊本，今未闻传本。民国十一年
（1922），孟家本、孟大本等续修族谱而成。孟氏世居孟家营，是本县
望族。

孟守先，字道夫，新乡县人。庠生出身，专精于易，以学易为毕生之
业。事迹详见民国《新乡县续志》卷 5《人物志·儒林·孟守先传》。

《先天图浅说》，孟守先撰。民国《新乡县续志》卷 3《艺文·著述》
著录。

李成蹊，民国新乡县人。贡生出身。

《游月山寺记》，李成蹊撰。民国《新乡县续志》卷 4《艺文·文选》
著录，并收入全文。

张士贞，字子干，新乡县人。拔贡出身，屡次参加乡试无果，遂闭户
读书，教授生徒。民国《新乡县续志》卷 5《人物志·文苑·张士贞传》。

《祭李华亭文》，张士贞撰。民国《新乡县续志》卷 4《艺文·文选》
著录，并收入全文。

孟汝瑸，字采臣，廪生，新乡县人。事迹详见民国《新乡县续志》

---

① 栾星主编《中原文化大典·著述典·正编·史部》（中州古籍出版社 2008 年版，第 170
页）称孟天衢、孟天柱续修，不准确。

卷5《人物志·文苑·孟汝瑸传》。

《遁僧文集》《石竹斋诗抄》《祛病吟草》《翠竹山房诗集》，孟汝瑸撰。民国《新乡县续志》卷5《孟汝瑸传》均著录。

朱希濂，字蓉溪，新乡县人。恩贡出身。卒时66岁。事迹见民国《新乡县续志》卷5《人物志·文苑·朱希濂传》。

《诗语家训》，朱希濂撰。民国《新乡县续志》卷5《朱希濂传》著录。

《重修天宁寺碑记》，朱希濂撰，存。民国《新乡县续志》卷2《祠祀》收入全文。天宁寺在县城东南20里，此记载宣统二年（1910）重修之事。

《刘永乾墓表》，朱希濂撰，存。刘永乾，字健庵，37岁卒，葬张湾。民国《新乡县续志》卷3《邱墓》收入全文。

王铨堂，字绍心，河南新乡人。活动于清末民初。

《新纂百家姓氏草注》，王铨堂注，1卷，佚。民国《新乡县续志》卷3《艺文志·著述》著录，并收有田芸生"序"，云："南昌熊在湄先生《新纂百家姓氏》一编，熔经铸史，点纂成章，盖仿梁周兴嗣纂合《千字文》之例，精心结撰，情文俱美，其饷遗童蒙，佑启其智慧者，诚是多也。惟逐字分疏，摘录古今氏族之较著者为骈语以释之，而未著明其琢句之义，转恐讲演家有语焉不详之憾，不将与宋本《百家姓》同一不可索解乎！……辄就熊本逐句而梳栉之，详加笺释，中有稍涉牵强者，必引申其义，使之融合于无间，名之曰《草注》，是不惟便于训诲童蒙也，即熊氏纂合之本旨，且得之而明辨以析矣。"

李春元，新乡县藏家营人，生平事迹不详。

《李氏族谱》，李春元等创修。民国《新乡县续志》卷3《艺文志·谱叙》著录，并收入王安澜"序"。李氏世居藏家营，为本地望族。光绪年间，春元、法元、天元创修族谱。

张凤阁，新乡县人，生平事迹不详。

《张氏族谱》，张凤阁等续修。民国《新乡县续志》卷3《艺文志·谱叙》著录。张氏世居郎公庙，后迁三岗，支派繁盛。道光十七年（1837）张省三创修族谱，光绪间凤阁、凤岐、光华等续修族谱。

茹应聘，民国新乡县人，生平事迹不详。

新乡《茹氏族谱》，茹应聘等修。民国《新乡县续志》卷3《艺文志·谱叙》著录。茹氏乃本县世族，乾隆十四年（1749）创修族谱，民国三年（1914）茹应聘、茹应和、茹耀德等续修。

王日云，民国新乡县人，生平事迹不详。

《王氏族谱》，王日云等修。民国《新乡县续志》卷3《艺文志·谱叙》著录，并收王日圣"序"。嘉庆年间十三世光照续修，民国七年（1918）十六世王日云、王日圣又续修。此王氏乃店后营王氏，明代宦族，清初隐于农。

程天荣，民国新乡县人，其他事迹不详。

《程氏正宗谱》，程天荣修民国时期尚存（下同）。民国《新乡县续志》卷3《艺文志·谱叙》著录，并收入程宗孟"序"。程氏乃伊川后裔，迁新时间不明。康熙四十五年（1706）修，民国十年（1921）一百二十九世天荣续修。

郭浦，清代新乡县东张门人。其他生平事迹不详。

新乡《郭氏族谱》，郭浦纂修。民国《新乡县续志》卷3《艺文志·谱叙》著录。此郭氏乃东张门郭氏，明代洪武年间迁新，世业农。清代咸丰间，郭浦纂修此族谱。

郭祥庆，郭氏八世孙，生平事迹不详。

新乡《郭氏族谱》，郭祥庆修。民国《新乡县续志》卷3《艺文志·谱叙》著录。此为汉中府知府郭永祚之后裔。同治九年（1870），八世祥庆创修族谱。

李国材，民国新乡县牧野村人。其他事迹不详。

《李氏族谱》，李国材等修。民国二年（1913），牧野村李氏族人国材、国梁、国相等创修族谱。民国《新乡县续志》卷3《艺文志·谱叙》著录。

《岳氏族谱》，修谱者不明，存佚不明。此岳氏由获嘉岳家寨迁新乡之冀家厂，乃岳飞五子岳霆后裔。民国《新乡县续志》卷3《艺文志·谱叙》著录。

陈裕德，新乡县人，生平事迹不详。

《陈氏族谱》，陈裕德修。民国《新乡县续志》卷3《艺文志·谱叙》著录。此陈氏乃城南庄陈氏，光绪年间九代陈裕德创修族谱。

彭泰昌，新乡藏家营彭氏十二世孙，生平事迹不详。

《彭氏东门族谱》，彭泰昌修。民国《新乡县续志》卷3《艺文志·谱叙》著录。此彭氏乃藏家营彭氏。民国十年（1921），十二世彭泰昌创修族谱。

张兴勇，新乡县人。生平事迹不详。

《张氏族谱》，张兴勇等修。民国《新乡县续志》卷3《艺文志·谱叙》著录，并收入田芸生"序"。此张氏乃县东三十里张八寨张氏。民国十一年（1922）十三世张兴勇、十五氏张承纶创修族谱。

孟树信，新乡县人。其他事迹不详。

《孟氏族谱》，修谱者不明。民国《新乡县续志》卷3《艺文志·谱叙》著录。此乃司马村孟氏，相传自亳州迁新。乾隆十八年（1753）孟树信创修族谱，后世九孟世炳、十二世孟天宝、孟温如和十三世孟乐煊续修。

《张氏族谱》，修谱人不明。民国《新乡县续志》卷3《艺文志·谱叙》著录，并收入王安澜"序"。张氏乃本县旧族，元末张芝之后裔，原居张岳村，后迁居郎公庙。

　　《杨氏族谱》，修谱者不明。民国《新乡县续志》卷 3《艺文志·谱叙》著录，并收入本县人李云杞"序"。杨氏世居东元封村。该谱于道光元年（1821）创修，咸丰年间遭兵火而残损，民国九年（1920）重修。

第二章　卫辉文献

一　卫辉的历史沿革

卫辉，即原汲县。殷商时为畿内牧野地。周武王灭纣，"分其地为邶、鄘、卫"①，此地属鄘。成王平武庚叛乱后，邶、鄘并于卫，此地属卫。战国时期，属魏，始有汲邑之称。

"秦为三川郡地"②，西汉高祖二年（前205），始"置汲县，属河内郡"。东汉因之。"曹魏置朝歌郡，晋改置汲郡，治汲"③，辖汲县、朝歌、共县、获嘉，后废。北周武帝宣政元年（578），废汲郡、伍城郡，置卫州，州治朝歌，改汲县为伍城县，属卫州，县治设陈城，原汲县治废。

隋开皇六年（586），"改为汲县，仍属卫州"④。大业三年（607），改卫州为汲郡。唐代武德元年（618），复置义州，"为义州治。四年州废，属卫州，贞观初徙卫州治此"⑤。五代及宋因之。元代中统元年（1259），将卫州、辉州合并设卫辉路，为卫辉路治，领录事司、辉州、淇州，辖汲县、新乡、获嘉、胙城四县。明为卫辉府治，先后辖汲县、胙城、新乡、获嘉、淇县、辉县、延津、浚县、滑县、封丘、考城等11县。清因之。

民国二年（1913），废府设道，属河南省豫北道，道治汲县。民国3

---

① 《读史方舆纪要》卷49《河南四·卫辉府》，中华书局2005年版，第2302页。
② 《读史方舆纪要》卷49《河南四·卫辉府》，中华书局2005年版，第2302页。
③ 《读史方舆纪要》卷49《河南四·卫辉府》，中华书局2005年版，第2302页。
④ 《读史方舆纪要》卷49《河南四·卫辉府》，中华书局2005年版，第2303页。
⑤ 《读史方舆纪要》卷49《河南四·卫辉府》，中华书局2005年版，第2303页。

年豫北道改称河北道，辖汲县等 24 县。民国十六年（1927），废道，直属河南省。民国二十二年（1933）至三十年（1941），汲县先后属第三、十三行政督察区。1948 年 11 月，汲县城解放，划城区和城郊村庄成立卫辉市，与汲县同属太行第五专区（后属第四专区）。1949 年 2 月，撤销卫辉市，并入汲县，汲县先后归属太行行署新乡专区。平原省新乡专署。1952 年 11 月，撤销平原省，改属河南省新乡专区。1983 年 9 月，改属河南省新乡市。1988 年 10 月，撤销汲县，建立卫辉市，属河南省直辖，由新乡市代管。①

二 宋代以前的卫辉文献

吕尚，即太公望，姓姜，名牙，字尚。祖上辅佐大禹治水有功，受封于吕，本为姜氏，从其封姓，故名吕尚。在灭商过程中，立下赫赫功勋。灭商后，周代齐国始祖。今卫辉市太公镇吕村有其墓葬一处，墓前有康熙二十年（1681）卫辉府知府所立石碑"周姜太公茔葬处"。生平事迹详见《史记》卷 32《齐太公世家》、万历《卫辉府志》卷 11《人物·贤哲·吕尚传》、乾隆《获嘉县志》卷 13《流寓·吕尚传》。

《阴符钤录》，吕尚撰，1 卷，佚。《隋书·经籍志》、万历《卫辉府志》卷 11《吕尚传》著录。

《阴谋》，吕尚撰，36 卷。万历《卫辉府志》卷 11《吕尚传》著录。

《金匮》，吕尚撰，2 卷，佚。《隋书·经籍志》、万历《卫辉府志》卷 11《吕尚传》著录。

《六韬》，吕尚撰，6 卷，存。《隋书·经籍志》、万历《卫辉府志》卷 11《吕尚传》著录。

杜诗（？—38），字公君，东汉河内汲（今卫辉市）人。"少有才能，仕郡功曹，有公平称。"建武元年（25），岁中三迁为侍御史。七年（31），迁南阳太守。性节俭而政治平，人民称之。视事七年，政化大行。后卒于官。事迹详见《后汉书》卷 31《杜诗传》、万历《卫辉府志》卷

① 梁振亚：《汲县建置沿革浅识》，载《汲县文史资料》第 1 辑，内部资料 1988 年版，第 1 页。

11《贤哲·杜诗传》。

《荐伏湛书》《乞退郡疏》《请以虎符发兵疏》等文 3 篇，杜诗撰，存。《后汉书》著录，并收入后两种。严可均辑入《全后汉文》卷 19。

司马炎（236—290），字安世，司马懿之孙，司马昭长子，河南温县人。西晋开国皇帝，谥号武皇帝，史称晋武帝。其墓在今河南洛阳市偃师市首阳山镇。

《武帝赏劳汲郡太守王宏诏》，晋武帝撰。万历《卫辉府志》卷 14《艺文志上》著录，并收入全文。王宏，字正宗，高平人，魏侍中王粲兄弟的孙子。泰始初年，任汲郡太守，勤恤百姓，导化有方，有突出政绩。于是武帝特下诏书褒扬。其事迹详见万历《卫辉府志》卷 6《宦业·王宏传》、乾隆《卫辉府志》卷 28《名宦·王宏传》。

释士度，汲郡（治今河南卫辉市）人，西晋人。事迹详见《高僧传》卷 1《帛远传附释士度传》。

《道行般若经》，全名为《摩诃般若波罗蜜道行经》，亦称《般若道行经》，亦简称《道行经》，2 卷，佚。《众经目录》卷 6、《开元释教录》均著录，士度译本已佚。

卢无忌，西晋范阳人。太康中，为太子洗马，出为河内郡汲县令。

《太公碑》，又名《吕望表》，卢无忌撰，存。太公即吕望。该碑太康十年（289）刻，立于县西北三十里太公庙中，后移至县孔庙。原碑无存，今仅存拓本。乾隆《卫辉府志》卷 43《艺文志·碑上》、《全晋文》卷 86 均著录，并收入全文。

穆子容，字山行，北魏穆亮从子，代人（今山西大同），著名书法家、藏书家。曾官通直散骑常侍、平东将军、中书侍郎、恒州大中正、汲郡太守。入齐后，官司农少卿。事迹详见《北史》卷 20《穆子容传》、清代严可均辑《全北齐文》卷 6。

《太公碑记》，穆子容撰，存。乾隆《汲县志》卷 12《艺文上》、乾隆《卫辉府志》卷 43《艺文志·碑上》著录，并收入全文。

拓跋宏（467—499），又名元宏，北魏献文帝拓跋弘的长子。5 岁继承皇位，24 岁亲政，开始大刀阔斧地汉化改革。公元 499 年，病死于南征南齐途中，年仅 33 岁。谥号孝文，庙号高祖。事迹详见《魏书》卷 7《高祖纪》。

《吊比干文》，拓跋宏撰，存。万历《卫辉府志》卷 14《艺文志上·历代御制》著录，并收入全文。北魏太和十八年（494），孝文帝南巡路过比干墓，有感而作该文，刻立墓前。原碑无存，现存于卫辉比干庙者为宋哲宗元祐五年（1090）重刻。

李世民（599—649），即唐太宗，高祖李渊次子，在位 23 年，励精图治，史称"贞观之治"。生平详见《旧唐书》卷 2、《新唐书》卷 2"太宗本纪"。

《唐太宗赠殷太师比干诏》，李世民撰，存。该碑及拓片均存。万历《卫辉府志》卷 14《艺文志上·历代御制》著录，并收入全文。

尚衡，唐代汲郡（今河南卫辉）人。天宝初游平原，十五载（756）客濮阳，起兵讨安禄山。上元元年（760），官兵部侍郎。宝应元年（762），任御史大夫，后官至右散骑常侍①。事迹见《旧唐书·肃宗纪》《新唐书·忠义传（中）》。

《文道元龟》文 1 篇，见《全唐文》卷 394。该文系文论之作，认为："古人之贵有文者，将以饰行表德，见情著事。杼轴乎天人之际，道达乎性命之元，正复乎君臣之位，昭感乎鬼神之奥。苟失其道，无所措矣。"

高郢（740—811），字公楚，唐代卫州（今河南卫辉）人。唐肃宗宝应二年（763），登进士第。代宗大历二年（767），中茂才异行科②，授

---

① 右散骑常侍，官名。隋代王、公、侯、伯、子、男国多置，二人，正八品至从九品不等。唐初沿置，兼掌表启书疏。玄宗开元中废。

② 茂才，汉代察举重要科目之一。秀才原本指称才能秀异之士，始于汉武帝元封年间，初称秀才，东汉避光武帝名讳，改称茂才、茂材。唐代茂才异行科是常科考试的一种，开废不定，所得之人极少。

华阴尉。约于德宗贞元十年（794），累迁至中书舍人①。贞元十五年
（799）至十七年（801）知贡举，擢张籍、白居易等登第，迁太常卿。十
九年（803），以中书侍郎同平章事②。宪宗元和五年（810），以右仆射③
致仕。六年（811）七月卒，年72岁，谥贞。事迹见《旧唐书》卷147
《高郢传》、《新唐书》卷165《高郢传》、万历《卫辉府志》卷11《人物
志上·高郢传》。

《西王母献白玉琯赋》等文24篇，高郢撰，存。《全唐文》卷449、
《唐文拾遗》卷24收入。其24篇文中，赋9、制1、表8、书2、议2、记
1、奏1。

高定，卫州（治所在今卫辉）人，高郢之子，生活在唐代中后期。
幼聪警绝伦。官至京兆参军。事迹见《旧唐书》卷147《高定传》。

《周易外传》，高定撰，22卷，佚。《旧唐书》卷147《高定传》、
《新唐书·艺文志·经部·易类》均著录，卷数相同。是书后史不载，散
佚已久。

崔居俭（870—939），卫州（今河南卫辉）人。少举进士，后梁贞明
中为中书舍人。后唐同光元年（923），授刑部侍郎，充史馆修撰，判馆
事。二年（924），改御史中丞。明宗天成元年（926）迁兵部侍郎，转尚
书左丞④。长兴间，累官工部尚书、太常卿。后晋天福二年（937）转户
部尚书。四年（939）卒，年70岁，赠右仆射。事迹见《新五代史》卷

---

①　中书舍人，官名。晋初于中书省置舍人、通事各一人，掌呈奏案章，后罢。隋初称内史
舍人，炀帝时改内书舍人。唐初沿置，掌管起草诏令，参议政事及侍从、宣旨、慰劳等事。

②　中书侍郎同平章事，简称同平章事，官名。唐初以尚书令（或仆射）、中书令、侍中为
正宰相，太宗或以他官加此名义行宰相事。贞观年间始有"平章事"之名，永淳年间始以"同
平章事"入衔，其后渐成宰相专称。武则天、玄宗时，一度随省名改称同凤阁鸾台平章事、同紫
微黄门平章事。

③　右仆射，官名，汉献帝分置左右仆射。隋朝尚书省置令、左右仆射，总吏部、礼部、兵
部、都官、度支、工部六曹事。因唐太宗曾任尚书令，便以左右仆射为尚书省长官，与侍中、中
书令并为宰相。

④　尚书左丞，官名。东汉始置，以后历代沿置，职权甚重。唐罢尚书令，玄宗开元以后仆
射、尚书亦渐成名誉职务，尚书省政务实由左、右丞主持，实权在仆射之上。

55《崔居俭传》。

《请停预用员缺奏》《大祠中祠车驾不出奏》文 2 篇，崔居俭撰，存。《全唐文》卷 850、《唐文拾遗》卷 46 收入。

《后唐宗庙乐舞辞》诗 1 首，崔居俭撰，存。《全唐诗》卷 737 收入。

刘海蟾，原名操，字昭远，汲郡（一说燕地广陵人）人。16 岁登科甲，以明经擢第，后从道。事迹详见正德《新乡县志》卷 4《人物·仙人·刘海蟾》、万历《卫辉府志》卷 11《人物志·仙释·刘海蟾传》。

《还丹破迷歌》，刘海蟾撰，存。该文为中国道教重要典籍。《全辽文》卷 12 收入全文。

《还金篇》，刘海蟾撰，未见。该文献亦为中国道教重要典籍。

《海蟾子诗》，刘海蟾撰，1 卷，佚。郑樵《通志》卷 66《艺文略》著录。

周赧王十九年（前 296）魏襄王葬于汲，即"汲冢"（今卫辉市孙杏村乡汲城村南）。西晋咸宁五年（279），该墓被盗发后，残存竹简数十车，是为《汲冢书》。太康二年（281），晋武帝命人考订汲冢竹简，用今文写定共 75 篇。不过，仅《汲冢周书》《竹书纪年》《穆天子传》等三部流传至今，其他绝大多数失传。

《汲冢周书》，又名《逸周书》①《周书》《周史记》，10 卷（今本卷数不一），存。该文献始于周文王，终于周厉王，故名《汲冢周书》。《隋书·经籍志》《新唐书·艺文志》均著录，有《抱经堂丛书》本、《四部备要》本和《秘书九种》本，名《逸周书》者有《汉魏丛书》本和《丛书集成初编》本。

《竹书纪年》，残存。该文献为魏国史书，其内容上至黄帝，下至魏襄王二十年（前 299）。约北宋末失传。现有今本《竹书纪年》和古本

---

① 《四库全书总目提要》考定此书不出汲冢，实乃（晋）郭璞注《尔雅》、（唐）李善《文选》注所称之《逸周书》，并认为此书"春秋时已有之，特战国以后又辗转附益，故其言驳杂耳"。

《竹书纪年》，今本《竹书纪年》为伪书，古本乃清代学者从各种古籍中辑佚而成。古本《竹书纪年》有多种版本，其中最完备的本子是方诗铭、王修龄的《古本竹书纪年辑证》。

《穆天子传》，又称《周王游行记》，（晋）郭璞注，6 卷，存。前 4 卷记穆天子由宗周西游的往返事迹，第 5 卷为由宗周东行往返事迹，后 1 卷记盛姬之死及其葬仪。该书文辞质朴，其记穆王与西王母宴会酬答及盛姬之死部分较有小说意味。《穆天子传》与《竹书纪年》有相合处，其中保存了古代东西方民族彼此友好交往的史料。现存版本较多，其中较好的版本是杨建新主编《古西行记选注》本。

三　宋代、金代的卫辉文献

高若讷（997—1055），字敏之，卫州（今河南卫辉）人。仁宗天圣二年（1024）进士，官至参知政事①。事迹见《宋史》卷 288《高若讷传》、万历《卫辉府志》卷 11《人物志上·贤哲·高若讷传》。

《大飨明堂记》，高若讷、文彦博撰，20 卷，佚。《宋史·艺文志三》著录，后佚。

《素问误文阙义》，高若讷撰，1 卷，佚。《宋史·艺文志六》著录，后佚。

《伤寒类要》，高若讷撰，4 卷，佚。《宋史·艺文志六》著录，后佚。

《考校伤寒论诀》，高若讷撰。《宋史·高若讷传》著录。云："因母病，遂兼通医书。虽国医皆屈伏。张仲景《伤寒论诀》、孙思邈《方书》及《外台秘要》久不传，悉考校讹谬行之，世始知有是书。名医多出卫州，皆本高氏学焉。"

《考校孙思邈方书》，高若讷撰。《宋史·高若讷传》著录。

《考校外台秘要》，高若讷撰，佚。《宋史·高若讷》著录。

---

① 参知政事，官名。唐初以参知政事为他官参预宰相事务的职名。宋以同中书门下平章事为宰相，乾德二年（964）以参知政事为副宰相，辅助宰相处理政务。其后权位逐渐提高。元丰三年（1080），废参知政事，以门下、中书二侍郎与尚书左右丞代其任。建炎三年（1129），又以门下、中书二侍郎为参知政事，废尚书左右丞。

《文集》，高若讷撰，20 卷，佚。《宋史·高若讷》著录，云："若讷强学善记，自秦汉以来诸传记无不该通，尤喜申、韩、管子之书。"

《奏弹欧阳修》《请抑虚妄论诉奏》《言磨勘改官事奏》等文 3 篇，高若讷撰，存。辑入《全宋文》卷 479。

吕大忠（？—1099），字进伯，一作晋伯，宋代汲郡（今河南卫辉）人。其先通为太常博士，葬京兆蓝田（今陕西蓝田县），遂家焉。皇祐五年（1053）进士，历任华阴县尉、晋城县令。元祐年间任工部郎中、陕西转运副使。绍圣二年（1095）加宝文阁直学士，任渭州知州，后迁同州知州，不久降待制致仕。吕大忠早年投在张载门下学习，后东投洛阳二程门下完成学业。生平事迹详见《宋史》卷 340《吕大忠传》。

《吕氏前汉论》，吕大忠撰，30 卷，佚。《郡斋读书志》卷 7、马端临《文献通考》卷 200《经籍考二十七》均著录，后佚。

《吕氏乡约》，吕大忠撰，1 卷，附《乡仪》1 卷，存。《郡斋读书志附志》上著录。《吕氏乡约》、《直斋书录解题》卷 6、《宋史·艺文志四》均题吕大钧撰，《宋史·吕大防传》则云吕大防"尝为《乡约》"，而今传本均题吕大忠撰。今有《随庵徐氏丛书》本、《说郛》本、《青照堂丛书摘次编》本和《杨园张先生全集》本等。

《辋川集》，吕大忠撰，5 卷。《文献通考》卷 236《经籍考六十三》著录。

《奏议》，吕大忠撰，10 卷，佚。《郡斋读书志》卷 19 著录，云："晋伯博极群书，为文尚理致，有益于用。章奏皆亲为文。"《文献通考》卷 236《经籍考六十三》著录。

《送程给事知越州》诗 1 首，吕大忠撰。《续会稽掇英集》卷 4 收录。

吕大防（1027—1097），字微仲，吕大忠弟，北宋汲郡（今河南卫辉）人。皇祐元年（1049）进士。元祐元年（1086），拜尚书右丞①，兼

---

① 尚书右丞，官名。东汉始置，为尚书台佐贰官，居尚书左丞下。北宋初为四品寄禄官，不预省务，元丰改制后，升为正二品，位列执政，为宰相副贰，居六部尚书上，参议大政。

中书侍郎①，封汲郡公。绍圣四年（1097）卒。高宗时赠太师、宣国公，谥曰"正愍"。事迹详见《宋史》卷340《吕大防传》、乾隆《新乡县志》卷30《人物上·吕大防传》。

《周易古经》，吕大防撰，2卷，佚。《郡斋读书志》卷1著录为"二卷"，曰："其'序'云：《彖》《象》以为注，始各为一书。王弼专治《彖》《象》，以为注，乃分于卦爻之下，学者于是始不见完经，而文辞次第贯穿之意，亦缺然不属。因按古文而正之。凡十二篇，别无解释。"

《吕氏家祭礼》，又名《吕氏家祭仪》，吕大防、吕大临撰，1卷，佚。《直斋书录解题》卷6、《宋史》卷157《艺文志三》均著录。《宋史·吕大防传》云："与大忠及弟大临同居，相切磋论道考礼，冠婚丧祭一本于古。关中言礼学者推吕氏。"

《宋神宗实录》，吕大防等撰，200卷，佚。晁公武《郡斋读书志》卷2上著录，云："吕大防等撰。起藩邸，止元丰八年三月，凡十九年。绍圣中，言者谓：'元祐间，吕大防提举《实录》，范祖禹等编修，刊落事迹，变乱美实，外应奸人诋诬之说。'命蔡卞改修。其后奏书，以旧录为本，用墨书，添入者用朱书，其删去者用黄抹。已而将旧录焚毁。宣和中，或得其本于禁中，遂传于民间，号《朱墨史》云。"

《长安图记》，吕大防撰，1卷，佚。陈振孙《直斋书录解题》卷8《地理类》著录，云："丞相汲公吕大防知永兴军，以为正长安故图，著其说于上。今信安郡有此图，而别录其说为一编。"

《杜工部年谱》，吕大防撰，1卷，存。不见前人著录，有《四部丛刊》本，附《分门集注杜工部诗》后。

《吏部韩文公集年谱》，吕大防撰，1卷，存。此书为唐代文学家韩愈的年谱。宋宁宗庆元时书贾魏仲举，集此谱与其他文献（程俱《韩文公历官记》1卷，洪兴祖《韩子年谱》5卷，文安礼《柳子厚年谱》1卷），为《韩柳年谱》，8卷，有清刊本。又编入《韩文类谱》，有《宋本韩柳二先生年谱》本、《粤雅堂丛书二编》本和《洪氏公善堂丛书》本。

---

① 中书侍郎，官名。汉置中书，掌密诏，有令、仆、丞、郎四官。以后历代沿置。唐宋时因中书令不轻易授人，故中书侍郎实际上即为中书省的长官，并得加同中书门下平章事之衔，成为宰相。北宋元丰改制后，以尚书右仆射兼中书侍郎，执行中书令职务。

《二十先生〈西铭〉解义》，程颐、吕大防等撰，晁公武《郡斋读书志》著录。该书汇辑吕大防等 20 人对张载《西铭》的解释。

《仁宗圣学》，上、下篇，吕大防撰，佚。《宋史·吕大防传》著录，云："大防见哲宗年益壮，日以进学为急，请敕讲读官取仁宗《迩英御书》解释上之，寘于坐右。又撮乾兴以来四十一事足以为劝戒者，分为上下篇，标曰《仁宗圣学》，使人主有欣慕不足之意。"

《集千家注分类杜工部诗集》，吕大防等注，25 卷，存。《宝礼堂宋本书录·集部》著录，有宋建阳刊本。

《吕汲公文录》，吕大防撰，20 卷，《文录掇遗》1 卷，佚。《郡斋读书志》卷 19 著录，云："大防既拜相，常分其俸之半以录书，故所藏甚富。其在翰林，书命典丽，议者谓在元绛之上云。"马端临《文献通考》卷 236《经籍考六十三》亦著录。

有《和母同州丁已吟》等诗 6 首，见《舆地纪胜》卷 150、《宋诗拾遗》卷 9、李濂《汴京遗迹志》卷 23 等。

吕大钧（1031—1082），字和叔，吕大防弟，北宋汲郡（今河南卫辉）人。学者称京兆先生。嘉祐二年（1057）进士，官终鄜延路转运司从事①。事迹详见《宋史》卷 340《吕大钧传》。

《蓝田吕氏祭说》，吕大钧撰，1 卷，佚。《宋史·艺文志三》著录。《宋史·吕大钧传》云："大钧从张载学，能守其师说而践履之。居父丧，衰麻葬祭，一本于礼。后乃行于冠昏、膳饮、庆吊之间，节文灿然可观，关中化之。"其所学"悉撰次为图籍，可见于用。虽皆本于载，而能自信力行，载每叹其勇为不可及"。

《诚德集》，吕大钧撰，30 卷。《郡斋读书志》卷 19 著录，云："赡学博文，无所不该。其文非义理不发。"马端临《文献通考》卷 236《经籍考六十三》亦著录。

《曾点》诗 1 首，吕大钧撰，存。《宋文鉴》卷 28 辑入。

----

① 转运司：官署名，也称转运使司，宋代诸道（路）皆设以转运使、副使主其事，兼分巡所部，监察各州官吏。下设转运判官、从事等。

吕大临（1046—1092），字与叔，吕大钧弟，北宋汲郡（今河南卫辉）人。初学于张载，张载死后从二程，与谢良佐、游酢、杨时，并称程门四先生。官太学博士，秘书正字①。事迹详见《宋史》卷340《吕大临传》。

《易章句》，又名《吕氏易章句》《易解》《芸阁先生易解》，吕大临撰，1卷，佚。《郡斋读书志》卷1、度正《性善堂稿》卷14《跋吕与叔〈易章句〉》均著录，后者云："余家旧藏《吕与叔文集》《礼记解》《诗传》，而未见《易章句》，豫章罗传之坚甫得之，刻之阳安之学宫。与叔初学于横渠，横渠卒，始从二程。伊川尝渭其已经横渠指受者，虽有未尽，重于改易……今观《易章句》，其间亦有与横渠异而与伊川同者，然皆其一卦一爻之间小有差异，而非其大义所在。其大义所在，大抵同耳。"

《诗传》，吕大临撰，佚。度正《跋吕与叔〈易章句〉》著录，后佚。

《书传》，吕大临撰，13卷，佚。《郡斋读书志》卷1著录，后佚。

《礼记解》，又名《礼记传》《芸阁礼记解》，吕大临撰，16卷，存。《郡斋读书志》卷2著录，云："与叔师事程正叔，《礼》学甚精博，《中庸》、《大学》，尤所致意也。"《宋史·吕大临传》亦言："通六经，尤邃于《礼》。"今有《西京清麓丛书续编》本。

亦有《礼编》，吕大临撰，3卷，佚。《郡斋读书志》卷2著录，云："吕大临与叔编，以《士丧礼》为本，取《三礼》附之，自始死至祥练，各以类分，其施于后学甚悉。尚恨所编者，五礼中特凶礼而已。"

《中庸解》，吕大临撰，1卷，佚。《宋史·艺文志一》、胡宏《五峰集》卷3《题吕与叔〈中庸解〉》均著录，后者云："有张焘者，携所藏明道先生《中庸解》以示之，师圣笑曰：'何传之误？此吕与叔晚年所为也……某反复究观，词气大类横渠《正蒙书》，而与叔乃横渠门人之肖者。征往日师圣之言，信以今日己之所见，此书与叔所著无可疑明甚。'"

《大学解》，吕大临撰，1卷，佚。《宋史·艺文志一》著录，后佚。

---

① 秘书正字，官名，北齐始置，为秘书省属官，掌校定典籍，刊正文字。北宋初，亦置于秘书省，为寄禄官。元丰改制后，秘书省置2人，从八品，掌编集书籍，校正脱误。

《论语解》，吕大临撰，10 卷，佚。晁公武《郡斋读书志》卷 4 著录，后佚。

《孟子讲义》，吕大临撰，14 卷，佚。《宋史·艺文志四》著录，后佚。

《考古图》10 卷，《续考古图》5 卷，《释文》1 卷，存。《考古图》始见《郡斋读书志》卷 4，《续考古图》及《释文》始见《读书敏求记》卷 2。《郡斋读书志》云：“哀诸家所藏三代、秦、汉尊彝鼎敦之属，绘之于幅而辩论形制文字。”《直斋书录解题》卷 8 云：“其书作于元祐七年，所纪自御府之外，凡三十六家所藏古器物，皆图而录之。”钱曾《读书敏求记》卷 2 云：“汲郡吕大临论次《考古图》成，并识古器所藏于目录后，秘阁、太常、内藏外，列三十七家。即后记谓‘阅之士大夫家得传摹图写’者，盖非朝伊夕矣。其《续图》五卷，《释文》一卷，《文献通考》俱不载，岂贵与及诸藏书家都未见此本耶？”《四库全书总目》云：“大临图成于元祐壬申，在《宣和博古图》之前，而体例谨严，有疑则阙，不似《博古图》之附会古人，动成舛谬。”《考古图》卷 1 鼎，卷 2 鬲、甗、鬶，卷 3 簠，卷 4 彝、卣、尊、壶、罍，卷 5 爵、豆、杂食器，卷 6 盘、匜、盂、杌、戈、削，卷 7 钟、磬、錞，卷 8 玉器，卷 9 卷 10 秦汉器。此书或题吕大防撰。有北宋刊本、明代泊如斋刊本和清乾隆《四库全书》本。

《老子注》，吕大临撰，2 卷，佚。始见《郡斋读书志》卷 11，云：“其意以老氏之学合有无谓之玄，以为道之所由出，盖至于命矣。其言道体，非独智之见孰能臻此？求之终篇，谬于圣人者盖寡，但不当以圣知仁义为可绝弃尔。”

《二十先生〈西铭〉解义》，吕大临等撰，佚。晁公武《郡斋读书志》著录。后佚。

《玉溪集》，吕大临撰，25 卷，附《玉溪别集》10 卷，佚。《郡斋读书志》卷 19 著录，云：“从程正叔、张厚之学。通六经，尤精《礼》，解《中庸》、《大学》等篇行于世。尝赋诗云：‘学如元凯方成癖，辞类相如始近俳。独倚圣门无一事，愿同回也日心斋。’正叔可之。”《宋史·艺文志七》亦著录，称《玉溪先生集》28 卷。马端临《文献通考》卷 236《经籍考六十三》亦著录。

《吕与叔文集》，吕大临撰，佚。度正《性善堂稿》卷 14《跋吕与叔〈易章句〉》著录，后佚。

《春静》等诗 12 首，吕大临撰，存。《宋文鉴》卷 28 辑入。

杜常，字正甫，昭宪皇后族孙，北宋卫州（今河南新乡）人。英宗治平二年（1065）进士，官至工部尚书，以龙图阁学士①知河阳军。事迹详载《宋史》卷 330《杜常传》。

《题华清宫》《夜雨晨霁》《温泉》《骊山》诗 4 首，杜常撰，存。见《宋诗纪事》卷 29。

贺铸（1052—1125），字方回，自号庆湖遗老，孝惠皇后族孙，卫州（今河南卫辉）人。神宗熙宁中，以恩授右班殿直，监军器库门。哲宗元祐六年（1091），以李清臣、苏轼等荐，改入文资，易承事郎，监北岳庙。徽宗立，始为泗州通判，徙太平州。大观中致仕，卜居苏、常。政和初管勾杭州洞霄宫，宣和初再致仕。工诗文，尤长于词。事迹详载《宋史》卷 443《贺铸传》、万历《卫辉府志》卷 11《人物志·贺铸传》、乾隆《卫辉府志》卷 31《人物·文苑·贺铸传》。

《庆湖遗老集》，又名《贺方回诗集》《鉴湖集》，贺铸撰，9 卷，存。《直斋书录解题》卷 20 著录，今存有清康熙中刊本、《宋人集乙编》本和乾隆《四库全书》本。《宋史》卷 443《贺铸传》称 20 卷，《宋史》卷 208《艺文志七》著录为 29 卷。贺铸"自序"言，其为贺知章之后，贺知章于唐玄宗时致仕，诏赐镜湖。又言其本出吴王子庆忌，以庆为姓，居越之湖泽，今所谓镜湖者，本庆湖也，避汉安帝父清河王讳，改为贺氏，庆湖亦改为镜湖。因此自号庆湖遗老，并以名集。按其诗以元祐三年（1088）以前者自编为《前集》9 卷，并于绍圣三年（1096）撰"自序"。其后之作编为《后集》，合《前集》共 20 卷。《后集》经兵火散佚，南宋

---

① 龙图阁，宋代阁名。宋真宗咸平元年（998）以前建，在会庆殿西偏，收藏太宗御书、御制文集、各种典籍、图画、宝瑞之物，以及宗正寺所进宗室名籍、谱牒等。景德元年（1004），置龙图阁待制，四年（1007）置龙图阁直学士。大中祥符三年（1010），置龙图阁学士，九年（1016）置直龙图阁，均以他官兼任。

时已无完本。程俱《贺方回诗集序》云："鉴湖遗老诗，凡四百七十二篇。其五字八句诗，锻炼出入古今……盖有不可解者：方回少时，侠气盖一座，驰马走狗，饮酒如长鲸，然遇空无有时，俯首北窗下，作牛毛小楷，雌黄不去手，反如寒苦一书生；方回仪观甚伟，如羽人剑客，然戏为长短句，皆雍容妙丽，极幽闲思怨之情；方回慷慨感激，其言理财治剧之方，亹亹有绪，似非无意于世者，然遇轩裳角逐之会，常如怯夫处女。余以谓不可解者，此也。"《四库全书总目提要》云："铸以填词名家，世传其《青玉案》词'梅子黄时雨'句，有'贺梅子'之称。然其诗亦工致修洁，时有逸气。格虽不高，而无宋人悍犷之习。"

《庆湖集》，贺铸撰，存。《宋百家诗存》有《庆湖集》1 卷，《两宋名贤小集》有《庆湖集》3 卷。

《东山寓声乐府》，贺铸撰，3 卷，存。《直斋书录解题》卷 21 著录，云："以旧谱填新词，而别为名以易之，故曰'寓声'。而名为"东山"者，当因其晚年居苏州，曾居太湖之洞庭东山。"陆心源《皕宋楼藏书志》卷 119 亦著录。原本久佚，今存为清王惠庵汇辑，并有《补遗》1卷。张耒《张右史集》卷 51《贺方回乐府序》云："余友贺方回，博学业文，而乐府之词高绝一世。携一编示予，大抵倚声而为之词，皆可歌也。或者讥方回好学能文，而惟是为工，何哉？余应之曰：'是所谓满心而发，肆口而成，虽欲已焉而不得者。若其粉泽之工，则其才之所至，亦不自知也。'夫其盛丽如游金、张之堂，而妖冶如揽嫱、施之袪，幽洁如屈、宋，悲壮如苏、李。览者自知，盖有不可胜言者矣。"

《东山词》，贺铸撰，1 卷，存。《爱日精庐藏书志》卷 36、《铁琴铜剑楼藏书目录》卷 24 均有著录，今有《粟香室丛书》本。《景刊宋金元明本词四十种》有《东山词》残 1 卷，《彊村丛书》有《东山词》残 1卷，另有上海古籍出版社钟振振校点本。

《贺方回词》，贺铸撰，2 卷，存。《彊村丛书》收录。

《东山词补》，贺铸撰，1 卷，存。《彊村丛书》收录。

成师仲，宋代汲郡（今卫辉）人。

《三象戏图》，成师仲编，1 卷，佚。《文献通考》卷 229《经籍五十六》、《直斋书录解题》卷 14 均著录，后佚。记载三国象棋游戏的玩法.

三国象棋是中国象棋的变种，又称"三友棋"、六角形棋盘，分为三方，每方具有将、士、马、象、车等十八子。

胡汲，字直卿，金代卫州（今河南卫辉）人。事迹见《中州集》卷8小传。

《无题》诗1首，胡汲撰。《中州集》卷8收录。

王天铎（1202—1257），字振之，自号思渊老人，王恽之父，卫州汲县（今卫辉）人。曾任金朝户部主事，为一代名儒。事迹见王恽《秋涧集》卷49《南廊王氏家传》、《新元史》卷188《王恽传》。

《易学集说》，原名为《王氏易纂》，王天铎撰，佚。王恽"序"曰："沉潜是编，冠修述之意于篇首，仍题曰《王氏易学集说》。"系诸家《易》说之汇录。后其子王恽"复续所得以缀于后"，共五十家。钱大昕《补元史艺文志》卷1、朱彝尊《经义考》卷41均著录。

王恽（1227—1304），字仲谋，号秋涧，王天铎之子，卫州汲县（今卫辉）人。元代中统元年（1260），任翰林修撰。至元五年（1268），拜监察御史。十四年（1277）为翰林待制①。其后历任河南、河北、山东、福建等地提刑按察使②。二十九年（1292），起为翰林学士。大德元年（1297），进中奉大夫③。大德八年（1304）卒，时78岁。王恽有才干，操履端方，好学善属文，一生著述甚丰。事迹详载《元史》卷167《王恽传》、万历《卫辉府志》卷11《人物志·王恽传》、乾隆《卫辉府志》卷32《人物·文苑·王恽传》。

《汲郡志》，又名《汲郡图志》，王恽撰，15卷，佚。《元史·王恽传》《千顷堂书目》卷8均著录，不传。王恽《秋涧集》卷41《汲郡图

---

① 翰林待制，官名。金代属翰林学士院，正五品，分掌词命文字，分判院事。元沿金制，品秩与金相同。

② 提刑按察使，官名。唐代景云年间始置十道按察使，每道一人，分察天下。后世因之。金代承安年间改提刑司为按察司，设按察使一员，正三品。明代为各省提刑按察司长官。清因明制，各省设按察使，掌一省刑名按劾之事，与布政使同为督抚大员属吏。

③ 中奉大夫，官名。金、元皆置，金从三品下，元从二品，明为文官从一品初授之阶。

志引》谓著此书乃继其先父之志，"聚书一室，研精致思，蟫蠹群言。外则访诸耆宿，杂采传记碑刻。复为按行属邑，以核其所得。故特取其人物政教风俗关于治乱、为后世之法者，群分而类聚之。复著辩论等篇，凡若干卷，题之曰《汲郡志》"。卷69《为刊字醵金疏》云："《汲郡志》者，发明潜德，岂惟乡国之贤，关系民风，庶见古今之事。为书者凡一十五卷，计字数近六七万言。"

《汲郡图志引》，王恽撰，存。乾隆《汲县志》卷13《艺文志下》、乾隆《卫辉府志》卷41《艺文志》著录，并收入全文。

《定宗实录》《睿宗实录》《宪宗实录》《世祖实录》，王恽等撰，210卷，事目54卷，佚。《补元史艺文志》卷2著录。其中《世祖实录》总裁为姚燧，王恽预修。

《世祖圣训》，王恽撰，6卷，佚。《元史·王恽传》《千顷堂书目》卷4均著录，前者载："元贞元年，加通议大夫、知制诰同修国史，奉旨纂修《世祖实录》，因集《圣训》六卷上之。"成宗元贞元年，即1295年。

《守成事鉴》，王恽撰，15卷，佚。《元史·王恽传》《千顷堂书目》卷9均著录，前者载："成宗即位，献《守成事鉴》一十五篇，所论悉本诸经旨。"

《承华事略》，王恽撰，2卷，存。始见《元史·王恽传》，《千顷堂书目》卷9录为6卷，另载于《秋涧大全集》。《四库全书》入存目，《四库全书总目提要》卷89云："此书成于至元十八年，时裕宗为太子，恽官燕南河北道副使，因作此进于东宫，载前代为太子者之事，加以论断。裕宗甚喜是书，令诸皇孙共传观焉。已载所著《秋涧集》中，此后人抄出别行之本。进书启称二十篇，厘为六卷，今止一卷，亦后人所合并也。"至元十八年为1281年，裕宗乃太子真金。

《相鉴》，王恽撰，50卷，佚。《元史·王恽传》《千顷堂书目》均著录，后佚。书录历代为相者的得失。

《堂事记》，又名《中堂事纪》，王恽撰，3卷，存。始见《元史·王恽传》，收入《秋涧大全集》，另有《玉雨堂丛书》本。《补辽金元艺文志》亦著录。《四库全书总目》卷166《秋涧大全集》条云："载中统元年九月在燕京随中书省官赴开平会议，至明年九月复回燕京之事，于时政缀录极详，可补史阙。"

《乌台笔补》，王恽撰，10卷，存。收入《秋涧集》此集存。《元史·王恽传》著录，收入《秋涧大全集》。《补辽金元艺文志》亦著录。乃为监察御史时所辑御史台故事。

《玉堂嘉话》，王恽撰，8卷，存。始见《元史·王恽传》，编入《秋涧大全集》。《千顷堂书目》卷12亦著录，别本有《四库全书》本、《墨海金壶》本、《守山阁丛书》本、《丛书集成初编》本。《四库全书总目提要》卷122云："是编成于至元戊子。纪其中统二年初为翰林修撰、知制诰、兼国史馆编修官，及调官晋府秩满，至元十四年复入为翰林待制时，一切掌故及词馆中考核讨论诸事。始于辛酉，终于甲午，凡三十四年之事。所记当时制诰特详，足以见一朝之制。……然大致该洽，不以瑕掩。"

《玉堂嘉话佚文》，王恽撰，1卷，存。清代王仁俊辑，今存有《玉函山房辑佚书续编三种》本。

《书画目录》，王恽撰，1卷，残存。民国邓实辑《美术丛书》四集第六辑辑入，自《玉堂嘉话》中辑出。《玉堂嘉话》卷2云："圣上御极十有八年，当至元十一年公元纪年丙子春正月，江左平。冬十二月，图书礼器并送京师，敕平章太原张公兼领监事，寻诏许京朝官假观。予遂与左山商台符叩阁披阅者竟日。凡得书画二百余幅，今列于左。"《秋涧大全集》卷41《书画目录序》记载，书字147幅，画81幅。

《秋涧大全集》，又名《秋涧先生大全集》《秋涧先生大全文集》《王文定公秋涧集》，简称《秋涧集》，王恽撰，100卷，存。《千顷堂书目》卷29、道光《辉县志》卷13《经籍志》均著录，有元刊本、影元抄本、仿元抄本、明嘉兴重刊本、明弘治河南刊本和《四库全书》本等多种。今存《秋涧大全集》，计诗文77卷，《承华事略》3卷，《乌台笔补》10卷，《玉堂嘉话》8卷。《四库全书总目提要》卷166云："恽文章源出元好问，故其波澜意度，皆不失前人矩矱；诗篇笔力坚浑，亦能嗣响其师；论事诸作，有关时政者尤为疏畅详明，了如指掌。史称恽有才干，殆非虚语，不止词藻之工也。"

《秋涧集》，王恽撰，1卷，存。清代顾嗣立《元诗选·初集乙》收入。卷首小传云："秋涧诗，才气横溢，欲驰骋唐宋大家间，然所存过多，颇少持择，必痛加芟削，则精彩愈见。北方之学，变于元初，自遗山以风雅开宗，苏门以理学探本。一时才俊之士，肆意文章，如初阳始升，春卉方苗，宜其风尚之日趣于盛也。"遗山指元好问，苏门指苏门山讲学许衡、姚枢、窦默①等诸子。

《王恽诗》，王恽撰，存。《补元史艺文志》著录，载《秋涧大全集》。

《秋涧乐府》，又名《秋涧先生大全文集乐府》，王恽撰，4卷，存。民国《景刊宋金元明本词四十种》和《彊村丛书》收入，乃自《秋涧大全集》辑出。

《胙城县庙学记》《卫辉路重修帅正堂记》，王恽撰，存。万历《卫辉府志》卷14《艺文志上》、乾隆《卫辉府志》卷45《艺文志》均著录，并收录全文。

《淇州建周府君惠祠堂记》，王恽撰，存。乾隆《卫辉府志》卷45《艺文志》著录，并收入全文。

王公儒，字绍卿，王恽长子，卫州汲县（今河南卫辉市）人。历官从仕郎、著作郎、奉议大夫、翰林应举、颍州知州和翰林待制等。

《卫辉路庙学兴建记》，王公儒撰，存。万历《卫辉府志》卷14《艺文志上》和《全元文》卷458均有著录，且收入全文。

王公仪，王恽之子，元代卫州汲县（今卫辉）人。"荫授同知，知磁州。"

《增置殷太师忠烈公庙田记》，王公仪撰，存。万历《卫辉府志》卷14《艺文志上》、乾隆《卫辉府志》卷45《艺文志》均著录，并收入全文。

《辉县重建宣圣庙外门记》，王公仪撰，存。嘉靖《辉县志》卷6《文章》、万历《卫辉府志》卷14《艺文志上》均著录，并收入全文。元代泰定二年（1325）立，现碑立于辉县市文庙大门内西侧，碑面残损严

---

① 窦默，字子声，直隶肥乡人。事迹详见道光《辉县志》卷11《人物志·寓贤·窦默传》。

重，部分文字无法辨认。

《辉州知州杜侯去思之碑》，王公仪撰，存。嘉靖《辉县志》卷 8
《文章》、乾隆《卫辉府志》卷 43《艺文志》均著录，并收入全文。杜侯
即杜良，字仲贤，濮阳人，曾任辉州知州。

朱正，曾任元代卫辉府知府，其他生平事迹不详。

《辉州判官夏侯去思之碑》，又名《辉州判官夏公文仲遗爱碑》①，朱
正撰，存。嘉靖《辉县志》卷 8《文章》、乾隆《卫辉府志》卷 43《艺
文志》均著录，并收入全文。夏侯，即夏文仲，字彦名，夏克诚之子，
曾任辉州判官。

张珪，张弘范之子，字公瑞，号澹庵，元代卫州（今卫辉）人。官
至大司徒②、中书平章政事③。事迹详见《元史》卷 175《张珪传》。

《张平章诗集》，张珪撰，1 卷，佚。原附刊《淮阳集》后，共诗
7 篇。

《诣上都奏疏》，张珪、宋文瓒撰，存。《元史·张珪传》收入全文。

四　明代的卫辉文献

黎淳（1423—1492），字太朴，号朴庵，明代华容人。天顺元年
（1457）进士第一。官至南京礼部尚书。事迹详见《明史》卷 164《黎淳
传》。

《汲县重修儒学记》，黎淳撰。乾隆《卫辉府志》卷 46《艺文·记

---

① （清）德昌修，（清）徐朗斋等纂：乾隆《卫辉府志》卷 43《艺文志》，《中国地方志集
成·河南府县志辑 11》，上海书店出版社 2013 年版，第 705 页。从两种文献收入碑文来看，内容
一致，嘉靖《辉县志》卷 8《文章》则更完整。

② 大司徒，官名。汉代本以丞相、太尉、御史大夫分掌国家行政、军事、监察三权。自武
帝以后，大司马大将军之权特重，已成为事实上的宰相，因而哀帝元寿二年（公元前 1 年）改丞
相为大司徒，三公中以大司马为首，其次大司徒，末为大司空。大司徒府成为行政的执行机关。
三国以后往往以丞相掌握实权，司徒虽号称掌管民事，实际仅以位置有资望的大臣，没有实际
职务。

③ 中书平章政事，全称"同中书门下平章政事"，官名，唐朝宰相名号，指三省长官之外
他官行宰相者。

二》、乾隆《汲县志》卷 13《艺文志下》均著录，并收入全文。

陈暐（1453—1511），字文曜，汲县（今河南卫辉）人。成化十六年（1480）举人，任教临清。后历官池州通判、苏州通判、广平同知、陕西按察司佥事①。事迹详见乾隆《汲县志》卷 9《人物志·陈暐传》。

《吴中金石新编》，陈暐撰，8 卷，存。《文渊阁四库全书·史部》收入。《四库全书总目提要》卷 86 云："弘治中官苏州通判，与吴县知县邝璠、举人浦应祥、祝允明等，采郡中石刻汇而录之。自学校、官宇、仓驿、水利、桥梁，以及祠庙、寺观诸碑碣，分类编辑，区为七目，凡一百余篇。皆具载全文，用朱珪《名迹录》之例。采辑金石文字者，原主于搜剔幽隐，考核旧闻，故欧阳、赵、洪诸家，惟主于搜求古刻。是编以汉唐旧迹多见诸书，独取明初诸碑，体例虽不免少隘，然其所录，如济农、永农仓诸记，则备陈积贮之经；许浦、湖川塘诸记，亦具列疏浚之要，皆取其有关郡中利弊者。而于颂德之文、诔墓之作，并削而不登。其用意颇为谨严。且多有志乘、文集所未载，独赖此以获传者。亦颇足为守土者考镜之资，以是作舆记外篇，固未尝无所裨益也。"

李遇春，明代辽东举人，正德间来任卫辉府教授。事迹见万历《卫辉府志》卷 7《官师志下·教授年表》。

正德《卫辉府志》，李遇春修，7 卷，佚。《千顷堂书目》卷 6、《明史·艺文志二》均著录。至万历修志时，已不知有此志，而认为嘉靖初申纶所修志书为创始。

毛麟之（1496—1560），号青岩，明代汲县（今河南卫辉）人。正德十五年（1520）进士，官至监察御史。事迹见乾隆《卫辉府志》卷 32《人物·文苑·毛麟之传》。

---

① 按察司佥事，明清时提刑按察使司属官。朱元璋洪武元年（1368）始置，为按察使司正官，正五品。洪武年间复置，分领提学、驿传、清军、分巡、兵备等道。各省因事而置，无定员。清初沿置，为道员兼衔，与守道、巡道共同辅佐藩、臬二司办理地方政务。乾隆年间改道员为实官，遂省。

《草堂随笔》，毛麟之撰，佚。乾隆《卫辉府志》卷 32《毛麟之传》《河南通志艺文志稿》均著录，今佚。

《抱瓮余吟》，毛麟之撰，佚。《卫辉府志》卷 32《毛麟之传》著录。

《改建睿圣武公祠记》，毛麟之撰，存。乾隆《卫辉府志》卷 46《艺文志·记二》著录，并收入全文。

《马公德政碑略》，毛麟之撰，存。道光《辉县志》卷 15《艺文》收入。

马汝彰（1502—1564），字存美，号璞冈，明代汲县（今河南卫辉）人。嘉靖十一年（1532）进士，授武进知县，拜刑科给事中，转刑科都给事中，升陕西参政、山东按察使，后官云南左布政使。事迹详见万历《卫辉府志》卷 11《人物志·马汝彰传》、乾隆《卫辉府志》卷 31《人物·名宦·马汝彰传》。

《璞冈集》，马汝彰撰，3 卷，佚。万历《卫辉府志》卷 11《马汝彰传》著录。该集系汝彰自编集，共文、诗各 1 卷，诗余 1 卷。《四库全书总目提要》卷 177 著录，并云："垂之没时，秉畅欲刻之，汝彰不可。汝彰殁后，其嗣子绳祖与其婿阮承谦始刻之。"顺治《胙城县志》收入《应魁楼记》全文，疑收入该集。

阴秉旸（1512—1579），字子寅，汲县（今河南卫辉）人。嘉靖二十六年（1547）进士，授余干知县，擢监察御史。后历官平凉同知①、陕西金事、参议。事迹详见万历《卫辉府志》卷 11《人物传·阴秉旸传》、乾隆《卫辉府志》卷 31《人物·名宦·阴秉旸传》。

《四书赘说》，阴秉旸撰，6 卷，佚。万历《卫辉府志》卷 11《阴秉旸传》、乾隆《卫辉府志》卷 31《阴秉旸传》、《千顷堂书目》卷 3、《经义考》卷 257 均著录，今不传。

《四书自训歌》，阴秉旸撰，1 卷，佚。万历《卫辉府志》卷 11《阴秉旸传》、乾隆《卫辉府志》卷 31《阴秉旸传》和《千顷堂书目》卷 3

---

① 同知，官名，元、明、清置，为副长官。明制，州同知从六品，府同知正五品。清代事繁之府以同知为辅佐，设厅之区多以同知为长官。

著录，今佚。

《阴氏读书抄》，阴秉旸撰，3 卷，佚。万历《卫辉府志》卷 11《阴秉旸传》、乾隆《卫辉府志》卷 31《阴秉旸传》和《千顷堂书目》卷 12 均著录，今佚。

《内经类考》，阴秉旸撰，10 卷，佚。万历《卫辉府志》卷 11《阴秉旸传》、乾隆《卫辉府志》卷 31《阴秉旸传》和《明史》卷 98《艺文志三》均著录，今未见。

《黄帝内经始生考》，又名《内经类考》，阴秉旸撰，6 卷，存。《读书敏求记》卷 3《医家》云："原病有式，针灸有经，医疗有方，诊视有诀，运气则全书，药性则本草，独始生之说未及闻。因诠次内经，条疏图列，收四时敛化以成章，其用心亦良苦矣。"现有明隆庆元年（1567）初刻本。

申纶，字廷言，号南滨，北直隶永年（今属河北）人。弘治十八年（1505）进士。嘉靖二年（1523）来任卫辉府知府，创修郡志，历时半年志书成。事迹详见万历《卫辉府志》卷 7《官师志·历官·申纶传》。

嘉靖《卫辉府志》，申纶修，7 卷，佚。此志《天一阁藏书总目》著录，是志今已不存，唯有汲县人张衍庆"序"存万历志《艺文志》中。衍庆认为此志较简略，内容不外图境、风俗、田赋、人物、词翰等类。

侯大节，号元峰，明代汲县人。万历十七年（1589）进士，曾任益都知县、满城知县、户部郎中和莱州知府。事迹详见乾隆《汲县志》卷 9《人物志·侯大节传》。

万历《卫辉府志》，侯大节纂修①，16 卷，存。《脉望馆书目》、《澹生堂藏书目》均著录《卫辉府志》，前者称"三本"，后者言"五册、十六卷"，比较两书目之编辑年代，疑为此书。此志乃现存最早的卫辉府志，国内仅中国国家图书馆藏孤本。另外，还有卫辉市地方史志办公室点

---

① 中国科学院北京天文台主编《中国地方志联合目录》（中华书局 1985 年版，第 564 页）认为"侯大节纂修"。刘永之、耿瑞玲《河南地方志提要》（上）（河南大学出版社 1990 年版，第 336 页）认为，从侯大节"序"来看，纂者另有其人。

校本和中国书店《稀见中国地方志汇刊》影印本。该志书仅存一"序"，为万历三十一年（1603）户部郎中侯大节撰，其云："郡之志遐邈者莫可考已。嘉靖初广平申公廷言实创厥始。今因后事未登，前纪或略，郡守兴除之暇，议汲郡志视昔大加详备，属余为序。"兹志体例以纲目统属，层次清晰。各目有小序，概述主旨及评议时弊。

《重修云胜寺后殿碑》，侯大节撰，现存卫辉市安都乡秦交村北，明朝万历三十二年（1604）立。

苏朝宗（1527—1600），字汝见，号纳川，明代汲县（今河南卫辉）人。嘉靖三十五年（1556）进士，授顺德府推官①。升监察御史，督理两淮盐政，历官至山东参议。事迹见乾隆《卫辉府志》卷31《人物·名臣·苏朝宗传》、乾隆《汲县志》卷9《苏朝宗传》。

《百泉诗草》，苏朝宗撰，1卷，佚。乾隆《卫辉府志》卷31《苏朝宗传》著录。

《志吾录》，苏朝宗撰，1卷，佚。乾隆《卫辉府志》卷31《苏朝宗传》著录。该书是诗文集，表现作者勤政爱民之志，忠君爱国之心。

萧良有（1550—1602），字以占，号汉冲，明代湖北汉阳人。万历八年（1580）榜眼，授翰林院编修。万历十四年（1586），升为翰林院修撰。二十三年（1595），任国子监祭酒。曾三次出任乡会试主考官，所取之人多为名臣。后遭弹劾请求终养。归乡后八年而卒。

《重修比干庙记》，萧良有撰，存。乾隆《卫辉府志》卷46《艺文志·记二》、乾隆《汲县志》卷13《艺文志下》著录，并收入全文。

《南子墓》诗1首，萧良有撰，存。乾隆《汲县志》卷14《艺文志下》著录，并收入全文。

余若南（1581—1641），字郁六，汲县（今河南卫辉市）人。万历乙

---

① 推官，官名。唐朝始设，掌推勾狱讼之事。五代因之。宋朝三司各部亦置，金朝诸留守司、路总管府、府均设，元朝各路总管府及各府亦沿置。明朝为知府佐贰官，掌理刑名，赞计典。除顺天、应天二府为从六品外，余均为正七品。

卯（1615）举人。任香河、东流知县，龙安府知府。事迹见乾隆《汲县志》卷9《人物上·余若南传》。

《礼记捷讲》，余若南撰，今佚。乾隆《汲县志·余若南传》《河南通志艺文志稿》均有著录。

朱常𣵘（1607—1646），字中和，号敬一，自称敬一主人，居汲县（今卫辉）。万历四十六年（1618），袭潞王爵位。事迹见《明史》卷120《诸王传五》。

《古今宗藩懿行考》，朱常𣵘辑，10卷，存。《千顷堂书目》卷10、《明史》卷97《艺文二》均著录，天津图书馆藏明崇祯九年（1636）潞藩刻本，《四库全书存目丛书》据其影印。是书成于明崇祯八年（1635），崇祯九年（1636）潞藩刻本，前有常𣵘崇祯九年《敬献集书疏》，次为崇祯帝《圣旨》，次为常𣵘崇祯九年《古今宗藩懿行考疏义》，略曰："臣每读史册，辄思留意宗藩，尝见忠孝贤良、才能文武，有裨民社者，辄不胜敬仰。至若贪残暴虐，喻闲荡简，有乖风化者，复不禁痛恨唾惜无已。窃以为均在宗枝，何以贤不肖竟霄壤悬绝乃尔！彼不肖既难为训，以贤者实是可师。臣因采择才德优长，堪资仪准者，得二百余人，辑录成帙，分为十卷。虽人各殊行，总事归一善，名曰《古今宗藩懿行考》。"每卷之前，皆有小序，略加论述。

《述古书法纂序》，朱常𣵘撰，存。乾隆《汲县志》卷13《艺文志中》著录，并收入全文。

任宅心，字含真，明末清初汲县（今河南卫辉）人。曾问学于孙奇逢。康熙十七年（1678）贡生，官洧川县训导，升河内教谕。91岁去官，102岁卒。事迹详见乾隆《汲县志》卷9《任宅心传》。

《怡情诗稿》，任宅心撰，今佚。乾隆《汲县志·任宅心传》、《中州艺文录》卷37、《河南通志艺文志稿》均著录。

《季秋日暮过北门怀故友李中节》，任宅心撰，存。乾隆《汲县志》卷14《艺文志下》著录，并收入全文。

黄宗周，北直隶东安县人。举人，万历四十二年（1614）任汲县县令。事迹详见乾隆《东安县志》卷 13《人物志·黄宗周传》。

《汲县题名碑记》，黄宗周撰，存。乾隆《汲县志》卷 13《艺文志下》著录，并收入全文。

五　清代的卫辉文献

苏文枢，字环中，汲县（今河南卫辉）人。顺治三年（1646）进士。事迹见乾隆《卫辉府志》卷 31《人物·名臣·苏文枢传》。

顺治《卫辉府志》，程启朱①修，苏文枢等纂，19 卷，存。只有孤本，藏中国国家图书馆，1 函 6 册。此志奉巡抚贾汉复檄文所修，顺治十五年（1458 年）完稿，次年付梓。此志书依明万历志增修，略有更改。清代资料较多者为艺文志，如贾汉复《题分驿路疏》《请豁辉邑包荒疏》和李实秀《条陈沁河冲决疏》《条陈养马河平所疏》等。后《跋》乃明代侯大节后人侯宝三所作，长达 800 余字，论述自明末以来，蝗灾严重，人相食，府城人少地狭，地处交通咽喉，车马之役数倍他地，河患频仍，户口减十分之九，赋役却倍于往昔，总括了 60 年来的历史变迁，是难得的历史资料。

《勺园诗草》，苏文枢撰。乾隆《卫辉府志》卷 31《苏文枢传》著录。

《同王翰林登望京楼》诗 1 首，苏文枢撰，存。乾隆《汲县志》卷 14《艺文志下》著录，并收入全文。

《中州苦累疏》，苏文枢撰，存。乾隆《卫辉府志》卷 38《艺文志》著录，并收入全文。

孟瑶，字二青，汲县人。康熙二年（1663）贡生。

《二青诗集》，孟瑶撰。王紫绶"序"曰："卫有风，二青广之。海以内千百年以下，度无不知有孟二青者，祝八章诗人耶，抑孝子耶。西华理寒石，与予称同年，序二青诗，皆在癸未，时予交二青又一年矣。俄而天昏日坠，棘影钢驼。予三人皆有母在，蠕蠕泥涂中，痹不敢伸噤，不得泣

---

① 程启朱，字念伊，湖广黄冈（今属湖北）人。进士出身，顺治十六年（1659）来任卫辉府知府。

已而，报韩锥冷，存楚剑悬，寒石逸去，予亦与二青别，又十余年矣。今奉母言归载，止于共过论交之故庐，揽赠答之陈迹，昔之所谓三人者，一以亡，一以饿，其一人落拓无依，懒残实甚。海以内千百年以下，其论次为何等耶？反复是编，乌能已已。”

苏嵋，字峨月，号易斋，汲县（今河南卫辉）人。顺治十五年（1658）进士，授广东三水县知县。在官六载，升肇庆府同知。后改补湖广荆州府同知，又升云南武定府知府。生平详见乾隆《汲县志》卷9《人物·苏嵋传》和乾隆《卫辉府志》卷30《苏嵋传》。

《易斋诗集》，苏嵋撰，不分卷，存。乾隆《汲县志·苏嵋传》和乾隆《卫辉府志·苏嵋传》均著录，今存新乡市图书馆中州文征处抄本1册。

《荆南唱和诗集》，又名《荆南诗草》，苏嵋撰，佚。乾隆《汲县志·苏嵋传》和乾隆《卫辉府志·苏嵋传》均著录。

李实秀，字范林，汲县（今河南卫辉）人。顺治三年（1646）进士。事迹见乾隆《卫辉府志》卷31《人物·名臣·李实秀传》。

《条陈沁河冲决疏》《条陈养马河平所疏》，李实秀撰，存。乾隆《卫辉府志》卷38《艺文志》著录，并收入全文。

胡蔚先，字季豹，四川井研人（入籍山西）。荫生①，康熙二十九年（1690）来任卫辉府知府。见嘉庆《井研县志》卷8《宦达》小传。

康熙《卫辉府志》，胡蔚先修，李芳辰纂，19卷，存。中国国家图书馆、中国科学院南京地理与湖泊研究所图书馆藏。该志乃奉河南巡抚续修志书檄而纂修，于康熙三十四年（1695）付梓。前有修志檄文、修志姓氏、目录，后有跋。是志卷次纲目，一仍顺治志，唯将原田赋志之马政目改为漕盐目。旧志内容全部保留，新续内容皆标曰“续志”。

---

① 荫生，是因父、祖官品、功绩等，获得就学资格者。清代荫生分为恩荫、难荫、特荫等三种。

《重修卫源庙碑》①《郡城西关龙王庙碑》，胡蔚先撰，存。乾隆《卫辉府志》卷44《艺文志·碑下》著录，并收入全文。

李芳辰，字穀旦，清代汲县人。辛卯（1651）科举人，己亥（1659）成进士，授江西奉新县知县。曾纂修卫辉府志。事迹详见乾隆《卫辉府志》卷32《人物·文苑·李芳辰传》和乾隆《汲县志》卷10《人物中·李芳辰传》。

《北山游记》，李芳辰撰，存。乾隆《汲县志》卷13《艺文志中》著录，并收入全文。

德昌，满洲正白旗人。乾隆四十八年（1782）由内阁中书来任卫辉府知府。生平详见秦国经《清代官员履历档案全编》第2册《德昌传》。

乾隆《卫辉府志》，德昌修，徐嵩②纂，53卷，卷首1卷，卷末1卷，存。该志乃奉檄纂辑，由各属县知县参订，府学教谕张今泌等5人分辑，徐嵩襄助，巡抚毕沅最终裁定，于乾隆五十三年（1788）完稿付梓。纂修认真，所载皆有出处，或通志、旧府县志，或采访事实，或申报印册。文字简洁，载述扼要。是书与前志相比，体例趋于得当，资料翔实。

李从坦，字道东，李昉之子，清代汲县（今河南卫辉）人。康乾间由监生官福建泉州通判，署漳浦知县，历官广东潮州、江苏江宁通判，邠、泰、滁三州知州，皆有政绩。喜吟咏。生平详见乾隆《汲县志》卷9《人物·李从坦传》。

《红蕉窗稿》，李从坦撰。乾隆《汲县志》卷9《李从坦传》著录。

王祖晋，字松客，华亭人。监生出身。曾官清代卫辉府知府。生平详见孙星衍等《松江府志》卷58《王祖晋传》。

《改修崇本书院碑》，王祖晋撰，存。乾隆《卫辉府志》卷44《艺文

---

① 原碑现存辉县市卫源庙院内。

② 徐嵩，后改名镰庆，字朗斋，江苏金匮人。乾隆五十一年（1786）举人，其生平详见《清史列传》卷72《徐镰庆传》。

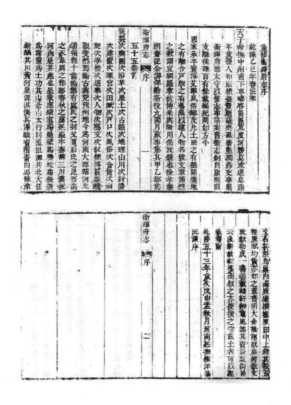

图 2-1　乾隆《卫辉府志·序》

（清）德昌修，（清）徐嵩等纂：乾隆《卫辉府志》，《中国地方志集成·河南府县志辑 11》，上海书店出版社 2013 年版，第 1 页。

志》著录，并收入全文。

林溥，清代汲县（今河南卫辉）人。乾隆间举人，官广西古州同知。事迹见光绪《古州厅志》卷 8《秩官志·林溥传》。

《古州杂记》，林溥撰，1 卷，存。《中州艺文录》卷 37、《中国丛书综录》均著录，有清嘉庆年间刻本、《小方壶舆地丛钞》本和《黔南丛书》本。此书乃其仕广西时所作，就所闻见，公余笔之，以成是编。编中于古州特产、厅署规模、古迹名胜、苗人种类、城垣形势、镇标兵丁、风土民俗、地理气候均有详细记载，为考证古州地理之必备之书。

李中节，字合符，汲县人。本府岁贡。受业于孙奇逢。事迹详见乾隆《卫辉府志》卷32《人物·文苑·李中节传》。

《汲县附郭考》，李中节撰，佚。乾隆《汲县志》卷13《艺文中》收入《附郭考自序》。李中节与任宅心同师孙奇逢，所作《附郭考》，实乃《汲县志》蓝本。

康熙《汲县志》，佟国瑞、吴干将①修，李中节纂，12卷，存。仅有孤本，藏中国国家图书馆。汲县旧无志，向附卫辉府。康熙十四年（1675）李中节创为《附郭考》，二十年后佟、吴二知县复延中节续修成志，康熙三十四年（1695）付梓。此志书设纲立目较周全。各目所载内容较详。古迹搜辑颇多，户口、土田自明至清，资料俱全。機祥分11目，各种自然灾害与变异现象以类聚分，查检颇便。盐店是本县的重要设置，卫河有南、北二盐店，每年贮盐一万五千引，发放开封等23处。另怀庆府食盐亦在此立厂转发，贮盐三万七千引，应予专立目详写，却附在堤堰目，安排欠妥。不少内容与府志相混，显有抄袭郡志之迹。然筚路蓝缕之功难泯。

景考祥，字履斋。原籍江苏江都，幼随父子礼至卫，入汲庠，遂为汲县人。康熙五十二年（1713）进士，选翰林院庶吉士，授编修，屡典文衡，迁御史，出巡台湾，转吏科给事中。奏革盐引官运官卖之弊，旋管福建盐运司事。事迹见乾隆《卫辉府志》卷31《人物·名臣·景考祥传》和乾隆《汲县志》卷9《人物·景考祥传》。

《台湾纪略》，景考祥撰，佚。乾隆《卫辉府志·景考祥传》《河南通志艺文志稿》均著录，未闻有传本。雍正三年（1725），考祥以监察御史身份巡视台湾，是书或记其此行所见所闻。

《蓬村学韵偶存》，景考祥撰。乾隆《卫辉府志·景考祥传》著录。

《楚游草》，景考祥撰。乾隆《卫辉府志·景考祥传》著录。

《送六弟杰士归卫源》《送卫源王参军回署》《过里门晤诸亲友》诗多首，景考祥撰，存。乾隆《汲县志》卷14《艺文志下》、乾隆《卫辉

---

① 佟国瑞，字辑五，奉天（今辽宁沈阳）人，荫生出身，康熙二十二年（1683）来任汲县知县。吴干将，字又生，广东潮阳人，举人出身，康熙三十四年（1695）来汲县任知县。

府志》卷 41《艺文志》著录，并收入全文。

王克柄，字德谦，号鹤心，清代汲县（今河南卫辉）人。拜师景考祥。雍正时贡生，后选训导。事迹见《中州诗征》小传。

《鹤心韵语》，王克柄撰，17 卷，存。《中州艺文录》卷 37 著录，《中州诗征》卷 13 收其诗 8 首。有中州文献征辑处抄本，新乡市图书馆藏。"自序"曰："予九岁，以韵语受知于金沙景桐冈师，曾题予小稿曰《学吟》，盖勉之也。当时遂有志于斯道。既冠，小试辄利，视青紫芥如也，颇以诗酒自豪，而举业益荒。今年四十矣！方以从事成均，得一司铎，尚在需次。家京华者五载，牢愁万状，益遣之以诗，篇什遂富。丹徒李生见此卷而有嗜痂焉，请录副本。予删其十七，得若干首，以《韵语》名者，不敢以诗自鸣也。予少性清迥，每遇晴秋寥廓，霁月澄空，辄发孤啸，性有近于猿鹤。猿吾嫌其过哀，遂以'鹤心'自号，盖少志也。今冉冉将二毛矣，境遇如此，视昔日名师推奖之言，又几为羊公不舞之鹤。'鹤心'二字之义，其将为予谶乎？书于卷首，用以志愧。昔人雪夜闻桥下二鹤语曰：'今年寒，不减尧初年。'是鹤固能语耳，故题曰《鹤心韵语》。"

景鸿宾，景考祥之子，清代汲县（今河南卫辉）人。乾隆间进士。善诗工书，以能文名于时。事迹见乾隆《卫辉府志》卷 32《人物·文苑·景鸿宾传》。

乾隆《彰德府志》，景鸿宾、童钰纂，24 卷，首 1 卷，刊本，存。此志在乾隆五年志基础上纂修，新增舆图乃一大特色。旧志图较略且无分县，兹编详考各州县疆域，一一详绘，府有总图，另有府城、府署、府学及所属一州六县各有分图，每图绘制精细，山川、城郭、道路、沟渠、村庄、镇集、名胜古迹等均在列，且各有图说，十分周详。人物诸列传增入颇多，并作了分类上的调整。另分立先贤、儒林二目，增入孝友、先烈二种人物。又新增入卜筮、星象术士、书法、绘画、收藏、医术等十多人，弥补了缺陷。其余各目仍其原文未变。

徐汝瓒，字南庐，江苏无锡人。乾隆二年（1737）恩科进士。乾隆十七年（1752）署任汲县知县。

乾隆《汲县志》，徐汝瓒修，杜琨①纂，14 卷，首 1 卷，末 1 卷，存。乾隆十年（1745），知县刘尚文增修县志，间有存稿。此志取刘旧稿重加采辑，于乾隆二十年（1755）完稿付梓。全书共 8 门，领 82 目。此志另有民国初年重印本，后收入丛书《中国地方志集成·河南府县志辑》，乃据乾隆刻本影印。

侯良弼，字右臣，清代汲县（今河南卫辉）人。举人出身。康熙二十四年（1685），由阳武县教谕补永城县教谕。

康熙《永城县志》，周正纪纂修，侯良弼重订，8 卷，存。《上海图书馆地方志目录·高丘地区》著录。书凡八卷，首有康熙三十年（1691）周正纪序，次目次，再凡例八则，无总目录。卷次为：卷一天文，卷二建置，卷三田赋，卷四职官，卷五选举，卷六人物，卷七艺文，卷八灾异。是志为现存清代最早的永城县志。

《重修阳武尊经阁记》，侯良弼撰。记载康熙乙丑（1685）修建阳武尊经阁事。康熙《阳武县志》卷 7《艺文》著录，并收入全文。

赵楼，字云轩，号疏斋，清代汲县（今河南卫辉）人。乾隆六十年（1795）副贡，曾官汤阴县教谕。

《疏斋诗抄》，赵楼撰，抄本。《中州艺文录》卷 37 著录，另《中州诗征》卷 18 收诗 4 首。

《画兰诗》，赵楼撰，抄本。《中州艺文录》卷 37 著录。"自序"曰："予少时，曾学画而未尝学画兰，既仕之后，偶学画兰而又未尝似兰，且未尝似画，然则予固不能画，并不能画兰也。不能画兰而有题画兰诗，此其应友人之请有然矣。予亦居然厕于能画之列。焉知天下后世不许予为能画，不以予为能画兰哉！因自订题《画兰诗》为疏斋外集。"

《潞简王墓》诗 1 首，赵楼撰，存。乾隆《卫辉府志》卷 41《艺文志》著录，并收入全文。

---

① 杜琨，字柱峰，常州府学廪膳生员。

赵如椿，一作汝椿，清代汲县（今河南卫辉）人。嘉庆十一年（1806），在浚县教授生徒。乾隆、嘉庆时在世。事迹见《中州艺文录》小传。

《黎阳见闻录》，赵如椿撰，1卷，存。《续修四库全书总目提要》著录，今中国国家图书馆藏有刻本。傅增湘《藏园群书经眼录》云："《黎阳见闻录》，汲县赵如椿撰。旧写本。记嘉庆十八年（1813）滑县李文成起事用兵始末事也。"

潘室铭，字馨祖，号竹友，清代汲县（今河南卫辉）人。约活动于嘉庆道光间。

《竹友诗稿》①，潘室铭撰，存。《中州艺文录》卷37著录，今存有民国间石印本。李时灿"序"曰："予侍祖鄢陵学署时，为诵本邑竹友潘先生诗，多诙谐语。出一卷授予，时方龆龄，未能读也。忽忽四十年矣。偶检旧箧得之，古味盎然，先生盖非苟作者，且独为于同辈不为之日，亦所谓风雨如晦，鸡鸣不已者矣。先生之父憩园先生以书名称一时，盖渊源有自也。亟付石印，藉广其传，用示吾邑后学，庶几有闻风兴起者，先生为不亡矣。"

高得善，字兰馨，清代汲县（今河南卫辉）人。咸丰二年（1852）进士，分发贵州，署都匀知县。后缘事革职遣戍新疆，光绪二年（1876）始归，荐至道员。

《荒徼漫游录》，高得善撰，4卷，存有残本。《中州艺文录》卷37著录，今残存有抄本卷1、卷4，新乡市图书馆藏。边其晋"序"曰："我友高兰馨，汲郡名士也。以进士起家，筮仕黔省，因吏议诖碍，远窜边徼，亦良苦矣。然而有可传者，如其经瀚海抵安西，驻哈蜜，过月支、吐鲁番至莎车、轮台、三叶护，始至伊犁。谒札南山天师景秋坪副帅，兰馨之心真有不堪言者而未已也。又赴叶尔羌办事矣。迨叶城失陷，始行经

---

①　民国间中州文献征辑处抄本题作《潘竹友先生诗稿》，选抄《杂诗》《拟古》《赠灌园僧圣珠》《闻王淡人归自都门》《题随园诗话卷后》《题一夔》《家画屏六幅》等诗7首，皆佼佼者。

喀朗圭卡伦入浩罕，游俄国境。而英吉沙尔、喀什噶尔及伊犁诸城皆失陷。当斯时也，兰馨之境遇，生死不敢卜，其不可磨灭者，惟壮志之犹存耳。嗣后经八达雪山至倭什，又间关至浩罕，时本城之回民犹依依而不忘乡亲也，能不悲哉！幸也！……后至斜米见荣侯，有谓其妻还格为妻者，亦一段佳话，一桩奇事也。至乌里雅苏台办理报销分界诸大事，荣侯始深嘉赖之，非大才而能若是乎！"是录虽多记其艰苦状，然亦多涉史事，如晶河郡王之恭顺、伊犁俄官之强悍及报销分界之事，可补正史之不足。

赵作楫，字悦岩，清代汲县（今河南卫辉）人。同治举人，官长葛训导。事迹见《中州诗征》小传。

《妙香舍诗草》，赵作楫撰，1卷，存。《中州诗征》著录，并收诗1首。有清抄本，新乡市图书馆藏。王钧斋《读悦岩同年遗集志感》曰："伤心悲往事，开卷晤先生。真气自流转，微言见性情。谪仙曾吐凤，文度又骑鲸。触手人琴感，吟哦句不成。"

赵普煦，字长仁，号绍岩，清代汲县（今河南卫辉）人。光绪十一年（1885）拔贡，官江西州判。

《绍岩诗集》，赵普煦撰，存。中州文献征辑处《第二期征辑书目》、《中州艺文录》卷37和《河南通志艺文志稿》均著录，有民国太和石印本，新乡市图书馆藏。中州文献征辑处抄《拳石歌》《豪歌行》《古铜印歌有序》《书愤》《遣怀》《滕王阁》《题怡云堂诗集后》等7首佳者，另成1册，名曰《绍岩诗草》，新乡市图书馆藏。李时灿"序"曰："甲午、乙未，予读《礼》家居，绍岩乃与其尊人月岩先生先后捐馆舍，年甫三十余耳。又十余年，其子伯杰携绍岩遗诗属予订正传之。尚未卒读，又值沧桑之变。伯杰效力民国，为人陷死。时局初定，亟以付印，俯仰今昔，百感茫茫。予行年未逾五十，而少年同学之友，强半作古人，独予与幼霞、小汀往往相隔千里，或数百里，辄以事牵不可合并，太行云树，悄然增悲，抚兹遗著，宁忍卒读耶？绍岩才趣横溢，动合自然，受诗法王君仲蕃，近取随园，远宗东坡，胸次超然远尘俗。工绘事，晚作山水，尤苍然有致，是可传也。"

　　李时灿（1866—1943），字敏修，号暗斋，清代汲县（今河南卫辉）人。光绪十八年（1892）进士。清末民初大力提倡新学，为河南教育事业作出重大贡献。被聘为清史馆名誉协修，任中州文献总编辑。1914年在北平创立中州文献征辑处，在开封设立分处，在洛阳和各县设立分点，并组织人力把征辑的文献分类整理、编次成册，共得1500余部。所征辑图书，解放后多数存于新乡市图书馆。李在收辑、整理中州文献方面，贡献很大。

　　《读易杂感》，李时灿撰，1册，存。新乡市图书馆藏有民国九年（1920）天津石竹斋石印本。

　　《中州先哲传》，李时灿纂订，37卷，存。河南大学图书馆藏有开封经川图书馆校刊本，另有《中国古代地方人物传记汇编》本。其分辑之役有禹县王槐三、陈肇卿。卷1至卷8为名臣传，计106人。卷9、卷10为名将传，收54人。卷11至卷16为循良传，收152人。卷17、卷18为忠节传，收98人。卷19至卷22为儒林传，收150人。卷23至卷28为文苑传，收239人。卷29至卷30为孝友传，收100人。卷31、卷32为义行传，收81人。卷33、卷34为遗隐传，收67人。卷35至卷37为列女传，收80余人。全书将有清一代中州知名人士尽收立传。

　　《中州艺文录》，李时灿辑，42卷，存。河南大学图书馆藏藏有开封经川图书馆校刊本，另有中州古籍出版社校补本。内容以作者籍贯为断，分地域府县，每地以人物为条目，先小传，后著述，一人著述按经史子集为次。该书是清代民国河南名人及其作品的总目，搜集著述甚富，其中开封府301人，归德府229人，陈州府143人，许州116人，郑州52人，河南府198人，陕州40人，汝州80人，南阳府141人，汝宁府84人，光州府152人，彰德府93人，卫辉府135人，怀庆府129人。一代中州文献兴衰，大致由该书见之。

　　《辛未秋孔子生日书感》，李时灿撰，12卷，存。今有民国二十年（1931）京城印书局铅印本，1册，河南省图书馆藏。

　　《李暗斋先生讲演集》，李时灿撰，1册，存。《民国时期总书目》著录，有民国二十三年（1934）开封铅印本，新乡市图书馆藏。该集收《南阳讲演词》《乡治讲演词》《经正书舍续约发明》《东窗余墨》4篇讲演。

《中州诗征》，李时灿撰，30 卷，存。有民国二十四年（1935）经川图书馆刊本，河南省图书馆藏。前无序跋，不著辑者，实为李时灿《中州文献汇编》之一种。明末清初以迄清末中州诗人，少者收诗 1 首，多者十数首，诗前有小传，间或有同时友人或后人对其诗格品评之语，评语多录自各人诗集之序跋，不注出典。其搜辑之功，犹足称道。

《中州文征续编》，李时灿撰，28 卷，首 1 卷。有藏有民国二十四年（1935）经川图书馆刊本，河南省图书馆藏。此编为李时灿《中州文献汇编》之一种，上继苏源生《中州文征》补续而成。

《论语之道德学》，李时灿撰，1 册，存。民国三十年（1941）石印本，新乡市图书馆存。

《钓台遁迹纪事》，李时灿撰，1 册，存。民国三十年（1941）石印本，新乡市图书馆存。

民国《汲县志》，又名民国《汲县志稿》，民国奎印①、李时灿修，田春同②纂，20 卷，首 1 卷，残存。《中国地方志联合目录》著录，有民国二十五年（1936）稿本，今新乡图书馆仅存 1—8 卷。民国七年（1918），奎印设修志局，请李时灿为总纂，又延请田春同为总编辑，历时 10 年书成。又以刘盼遂为总校阅，于民国二十五年（1936）完成。志前有刘盼遂"序"、修志姓氏和目录，后无跋。此稿本应是未定稿，目录前有草批曰："此下似宜纂一凡例，说明志取旧志及新添各门之意。"该志 20 纲，116 目，网罗宏富，编排有序。各纲所附各表，运用得当，如赋役志所附户口增减表，食货志附土质化析种宜表、农植岁入表、土货输出表、制造种类表最具特色。此稿由名人总纂，编辑素质高，质量上乘，特色鲜明。

《暗斋家书》，李时灿撰，存。新乡市图书馆藏。前有郭仲隗"序"、嵇文甫"序"，收录寄给其子在谦之家书几十通。

《暗斋日记》，李时灿撰，未见。

《梓里纪事》（上下册），李时灿撰，未见。

《题扇集》，李时灿撰，未见。

---

① 奎印，字星潭，奉天辽阳人，民国七年（1918）前后来任汲县知县。

② 田春同，河南禹县（今禹州市）人，河南著名文人。

《毋自欺斋文学纪年》，李时灿撰，未见。《中州艺文录》卷 37 著录。

《钓台遁迹纪事》，李时灿撰，未见。

《故都漫游录》，李时灿撰，2 册，未见。

《中州人物考》，李时灿撰，未见。

《中州学系考》，李时灿撰，未见。《中州艺文录》卷 37 著录。

赵鸿绪，字绍夫，汲县人。光绪二十八年（1902）举人。

《绍夫日记》，赵鸿绪纂，佚。《中州艺文录》卷 37、《河南通志艺文志稿·子部·儒家类》均著录，今未闻有传本。

赵文琳，字怡瑗，清末汲县（今河南卫辉）人。光绪乙酉（1885）科举人，宣统元年（1909）任陈留（今属开封市）儒学训导。

宣统《陈留县志》，武从超①续修，赵文琳续纂，42 卷，首 1 卷，存。《河南地方志综录》著录。自康熙三十年（1691）纂修县志后，中断至二百余年。武从超来治本县，即以续修志书为要务，甫莅任即开馆，委任训导赵文琳主其事，并延聘邑绅数人协修。先从故家中购得旧志两部，但字体模糊，篇章零落，乃由协修李守臣校订，恢复原貌；另数人搜访时事，至夏书成，以当时新法石印若干部。此为最后一部《陈留县志》，民国无续修，1949 年后裁撤该县。

张西铭，字子鉴，汲县（今河南卫辉）人。光绪时诸生，从武陟王辂②学。

《子鉴日记》，张西铭撰，存。《中州艺文录》卷 37、《河南通志艺文志稿》均有著录。

潘炳麟，字少梅，汲县（今河南卫辉）人。善书，宗北碑，遒健

---

① 武从超，字相侯，山西平遥县孝廉方正，朝考一等，宣统二年（1910）来任知县。

② 王辂（1811—1891），原名莲青，字少白，号毅斋，河南武陟人。道光十七年（1837）拔贡。同治年间主新乡鄘南书院。光绪八年（1882）授获嘉教谕。论学以主敬为宗，穷理为要，以反躬实践达天知命为归。

浑厚。

《孙世英墓志铭》，潘炳麟撰。该文作于民国二十三年（1934）。孙世英，字俊卿，清末庠生，封丘人。民国《封丘县续志》卷 26《文征》著录，并收入全文。

魏青铓（1906—1990），女，汲县（今河南卫辉）人。1933 年考入南京女子政法学校，白天上课，晚上当家庭教师，星期日查阅收集有关资料，写成该书，约 4 万字。曾被聘为汲县志总编室顾问。1987 年，被河南省人民政府聘为河南省文史馆馆员。

民国《汲县今志》，魏青铓撰，20 章，存。该志书有南京铅印本，现存较多。另，中国国家图书馆藏有民国间抄本，丛书《中国地方志集成》收入。该书乃魏青铓毕业论文。首有顾实惕"序"和魏青铓"序"。该志体裁、方法不循旧志，另创新例，以略古重今为原则，着重撮述近事，并随文议论。沿革、人物、古迹等门，考订颇见工夫。水利篇特详卫河，记述河道长度、河面宽度、河底倾斜度、弯曲情况、含沙量、堤防情形、桥梁以及卫河现状等，并提出治理规划。教育篇甚详。民国《汲县志》总校阅刘盼遂云："人物、沿革、古迹数章，随文辨证不敢以讹承讹，人物篇之推究两晋南北朝衰落原因，今昔篇之比勘古今形势，实能目烛千古，卓然史识。"并将其采入民国《汲县志》。由于私家纂修，未能接触县府档案，故不少重大事件遗漏。纠谬辨伪多据历史文献，民国后的事件则根据公开发表的官方文献，缺乏社会调查与核实。该志为民国汲县唯一公开出版之完整志书，且为河南现存唯一女性纂修志书，具有重要文献价值。

第三章　辉县文献

一　辉县的历史沿革

辉县，远古时期为共工氏部族居地。夏属冀州之域，殷商系畿内地，周"共伯国。春秋时属卫，战国时属魏"。秦属三川郡。西汉，县境东部"置共县，属河内郡，高祖封旅罢师为候邑"[1]。东汉因之。三国魏属朝歌郡。"晋属汲郡，后魏因之。"[2] 东魏天平中，"改属林虑郡，后齐废"。隋开皇六年（586）"复置共城县，属怀州。"[3] 唐武德元年（618）于县置共州，辖共城、凡城二县。武德四年（621），共州废，并凡城县入共城县，属殷州，贞观初属卫州。五代、宋因之。金大定二十六年（1186）"徙卫州治此，以避河患"[4]，寻复故。二十九年（1189），避显宗允恭（共之谐音）之讳改曰河平。明昌三年（1192），改曰苏门县。贞祐三年（1215），升苏门县为辉州，因百泉魏惠王祠有清辉殿（取谢灵运"山水含清辉"诗句命名），故以"辉"为名，称"辉州"，领苏门、山阳二县，属河南路。"元省苏门入州，明朝改州为县"[5]，属河南省布政使司卫辉府。清因之。

1943—1944 年，中共太行区委根据抗战形势，将原辉县相继划为辉县（后改辉北县）、辉嘉、新乡（后改辉县）三县。抗战胜利后，三县合并为辉县。中华人民共和国成立后，辉县属平原省新乡专区。1952 年，

---

[1] 《读史方舆纪要》卷 49《河南四·卫辉府·辉县》，中华书局 2005 年版，第 2312 页。
[2] 《读史方舆纪要》卷 49《河南四·卫辉府·辉县》，中华书局 2005 年版，第 2312 页。
[3] 《读史方舆纪要》卷 49《河南四·卫辉府·辉县》，中华书局 2005 年版，第 2312 页。
[4] 《读史方舆纪要》卷 49《河南四·卫辉府·辉县》，中华书局 2005 年版，第 2312 页。
[5] 《读史方舆纪要》卷 49《河南四·卫辉府·辉县》，中华书局 2005 年版，第 2312 页。

撤平原省，改属河南省新乡专区。1986 年，撤新乡专区，辉县改属新乡市。1988 年，撤销辉县，建立辉县市（县级），河南省管辖，新乡市代管。

二　明代以前的辉县文献

孙登，字公和，号苏门先生，西晋汲郡共（今河南辉县）人。一生隐居郡北苏门山中。事迹详见《晋书》卷 94《隐逸·孙登传》、万历《卫辉府志》卷 11《人物志·贤哲·孙登传》、道光《辉县志》卷 11《人物志·乡贤·孙登传》。

《老子道德经注》，孙登撰，3 卷，佚。始见《隋书》卷 34《经籍志三》，宋时佚。

《老子音》，孙登撰，1 卷，佚。《隋书·经籍志三》著录，唐时佚。

邵古（986—1064），字天叟，邵雍父，北宋卫州（今河南卫辉）人。天圣年间登河南辉县天门山，隐于山下。事迹详见《宋文鉴》卷 143《邵古墓志铭》、万历《卫辉府志》卷 11《人物志·游寓·邵古传》、乾隆《卫辉府志》卷 35《人物·流寓·邵古传》、道光《辉县志》卷 11《人物志·乡贤·邵古传》。

《周易解》，邵古撰，5 卷，佚。《郡斋读书志》卷 1 著录，后佚。

《正声·正字·正音》，邵古撰，31 篇，佚。《宋文鉴》卷 143《邵古墓志铭》著录，云：“古好学，必求义理。性简，喜治文字学，用声律韵类古今切正为之解，曰《正声》《正字》《正音》者合三十一篇。”万历《卫辉府志》卷 11《邵古传》、道光《辉县志》卷 13《经籍志》均著录。

邵雍（1011—1077），字尧夫，号伊川丈人，邵古之子。其先范阳人，父古徙衡漳，又徙共城。读书苏门山百泉上。曾师从当时共城县县令李之才，对齐学术产生极大影响。岁时耕稼，仅给衣食，名其居“安乐窝”，自号“安乐先生”。嘉祐中诏求遗逸，留守王拱辰荐之，授将作监主簿，不赴。神宗熙宁中举逸士，补颍州团练推官，又未赴。晚年定居洛阳。熙宁十年（1077）卒，赐谥康节。百泉现有邵雍祠堂和安乐窝遗址。事迹见《宋史》卷 427《邵雍传》、万历《卫辉府志》卷 11《人物志·游寓·邵雍传》、乾隆《卫辉府志》卷 35《人物·流寓·邵雍传》。

《皇极经世》，又名《皇极经世书》，邵雍撰，12 卷，存。《郡斋读书志》卷 1 著录，云："此书以元经会，以会经运，以运经世，起于尧即位之二十一年甲辰，终于周显德六年己未，编年纪兴亡治乱之事，以符其学。"《直斋书录解题》卷 9《儒家类》亦著录，云："其学出于李之才挺之，之才受之穆修伯长，修受之种放明逸，放受之陈抟。盖数学也。曰《元会运世》《以元经会》《以运经世》。自帝尧至于五代，天下离合，治乱兴废，得失邪正之迹，以天时而验人事，以人事而验天时，以阴阳刚柔穷声音律吕，以穷万物之数。末二卷论所以为书之意，穷日月星辰，飞走动植之数，以穷天地万物之理；述皇王帝霸之事，以明大中至正之道。书谓之《经世》，篇谓之《观物》，凡六十二篇。"万历《卫辉府志》卷 11《邵雍传》亦著录，有明代万历刊本、《邵子全书》本、《道藏》本、《四库全书》本和中州古籍出版社 2007 年校注本等。

《皇极经世叙篇系述》，邵雍撰，2 卷，佚。《宋史》卷 202《艺文志一》著录，后佚。《郡斋读书志》卷 1《邵康节皇极经世》云："后又有《系述叙篇》，其子伯温解。"

《皇极经世书卦元元集》，邵雍撰，5 卷，佚。《天一阁书目》录此书于术数类。清代丁丙《善本书室藏书志》卷 17《子部七》著录，云："康节先生传《连山易》于山林隐德之士，以天一地二，天三地四，天五地六，天七地八，天九地十，分十等，曰元会运世，岁月日时分秒，作《皇极经世书》，自元至时隶之卦，而分秒行乎八卦之间，有卦有数，天地人物皆囿于其中，而卦数则穷物之理，极物之变，虽鬼神之不测，天地之无穷，亦不能逃焉。元之又元，改曰《元元集》。"

《观物内篇》，又名《邵子观物内篇》，邵雍撰，2 卷，存。《宋史·艺文一》《直斋书录解题》卷 9《儒家类》均著录，后者称"伯温撰。即《经世书》之第十一、十二卷也"。《观物内篇》载《皇极经世书》中，名《观物篇》，当为邵雍撰。伯温作解，成《观物内篇解》。今上海图书馆藏有南宋咸淳间吴坚福建漕治刻本。

《观物外篇》，邵雍撰，6 卷，存。《郡斋读书志》卷 1 著录，云："邵雍即殁，其门人记其平生之言，合二卷。虽以次笔授，不能无小失，然足以发明成书者为多，故以《外篇》名之。或分为六卷。"《直斋书录解题》卷9《儒家类》亦著录，言："康节门人张嶇子望记其平生之言，虽十才一二，而足以发明成书者为多，故名《观物外篇》。"《观物外篇》乃今本《皇极经世书》之一部分，存于《皇极经世书》。

《大定易数》，邵雍撰，未见。清沈初等《浙江采集遗书总录》庚集著录，有天一阁抄本。

《万物数》，邵雍撰，18卷，未见。《浙江采集遗书总录》已集著录，有刊本。

《渔樵问对》，又名《渔樵问答》，邵雍撰，1卷，存。《宋史》卷205《艺文志四》著录，今有《百川学海》本、《丛书集成初编》本和《说郛》本。《郡斋读书志》卷10著录《渔樵对问》，云："张载撰。设为答问，以论阴阳化育之端，性命道德之奥云。邵氏言其祖之书也，当考。"

《无名公传》，邵雍撰，存。此文乃作者《自传》。商务印书馆本《说郛》卷73辑入。

《揲蓍法》，邵雍撰，佚。始见《读书附志》卷上《蓍卦辨疑》，后佚。《蓍卦辨疑》凡3卷，《揲蓍法》应为《蓍卦辨疑》上卷内容之一。

《伊川击壤集》，又名《邵尧夫击壤集》《邵雍集》，邵雍撰，20卷，存。万历《卫辉府志》卷11《邵雍传》著录。《郡斋读书志》卷19亦著录，云："歌诗盖其余事，亦颇切理，盛行于时。"宋人多于诗中言哲理，其源自邵雍。有宋刊本、元刊本、明毕亨刊本、明隆庆刊本、清康熙刊本、《道藏》本、《道藏举要》本、《道藏辑要》本、《四库全书》本、《四部丛刊》本。另有中州古籍出版社1993年校点本。

《安乐窝吟》，邵雍撰，1卷，存。《两宋名贤小集》第2册辑入。

《康节邵子诗》，邵雍撰，1卷，存。《悟真四注篇》收入。

《击壤集选》，邵雍撰，周学渊选，1卷，存。《周氏师古堂所编书》收入。

《洛阳怀古赋》等文若干篇，邵雍撰，存。《全宋文》辑为2卷，见卷986、卷987。

《古周易》，邵雍撰，8卷，佚。元代董真卿《周易会通·因革》、《河南通志艺文志稿》均著录，朱彝尊《经义考》称"未见"。《伊洛渊源录》卷5《行状略》云："覃思于《易经》，夜不设寝，日不再食，三年而学以大成。"邵博《闻见后录》卷5云："予家藏大父康节手写百源

《易》，实古《易》也。百源在苏门山下，康节读易之地。旧秘阁亦有本。"

《河洛真数》，陈抟、邵雍撰，10 卷，存。《四库全书存目丛书》收有《河洛真数》10 卷，据明万历校刻本影印。又有天一阁藏本。另民间有多种流传本。

《梅花易数》，邵雍撰，5 卷，存。主张以易学中的数学为基础，结合易学中的"象学"进行占卜。《河南通志艺文志稿》云："为占卜而作，现江湖卖卜者流均宗之，应系伪托。"

《铁板神数》，邵雍撰，14 卷，存。据称凡事皆有定数，故名"铁板"。民间有多种流传本。为推测禄命而作，应系伪托。

《加一倍法》，邵雍撰，1 卷，佚。《四库全书总目提要》卷 111 指为伪托，列入存目。

《太玄准易图》，邵雍撰，未见。晁说之《景迁生集》、吴澄《吴文正集》皆载，朱彝尊《经义考》以为"未见"。该书有"自序"。

邵伯温（1057—1134），字子文，邵雍之子，北宋河南洛阳人。元祐二年（1087），授大名府助教①。官至提点成都路刑狱②，迁利州路转运副使③。事迹详见《宋史》卷 433《儒林三·邵伯温传》。

《观物内篇解》，邵伯温撰，2 卷，佚。《直斋书录解题》卷 1、道光《辉县志》卷 13《经籍志》《宋史·邵伯温传》均著录，后者称《观物内外篇解》。《观物内篇》乃邵雍《皇极经世书》（又名《皇极经世书》）之篇名，伯温作解，故成此书。

---

① 助教，学官名。西晋咸宁二年（276）立国子学，始置助教 15 人，后减为 10 人，协助国子博士传授儒家经学。以后历代沿袭。宋代有助教之名，置于诸府州，无职掌。或皇帝以特恩授给士人，或用以安置犯有过失的官员，或作为纳粟授官的名目。

② 提点刑狱，简称"提刑"或"宪"，北宋端拱元年（988），于诸路转运司置提点刑狱，掌本路司法、刑狱，审问囚徒，复查冤案，凡难决疑案与盗窃犯逃而不获者，上奏朝廷，并监察所部官吏，举廉能劾违法。后自置官署，称提点刑狱司，简称提刑司、宪司。景德四年（1007）复置，以武臣为副职。熙宁二年（1069），令皆用文臣。

③ 转运副使，官名。宋朝京东、京西、河北、陕西、河东及淮、浙等诸路转运司皆设置，为转运使副贰。

《皇极经世序》，邵伯温撰。《宋史·邵伯温传》著录，后佚。

《皇极系述》，邵伯温撰，佚。《宋史·邵伯温传》、道光《辉县志》卷13《经籍志》均有著录，后佚。

《易学辨惑》，邵伯温撰，1卷，存。《宋史·邵伯温传》《直斋书录解题》卷7和道光《辉县志》卷13《经籍志》均著录。原本明代佚，清代四库馆臣自《永乐大典》辑出，收入《四库全书》。

《邵氏辨诬》，邵伯温撰，3卷，佚。《直斋书录解题》卷5、《郡斋读书志》卷6和《宋史·邵伯温传》均著录，云："辨蔡卞、章惇、邢恕诬罔宣仁欲废哲宗立徐邸事。"

《闻见前录》，又名《河南邵氏闻见前录》《河南邵氏闻见录》《邵氏闻见录》，邵伯温撰，20卷。《宋史·邵伯温传》、《郡斋读书志》卷2、《四库全书总目提要》和道光《辉县志》卷13《经籍志》均著录，今有明秦酉岩抄本、《津逮秘书》本、《学津讨原》本、涵芬楼辑《宋人小说》本、《丛书集成初编》本、《四库全书》本和中华书局1983年校点本。

《卦图系述》，邵伯温撰，5卷，佚。赵希弁《读书志附志》上著录，云："康节邵先生之说，而先生之子伯温所学也。"此书乃合《卦图》3卷、《皇极经世系述》2卷而成。

《河南集》，邵伯温撰，佚。《宋史·邵伯温传》、道光《辉县志》卷13《经籍志》均有著录。

《褒德集》，邵伯温撰，2卷，佚。《直斋书录解题》卷7《传记类》著录，云："录其父诰命、谥议、行状、墓志之属。"

《李氏席上有感》等诗8首，邵伯温撰。《过庭录》和《舆地纪胜》卷156等均收录。

《望江南·金泉山》、《调笑》词2首，邵伯温撰，存。《全宋词》第2册收入。

邵博，字公济，号西山，邵雍之孙，邵伯温之子，北宋河南洛阳人。宋高宗赐同进士出身。曾任职秘书监校书郎、实录院检讨等官职。

《闻见后录》，又称《邵氏闻见后录》，邵博撰，30卷，存。道光《辉县志》卷13《经籍志》著录。体例同乃父《闻见前录》，但观点各异。伯温尊程氏，邵博乃助苏轼攻程氏。持论驳杂，考辨间有可取。今存有《学津讨原》本和中华书局点校本。

胡俛（？—1074），字公谨，胡戢之父，北宋共城（今河南辉县）人。研习诸经，尤长于《左传》。举进士高第，授试校书郎、定州观察推官、常州团练判官、彰化军节度推官、梁泉知县、签书商州判官、昭化知县、璧州知州。神宗即位，知淮阳军，徙知和州、南安军。熙宁七年（1074），卒于家。事迹详见晁补之《鸡肋集》卷66《胡公墓志铭》。

《五音会元图》，胡俛撰，1卷。《文献通考》卷186《经籍十三·乐》和《郡斋读书志》卷1《乐类》著录。

《璿霄指掌图》，胡俛撰。《鸡肋集》卷66《胡公墓志铭》著录，后佚。

《历代年系谱》，胡俛撰。《鸡肋集》卷66《胡公墓志铭》著录，后佚。

《佛书义天集》，胡俛撰。《鸡肋集》卷66《胡公墓志铭》著录，后佚。

《宗派图》，胡俛撰。《鸡肋集》卷66《胡公墓志铭》著录，后佚。

《医经纂义》，胡俛撰。《鸡肋集》卷66《胡公墓志铭》著录，后佚。

《文集》，胡俛撰，30卷。《鸡肋集》卷66《胡公墓志铭》著录，后佚。

《杂诗颂》等，胡俛撰，佚。《鸡肋集》卷66《胡公墓志铭》著录，后佚。

胡戢（1045—1091），字叔文，号苏门居士，胡俛之子，北宋共城（今河南辉县）人。他尽传其父之学，喜好词赋，工于篆刻。曾举进士，因当时废词赋以新经义取士，故绝意仕途，以苏门居士自居，闭门谢客，家藏万卷书，埋头读书，潜心学问，远绝名利。晚年尤笃于学问，长于议论，凡古今成败得失、制度沿革、朝中掌故，皆能娓娓道来，近于可用。事迹见晁补之《鸡肋集》卷66《墓志铭·苏门居士胡君墓志铭》。

《本朝将相九十二人传》，胡戢撰，佚。《鸡肋集·苏门居士胡君墓志铭》著录，言"方属稿将就，宪臣写之，以备太史氏择焉"。此书当未完稿。

《大臣家谱》，胡戢撰，2卷，佚。《鸡肋集·苏门居士胡君墓志铭》著录。

《二府拜罢录》，胡戢撰，2卷，佚。《鸡肋集·苏门居士胡君墓志铭》著录。

《续衣冠盛事图》，胡戢撰，1卷，佚。《鸡肋集·苏门居士胡君墓志铭》著录。

《文集》，胡戢撰，10卷，佚。《鸡肋集·苏门居士胡君墓志铭》著录，云："叔文好古博雅，其经术论议在汉儒中，其诗文类唐人，而其清谈闲远，不犯世故，则晋阮、向之流也。"

李谦（1234—1312），字受益，号野斋先生，山东东阿（今平阴县）人，元代政治家、文学家。为元朝四代皇帝治国决策所倚重，官至集贤殿大学士。卒于家，年79岁。以文章著名于世，"醇厚有古风，不尚浮巧，学者宗之"。事迹详见《元史》卷160《李谦传》。

《卫源庙重修记》，又名《洪济威惠王庙碑》，李谦撰，存。嘉靖《辉县志》卷6《文章》、乾隆《卫辉府志》卷45《艺文志》、《全元文》卷286均著录，并收入全文。

姚枢（1201—1278），字公茂，号雪斋，又号敬斋，洛阳（今属河南）人。后归居辉州，与许衡、窦默讲习理学。官至昭文馆大学士、翰林学士承旨。卒于官，年78岁，追太师、开府仪同三司、鲁国公，谥文献，葬于辉县。事迹见《元史》卷158《姚枢传》、万历《卫辉府志》卷11《人物志·姚枢传》和道光《辉县志》卷11《人物志·乡贤·姚枢传》。

《五经要语》，姚枢等撰，佚。《千顷堂书目》卷3《经解类》著录，云："至元三年姚枢、窦默、王鹗、商挺、杨果等纂进，二十八类。"

《雪斋集》，姚枢等撰，1卷，存。《元诗选》二集乙收诗25首。《元诗选》称："宋、金之际，兵燹频仍，版帙散亡殆尽，独首唱经学，阐明斯道，厥后名儒接踵而出，气运昌隆，文章尔雅，推回澜障川之功，说者谓文献公不在禹下云。"其诗理学味浓，诗味不足。

姚燧（1238—1313），字端甫，号牧庵，姚枢从子，辉县人。曾师事许衡，学习理学。官翰林学士承旨，集贤殿大学士。事迹详见《元史》卷 174《姚燧传》、万历《卫辉府志》卷 11《人物志·姚燧传》、道光《辉县志》卷 11《人物志·乡贤·姚燧传》。

《牧庵文集》，姚燧撰，50 卷，佚。万历《卫辉府志·姚燧传》、道光《辉县志》卷 13《经籍志》均著录。清人辑有《牧庵集》36 卷，有《四库全书》本、《四部丛刊初编》本、《丛书集成初编》本。

《元世祖实录》，姚燧等纂，210 卷，佚。《千顷堂书目》卷 4《国史类》著录。

《国统离合表》，姚燧撰，佚。《元史·姚燧传》著录。《元文类》卷 34 收入《国统离合表序》。

《西林日记》，姚燧撰，存。今存有《说郛》本。

员炎，字善卿，卫州（今河南辉县）人，蒙古窝阔台汗时在世。卒年 67 岁。事迹详见王恽《秋涧大全集》卷 49《员先生传》。

《函谷道人集》，员炎撰（一说撒举作），3 卷，佚。王恽《秋涧大全集》卷 49《员先生传》著录，言：“诗三卷，号《函谷道人集》，好事者刊行于世。”

《洛阳怀古分韵得发字》《隆德宫》《扇尾羊》等诗 6 首，员炎撰。王恽《员先生传》和《元诗纪事》卷 4 均著录。

白栋（1244—1289），字彦隆，号素庵，山西太原人，后寓居辉县。从许衡学，历官国子助教、监察御史、陕西汉中道提刑按察司佥事、河南道劝农副使等。卒，葬辉县苏门山。事迹详见道光《辉县志》卷 11《人物志·寓贤·白栋传》《新元史》卷 174《白栋传》和姚燧《牧庵集》卷 26《河南道劝农副使白公墓碣》。

《思亲亭记》，白栋撰，存。嘉靖《辉县志》卷 7《文章》、乾隆《卫辉府志》卷 45《艺文志》和道光《辉县志》卷 15《艺文志一》均著录，并收入全文。

王磐（1202—1293），字文炳，号鹿庵，直隶永年人，元代硕儒。金正大四年（1227）进士。后寓居辉县百泉讲学三十余年。事迹详见《元史》卷160《王磐传》、嘉靖《辉县志》卷5《人物·流寓·王磐传》、道光《辉县志》卷11《王磐传》。

《筠溪轩记》，王磐撰，存。溪轩在"共城之西八九里"。嘉靖《辉县志》卷7《文章》、乾隆《卫辉府志》卷45《艺文志》均著录，并收入全文。

张思明（1260—1337），字士瞻，辉州（今河南辉县）人。延祐年间累官中书参政，升左丞。治中间，以诬罢归。天历元年（1328），起为江浙左丞。至元三年（1337）卒，年78岁，谥贞敏。事迹详见《元史》卷177《张思明传》、嘉靖《辉县志》卷5《人物·张思明传》、万历《卫辉府志》卷11《人物志·张思明传》、道光《辉县志》卷11《人物志·乡贤·张思明传》。

《共山书院藏书目录》，张思明撰，佚。柳贯《柳贯集》卷16《共山书院藏书目录序》著录，云："汲郡张公自始仕好蓄书，洎通显矣，益缩取俸钱，转市四方，积三十年，得凡经史子集若干卷。既已藏之其居共城苏门百泉之上，而类次其目录如右。"

三　明代的辉县文献

张守中，明代辉县生员。其他事迹不详。

《辉邑令刘公去思碑记》，张守中撰。嘉靖《辉县志》卷8《文章》著录，并收入全文。刘公即刘玉，字咸栗，明江西万安县人，曾任辉县知县。

张熙，字晦之，明代北直隶清苑县人。举人出身。弘治七年（1494）来任明代辉县训导，后升荆州府推官。生平详见嘉靖《辉县志》卷4《历官·训导》小传和道光《辉县志》卷2《职官表·训导年表》小传。

《辉县刘侯去思祠堂记》，张熙撰。嘉靖《辉县志》卷8《文章》、乾隆《卫辉府志》卷47《艺文志·记三》均著录，并收入全文。刘侯，即刘玉，字咸栗，江西万安县人。

吴节，字行验，明代四川眉山（今四川眉山县）人。景泰五年（1454）进士，历任南京户部主事、郎中、岳州府知府，成化十三年（1477）至二十一年（1485）任河南右参政，后擢河南右布政使、左布政使，累官右副督御史，巡抚山东。

《建百泉书院记》，吴节撰，存。嘉靖《辉县志》卷6《文章》著录，并收入全文。

于準，约活动于明代成化年间，曾官同知。其他生平事迹不详。

《创建邵子祠记》，又名《康节安乐窝记》，于準撰，存。嘉靖《辉县志》卷7《文章》和乾隆《卫辉府志》卷47《艺文志·记三》均著录，并收入全文。据该文记载，邵子祠即邵雍祠，在"卫源神祠之右"，成化七年（1471）建成。

诗1首，于準撰，存。嘉靖《辉县志》卷9《文章》著录。

刘玉，字咸栗，江西万安人。弘治九年（1496）进士，十年（1497）来任辉县知县。后官至刑部侍郎。事迹详见嘉靖《辉县志》卷4《名宦·知县·刘玉传》、道光《辉县志》卷10《循政·名宦·刘玉传》、《明史》卷203《刘玉传》。

《书雪斋姚公神道碑后》，刘玉撰，存。嘉靖《辉县志》卷6《文章》著录，并收入全文。

《烈妇袁浚妻孔氏墓表》，刘玉撰，存。嘉靖《辉县志》卷8《文章》著录，并收入全文。

崔铣（1477—1541），字子钟，一字仲凫，号后渠，明代安阳人。弘治十八年（1505）进士，授编修，出为南京吏部主事。世宗即位，擢南京国子监祭酒，历南京礼部右侍郎致仕。学以程朱为榜样，言动皆有准则，著述颇富。生平事迹详见《明史》卷282《崔铣传》。

《重修百泉书院记》，又名《百泉书院重修记》，崔铣撰，存。正德十六年（1521），应邀游览重新修建的百泉书院，并作此文。嘉靖《辉县志》卷6《文章》、万历《卫辉府志》卷14《艺文志上》、乾隆《卫辉府志》卷46《艺文志·记二》均著录，并收入全文。

《卫辉府景武堂记》，崔铣撰，存。嘉靖壬辰（1532），吕颛（字幼通）莅任卫辉府知府，"名其署后燕息之堂曰景武"。万历《卫辉府志》卷14《艺文志上》、乾隆《卫辉府志》卷46《艺文志·记二》均著录，并收入全文。

《杜令建亭室记》，又名《长垣名亭室记》①，崔铣撰，存。"作亭于公门之左，曰拜善；作室于右，曰达过"，以教化民众。嘉靖《长垣县志》卷9《文章》和民国《长垣县志》卷14《艺文志》均著录，并收入全文。

徐文溥（1471—1540），字可大，浙江开化人（今浙江金华）。正德六年（1511）进士。曾任河南参议、广东副使。事迹见道光《辉县志》卷10《循政志·宦绩·徐文溥传》和《明史》卷188《徐文溥传》。

《姚公枢祠堂记》，徐文溥撰，存。记载嘉靖壬午（1522）事。乾隆《卫辉府志》卷47《艺文志·记三》著录，并收入全文。嘉靖《辉县志》卷6《文章》著录，作"姚文献公祠记"。道光《辉县志》卷15《艺文志》著录，作"创修姚公祠堂记"。

《苏门次韵》诗1首，徐文溥撰，存。嘉靖《辉县志》卷9《题咏》著录。

李濂（1488—1566），字川甫，一作川父，号嵩渚，明代祥符（今属开封）人。正德八年（1513）乡试第一，次年成进士。曾官沔阳知州、宁波同知和山西金事。后缘事归乡，里居四十余年，著述甚富。生平详见《明史》卷286《李濂传》、袁喜生《李濂年谱》。

《游三湖记》，李濂撰，存。记载嘉靖二十四年（1545）李濂游览辉县三湖事，三湖在县治西北70里的侯赵川（今名侯兆川）。乾隆《卫辉府志》卷46《艺文志·记二》著录，并收入全文。

《共城山水》诗2首，李濂撰，存。《辉县市文史资料》第4辑《历代名人在百泉》著录，并存全文。

―――――――――――

① （明）张治道、杜纬修，刘芳等纂：嘉靖《长垣县志》卷9《文章》，《天一阁藏明代方志选刊》第50种，上海古籍书店1964年版，第264页。

金廷贵，字君爵，明代福建侯官县（今属福州）人。举人出身，正德十五年（1520）来任辉县教谕，后升广西融县知县。生平详见嘉靖《辉县志》卷 4《历官·教谕·金廷贵传》。

嘉靖《辉县志》，范弦、张天真修①，金廷贵纂，10 卷，存。现仅天一阁博物馆藏原刊本 2 部，另有《天一阁方志丛刊续编》本（抄本影印）。明代改辉州为辉县，范弦首创《辉县志》，金廷贵纂辑。志将成，弦以父丧守制回籍。天真将志稿再加参订，嘉靖七年（1528）付梓。总计 10 卷，前有卫辉知府刘希龙序。设有沿革、山川、里社、田亩、户口、贡赋、马政、文章、碑记等 44 目，无引证考据。

《凿渠灌田记》，金廷贵撰，存。嘉靖《辉县志》卷 8《文章》著录，并收入全文。

刘健（1433—1526），字希贤，号晦庵，明代洛阳人。天顺四年（1460）进士。明朝中期名臣、内阁首辅②。嘉靖五年（1526）逝世，年 94 岁，追赠太师，谥号"文靖"。生平详见《明史》卷 181《刘健传》。

《百泉书院记》，刘健撰。嘉靖《辉县志》卷 6《文章》、万历《卫辉府志》卷 14《艺文志上》、乾隆《卫辉府志》卷 46《艺文志·记二》均著录，并收入全文。

《黄陵岗河工告成碑》，又名《黄陵岗塞河功完碑记》，刘健撰，存。嘉靖《长垣县志》卷 9《文章》和民国《长垣县志》卷 14《艺文志》均著录，并收入全文。弘治十年（1497）立此碑于仪封黄陵岗（今河南兰考县东北宋庄村）。

《获嘉县重修庙学记》，刘健撰，存。万历《卫辉府志》卷 14《艺文志上》和乾隆《卫辉府志》卷 46《艺文志·记二》均著录，并收入全文。

---

① 范弦，字从道，山西蒲州（今永济）人，嘉靖五年（1526）由举人来任知县。张天真，字秉元，河北藁城人，嘉靖六年（1527）由进士接任知县。

② 内阁首辅，即首揆，明代对首席大学士的称呼。嘉靖、隆庆与万历初年，首辅、次辅界限严格，首辅之权最重，主持内阁大政，次辅不敢与之抗衡。

《荆隆口塞河功成勒石记》，刘健撰。顺治《封丘县志》卷7《艺文·碑记》著录，并收入全文。

《重修东岳庙记》，刘健撰，存。正德《新乡县志》卷6《文翰》著录，并收入全文。

吕颛，字幼通，号定原，明代陕西宁州（今甘肃省宁县）人。嘉靖二年（1523）进士。嘉靖年间任卫辉知府。后官东昌府知府、四川参政和云南布政使。事迹详见王士俊《河南通志》卷32《职官》和道光《辉县志》卷10《循政志·宦绩·吕颛传》。

《百泉书院志》，吕颛撰，马书林、石砥①纂修，4卷，存。《中国善本书联合目录》著录，有明代嘉靖十二年（1533）刻本，大连图书馆藏。百泉书院在河南辉县西北苏门山百泉东，其前身为元朝太极书院，明成化十七年（1481）提学佥事吴伯通②依旧址而建，明末开封被水，崇祯十五年（1642）移贡院于此，清顺治十六年（1659）贡院移还于汴，仍改为书院。卷首有御史汪渊、吕颛"序"，卷末有马书林"序"，云及刻书事。卷1为沿革志、建造志、古迹志、田志、祀典志、名贤志、学约志，卷2为文志，卷3为诗志，卷4为人才志、书籍志、器皿志等。

王教（1479—1541），字庸之，号中川，明代河南开封人。嘉靖二年（1523）进士。三次出任会试考官，所录皆知名学子，为世人称赞。嘉靖十六年（1537）五月，升任国子监祭酒。后官至南京兵部右侍郎。生平详见康熙《仪封县志》卷23《王教传》。

《游啸台记》，王教撰，存。乾隆《卫辉府志》卷47《艺文志·记三》和道光《辉县志》卷15《艺文·记上》均著录，并收入全文。

《游百泉书院记》，王教撰，存。道光《辉县志》卷15《艺文·记上》著录，并收入全文。

《游安乐窝记》，王教撰，存。道光《辉县志》卷15《艺文·记上》

---

① 马书林，陕西高陵人，进士，嘉靖年间任辉县知县。石砥，曾辉县教谕。

② 吴伯通，字原明，四川广安人。成化间，督学河南。事迹见道光《辉县志》卷10《循政志·宦绩·吴伯通传》。

著录，并收入全文。

聂良杞，字子实，江西金溪人，隆庆年间进士。万历三年（1575）至八年（1580）任辉县知县。事迹详见万历《卫辉府志》卷7《官师志下·辉县知县年表》、乾隆《卫辉府志》卷29《名宦·聂良杞传》、道光《辉县志》卷10《循政·名宦·聂良杞传》。

万历《辉县志》，聂良杞修，崔守一①纂，8卷，残。现仅存孤本②于河南省图书馆，首尾各残缺数页。聂良杞委生员李秉、李容庄等搜集编辑，复请崔守一总其成，于万历八年（1580）历时10个月完稿付梓。卷首有聂良杞"序"。该志特点之一是不设艺文志，诗文等分别附于古迹、人物等条目下。

《百泉书院志》，聂良杞辑，崔守一纂，3卷，存。清代薛福成《天一阁见存书目·史部·地理类》著录，有明万历六年（1578）刻本，上海图书馆藏1册，河南省图书馆藏2册。卷首是河南按察使舒化、卫辉知府暴奇"序"各一，次载吕颙"旧序"。末有聂良杞"序"，云："百泉书院故有志，创自嘉靖癸巳，详具前郡守吕公'序'中，越四十年为万历丁丑乃重修之。大要删繁订谬定秩编年，而此四十余年来名流杰作，则备采之，以阐扬胜概而表彰风教。已而又请诸太仆舒公、郡守暴公，并序篇首，所以迪诸生而启正学者。今者书院志之重修，要非标奇掇胜，以为四方游览者之快而已，即舒、暴二公所以拳拳迪诸生而启正学者，是则重修之意也。"

《书院先贤祠议》，聂良杞撰，存。该文主张将文庙仍改为先贤祠，并由百泉书院仪门之中移至东隅。乾隆《卫辉府志》卷39《艺文志》和道光《辉县志》卷17《艺文志三·议》均著录，并收入全文。

---

① 崔守一，字汝诚，辉县人，隆庆进士，官至江西布政司都事。事迹见道光《辉县志》卷3《选举表》小传。

② 1979年，河南省善本古籍书目编辑鉴定小组赴辉县百泉调查，在县文物保管所一角落破书堆中发现。确认其为孤本后，调入河南省图书馆收藏。书之首尾残缺数页，其职官表聂良杞后又补充数人，所补字体明显不同，显系后印本。

　　赵彦復①，字微生，号淡宁，河南杞县人。万历三十二年（1604）甲辰科进士，官至湖广江防道副使。有《梁园风雅》等传世。生平详见乾隆《杞县志》卷16《文苑·赵彦復传》。

　　《创改新河记》，赵彦復撰，存。乾隆《卫辉府志》卷47《艺文志·记三》著录，并收入全文。此记作于天启三年（1623）。

　　《卜居泉上有感》诗1首，赵彦復撰，存。乾隆《辉县志·艺文志》著录，并收入全文。明天启二年（1622）五月，集客于百泉书院，作此诗。

　　《苏门卜隐》诗1首，赵彦復撰，存。《梁园风雅》卷27收入。

　　秦卫周（1573—1640），字维翰，号兰亭，明代辉县人。万历四十一年（1613）贡生。擅古今文辞，兼工书画。"其文多旷达，诗亦潇然。"②事迹见乾隆《卫辉府志》卷32《人物·文苑·秦卫周传》、道光《辉县志》卷11《人物志·乡贤·秦卫周传》。

　　《兰亭文集》，秦卫周撰，4卷，佚。道光《辉县志》卷13《经籍志》著录，乃其诗文集，诗、文各2卷。

　　吴达可，字安节，明代江南宜兴人。万历五年（1577）进士。万历庚子以巡盐御史至辉县，曾拜谒康节祠。事迹详见道光《辉县志》卷10《循政志·宦绩·吴达可传》和《明史》卷227《吴达可传》。

　　《重修康节先生祠记》，吴达可撰。康节先生即邵雍。乾隆《卫辉府志》卷47《艺文志·记三》著录，并收入全文。

　　王廷谏，明代陕西华州（今华县）人。天启二年（1622），由举人来任辉县知县。事迹见道光《辉县志》卷2《职官表·辉县令》。

　　天启《辉县志》，王廷谏纂修，8卷，残。其封面、序、纂修姓氏、目录、跋和卷1—4均已散佚，难以判断文献信息，中国国家图书馆注为

____

① 乾隆《卫辉府志》卷47《艺文志·记三》作"赵復彦"，应为赵彦復。

② （清）周际华修，（清）戴铭等纂：道光《辉县志》卷13《经籍志》，《中国地方志集成·河南府县志辑17》，上海书店出版社2013年版，第667页。

"明王廷谏修，明天启刻本，一册一函"。《中国地方志联合目录·河南新乡地区》著录。孤本残存卷 5《官师志》、卷 6《人物志》、卷 7《选举志》和卷 8《艺文志》，现存中国国家图书馆。

四 清代的辉县文献

孙奇逢（1584—1675），字启泰，号钟元①，原籍直隶容城。万历三十八年（1610）举人。入清后隐居辉县苏门山下夏峰村二十五年，屡征不起，学者称夏峰先生。其学原本陆王，兼采程朱，经世致用，与黄宗羲、李颙并称"三大儒"。康熙十四年（1675）卒，年 92 岁，从祀孔庙。事迹详见乾隆《卫辉府志》卷 35《人物·流寓·孙奇逢传》、道光《辉县志》卷 11《人物志·乡贤·孙奇逢》和《清史稿》卷 480《儒林一·孙奇逢传》。

《夏峰年谱》，又名《征君孙先生年谱》，孙奇逢撰，魏一鳌、耿极等编次，2 卷，刊本，存。顺治十六年（1659）书成，刊于康熙二年（1663）。今有稿本两种，中国国家图书馆藏，《北京图书馆藏珍本年谱丛刊》第 65 册影印出版。有乾隆元年（1736）刻本，《北京图书馆藏珍本年谱丛刊》（第 65、66 册）影印出版。光绪间定州王灏复刻之《畿辅丛书》本。自万历十二年（1584）出生至 66 岁为上卷，顺治七年（1650）67 岁至卒年为下卷。其门人赵御众、汤斌、魏一鳌、耿极编次，方苞订正。前有霍炳、戴明说、方苞等人"序"，后有吴维垣"跋"。

《读易大旨》，孙奇逢撰，5 卷，存。《清史稿》卷 145《艺文志一》著录，《四库全书》收录。另有康熙二十七年（1688）原刊本、同治间《孙夏峰全集》本和 2003 年中州古籍出版社《孙奇逢集》本。孙奇逢在流寓河南以前，对《易》已有自己的体会。至辉县，复问学于李颙，遂集诸家之说，凡五易稿而成此书。《四库全书总目提要》卷 6《经部六十·易类六》云："是书乃其入国朝后流寓河南时所作。前有'自序'云：'至苏门始学《易》，年老才尽，偶据见之所及，撮其体要，以示门人子弟，原非逐句逐字作解，故曰《大旨》。'其门人耿极校订，末附《兼山堂问答》及与三无道人李颙论《易》之语，别为一卷。"前有耿极

---

① 《清史稿》卷 480《孙奇逢传》称"又字钟元"。

"序"，末有李對"跋"。

《书经近旨》，又名《尚书近指》，孙奇逢撰，6卷，刊本，存。《中州艺文录》卷39著录，有《四库全书存目丛书》本、《孙夏峰全集》本。始撰于顺治十八年（1661），康熙元年（1662）成，前有"自序"、霍炳"序"、赵缵"序"和赵御众"序"。《四库全书总目提要》卷14《经部十四·书类存目二》云："是书前有'自序'，以主敬存心为《尚书》之纲领。其说多标举此义，不甚诠释《经》文。然蔡沈《书集传序》所谓'尧舜存此心，桀纣亡此心，太甲、成王困而存此心'者，已先揭大旨，不烦重演矣。"

《孙夏峰全集》，又名《孙夏峰大全集》《孙夏峰遗书》，孙奇逢撰，130卷，存。《中国丛书综录》著录，有刊本。其子目如下：《读易大旨》5卷，《书经近旨》6卷，《四书近旨》20卷，《晚年批定四书近旨》17卷，《畿辅人物考》8卷，《中州人物考》8卷，《游谱》1卷，《孙征君日谱录存》36卷，《理学宗传》26卷，《孝友堂家规》1卷、《家训》1卷，《夏峰答问》1卷，《夏峰先生集》14卷、《补遗》2卷、首1卷。附《征君孙先生年谱》2卷，汤斌等撰。

《畿辅人物考》，孙奇逢撰，8卷，刊本，存。孙氏晚年所辑，记载明代畿辅地区（以北京地区为中心包括今河北、天津一带）理学、经济、节义、清直、方正、武功、隐逸等七科人物事迹，后有补遗。有"自序"和武汝清"序"、戴襄清"序"、张葆谦"序"、郭春煦"序"，以及孙世玫"跋"。今有《孙夏峰全集》本、广文书局1997年影印本、《中国古代地方人物传记汇编》本和2011年北京出版社点校本。

《扫盟余话》，孙奇逢撰，佚。《中州艺文录》卷39著录。茅元仪"序"曰："田子春辞骑都尉之命，率宗族乡党入徐无山中，扫而盟之，从者五千余家。乃徐为定婚姻、丧葬之礼，民遂以化。近者丙子之役，容城受攻七昼夜，土垣陵迟，牛羊可上。启泰再辞征召，居郭外，曳杖入邑，从容指授，萃众心为城，城卒得全。天子嘉其功，启泰以无城而守，幸也不可以再力请改筑。莫之应戊寅乃率其宗族党入双峰，及兵入，从之者数县，累数千百人。多衣冠礼乐之士，乃所以整齐约束之者，一如子春。不半岁，难平。未及为移风易俗之事，而筑险肄战之暇，神闲气整，倡和为诗歌……启泰之遇较子春不更多乎！两征君上下二千年，皆在燕南赵北，岂偶然哉！吾故题之曰《扫盟余话》。"

《乙丙纪事》，孙奇逢撰，1卷。自"跋"曰："余侍太公三十年矣，其肝胆淋漓，时愈危而力愈猛，势愈迫而情愈真。古来慷慨节侠，急人之难，而声施不朽者，恐未必如是之中情而近理也。左允之之言曰：'如何是圣人，鹿太公乃真圣人耳！'允之为浮邱中丞，弟亲见其惨淡经营，心力俱竭之状，故不禁其倾服至此。是役也，余亦有言，详其颠末。总之太公为其难于度，庶几无愧。止生以三烈士冠之，余自有厚颜矣。"

《夏峰集》，孙奇逢撰，14卷，补遗2卷，存。《中国丛书综录》著录，北京师范大学图书馆藏有康熙孙淦刻本，湖北省图书馆藏清抄本。又有道光二十五年（1845）16卷本，钱仪吉重刻于开封大梁书院，其同治间全集刻本即此本也，中国科学院图书馆藏。收文10卷，诗2卷，语录2卷。前有汤斌"序"、赵御众"序"、孙淦"序"和钱仪吉"序"。

《孝友堂家规》，孙奇逢撰，1卷，附家训1卷，存。《清史稿》卷147《艺文三》、《中州艺文录》卷39、《河南通志艺文志稿》均著录，有康熙刻本、《孙夏峰全集》本、《畿辅丛书》本、《丛书集成初编》本、2003年中州古籍出版社《孙奇逢集》本和2004年中华书局《夏峰先生集》本等。此书为孙奇逢教训子孙之言，要旨凡18则。"自识"曰："迩来士大夫绝不讲家规身范，故子若孙鲜克由礼不旋踵而坏名、灾己、辱身、丧家，不知立家之规，正须以身作范。祖父不能对子孙，子孙不能对祖父，皆其身多惭德者也。……吾家先微以慈孝遗后人，所垂训辞，世守勿替。余因推广其义为十八则，愿与子若孙共勉之。"孙韵雅"识"曰："《家规》之刻在辛丑，于今且四十年矣。吾父见背已二十四年，音容如昨，耳提面命不可复闻。时置此册于案头，朝夕披阅，因追忆曩时训诫之语，间书册末，以志不忘。侄孙用桢，读仲兄所辑庭训，复录三十则，暨家祭仪注并附于后，侄淦见而称善，谓与《家规》十八则互相发明也，遂合梓之。呜呼，吾父不可复作，而仲兄且年望九旬。余小子亦望古稀矣。继述有心，风烛无几，是在子若孙共勉之。"另有孙望雅"识"和张偀"序"、魏一鳌"跋"。

《岁寒居答问》，孙奇逢撰，2卷，附录1卷，存。《清史稿》卷147《艺文志三》、《河南通志艺文志稿》均著录，新乡市图书馆藏有顺治十三年（1656）刊本。《四库全书总目提要》卷97著录，云："皆录朋友答问之语。奇逢之学主于明体达用，宗旨出于姚江，而变以笃实，化以和平。兼采程朱之旨，以弥其阙失。故其言有曰：'门宗分裂，使人知反而求之事物之际，晦翁之功也。然晦翁殁而天下之实病不可不泻。词章繁兴，使人知反而求之心性之中，阳明之功也。然阳明殁而天下之虚病不可不补。'是其宗旨所在也。旧本前有附录一卷，奇逢所作《格物说》及杨东明《兴学会约》八条。"有"自序"、张文枢"序"和孙立雅"跋"。

《岁寒居答问遗编》，孙奇逢撰，10卷，存。《中州艺文录》卷39著录并指出："初刻本多数十则，则是书当系初编本也。"此书分年编纂，一年一卷。孙立雅"跋"曰："小子立雅以留守丘垄未得从于卫。乙未秋杪，始扶病来省。抵淇，值大人携弟将过滏水，小子因得随杖履。数月答问一编，谱中之一种也。暇时督诸弟另录成帙。"

《孙子语录》，孙奇逢编，2卷，存。《清史稿》卷147《艺文三》著录，有《畿辅丛书·孙夏峰遗书》本、《丛书集成初编》本。此编为奇逢与其门人友朋答问之语，分条录之。全编二百余则，其大旨多义理精粹之论。

《史评》，孙奇逢撰，1卷，原抄本，未见。《中州艺文录》卷39著录。书中先录史书原文，以野史氏之名评论其后。《史记》录高祖本纪和萧何、曹参、张良、陈平、韩信、樊哙等传7篇，《三国志》录魏武纪和荀彧、郭嘉、孙坚、孙策、孙权、鲁肃、周瑜等传8篇，《晋史》录温峤传1篇，《宋史》录李纲、韩世忠、刘锜等传3篇，《元史》录元世祖纪和木华黎、刘秉忠传3篇。

《诸儒评》，孙奇逢撰，1卷，原稿本，存。《中州艺文录》卷39、《河南通志艺文志稿》和中州文献征辑处《第一期征辑书目》均著录，后者征辑抄本1册，为汤斌手批，耿介所藏，现藏新乡市图书馆。书中评论诸儒，自汉董仲舒至明鹿善继，以发明《理学宗传》中未尽之意，内有汤斌识语。

《理学传心纂要》，孙奇逢撰，8卷，存。《清史稿·艺文志三》、《中州艺文录》卷39均著录，2003年中州古籍出版社《孙奇逢集》收入此书。《四库全书总目提要》卷97《子部·儒家类存目三》亦著录，云："是书孙奇逢撰，漆士昌补。士昌，江陵人，奇逢之门人也。奇逢原书录周子、二程子、张子、邵子、朱子、陆九渊、薛瑄、王守仁、罗洪先、顾宪成十一人，以为直接道统之传人，为一篇，皆前叙其行事而后节录其遗文，凡三卷。又取汉董仲舒以下至明末周汝登，各略载其言行，以为羽翼理学之派，凡四卷。奇逢殁后，士昌复删削其语录一卷，挽列于顾宪成后，共为八卷。"此书应为删节《理学宗传》，而取其要，故名《纂要》，非另有一书。

《圣学录》，孙奇逢撰，1卷，未见。《中州艺文录》卷39著录。"自序"略云："三代以前，治统即道统也。三代以后，有治统而无道统，道统于是乎归之儒。韩子愈《原道》曰：'尧以是传之舜，舜以是传之禹，禹以是传之汤、文、周、孔，孔子传之孟轲，轲之死不得其传。'周、程、张、朱乃所以传孔孟者也。递及于明，薛子瑄、陈子献章、王子守仁其最著已，如邹守益、罗洪先、顾宪成、冯从吾皆醇儒，溯其渊源，盖缘明二祖列宗心学之密，直接一中之传，真以身行道于天下者也。恐世远言淹，惧其久而或晦，凡关于道统者，辑为一帙，名为《圣学录》，使列圣之精神，炳如日星。"

《游谱》，孙奇逢撰，孙望雅、马尔楹编辑①，1卷，附谱余录，1卷，刊本，存。《中州艺文录》卷39、《续修四库全书总目提要稿本》均著录，新乡市图书馆藏有顺治刻本，2003年中州古籍出版社《孙奇逢集》亦收入此书。前有张镜心"序"、张凤翔"序"和"自序"。此谱所记起于顺治十一年（1654）二月初十，赴磁州张镜心之约，止于五月十二。所记有论学语、世故语，先朝遗事，当地逸人，以及诗、文、手札等。

《孙征君日谱录存》，又名《日谱》，孙奇逢撰，36卷，存。《贩书偶记》、《河南通志艺文志稿》著录，有光绪兼山堂刻本、民国间中州文献征辑处所征辑刻本30册，新乡市图书馆藏。另有《孙夏峰全集》本《续修四库全书》本和2003年中州古籍出版社《孙奇逢集》本。"自序"略曰："是谱也，自出门相与之人，有唱和，有邮寄，有答问，又因而有所闻节义之事与志行之人皆谱之，为磨砺省躬之助。"记事起于顺治六年（1649）十一月十一日孙奇逢离家南徙，终于康熙十四年（1675）二月二十九日。因卷帙浩繁，生前未及刊刻，仅以抄本流传于门人子孙间，直至光绪十一年（1885）方刊刻。

---

① 《游谱》为其子望雅及门人马尔楹编，《谱余录》为望雅辑。

《之卫日谱》，孙奇逢撰，44 卷，抄本。"自序"曰："自丙戌后，故园不可居，寄渥城者四越春秋。已丑五月，吾邑不戒，故园益不可一日居。思卜筑河朔，渐图渡河、渡江，为幼子就婚茅氏地，行坞薛君，于共城、林虑两山中，各为庐舍待余。王孺、刘君复为计，即次之安予。始于已丑冬，至祁州，刁非有孝廉下榻挽留，遂令奏雅、韵雅先行相视。明年春仲，奏雅自淇水来迎，遂南发。来此五阅月，千里之山川人物，或得之耳闻，或得之目睹，已大半在吾意中矣。予束发论交，以友朋为性命。今海内故人沦落殆尽，是《谱》也，自出门相与之人，有唱和，有邮寄，有答问，又因而有所闻节义之事，与志行之人，皆《谱》之，为磨砺省躬之助。"另有张镜心"序"。有学者认为，此书应为《日谱录存》未删定稿。

《孝友堂家乘》，孙奇逢编，8 卷，刊本存。《中州艺文录》卷 39 著录，另汤斌《汤子遗书》卷 7《征君孙钟元先生墓志铭》和魏裔介《兼济堂文集》卷 11《孙征君先生传》均言及此书。《中国古籍总目·史部》亦著录，云"《孙氏孝友堂家乘》七卷"，北师大藏。另有《丛书集成初编》本。前有孙承宗、鹿善继、茅元仪"序"。

《五忠录》，孙奇逢撰，1 卷，未见。《中州艺文录》卷 39 著录，今未见。"自序"云："刘念台叙明理学，引方正学为首，非谓其为读书种子乎！倪献汝叙历代理学，以黄幼玄为终，亦谓其忠孝至性，百折不回，真伟男子也！予《宗传》不及二公者，因方节太奇，曾经蒙晦，诸家之说，每多漏遗。今之论黄者，亦多予之以节烈，而理学二字，议尚未定，姑俟之。然心仪之久矣。予录中，三人理学而以节死，合二公为一编，曰五忠。"所谓"五忠"指方孝孺、黄道周、高攀龙、鹿善继和刘宗周 5 人。

《岁寒居年谱》，又名《容城孙夏峰先生年谱》，孙奇逢撰，不分卷，存。《中国历代年谱总录》《中国历代人物年谱考录》《中国古籍善本书目》均著录，《北京图书馆藏珍本年谱丛刊》收录此书。中国国家图书馆藏有稿本，仅存万历三十八年（1610）至康熙十一年（1672）事。该谱乃谱主自撰年谱，"自识"云："今八十有七矣。回忆生平，恍如隔世。儿子暨门人辈，每询旧游，辄信手笔之于册，总不教忘生我与成我也。"年谱记载了谱主主要经历，收录有大量谱主与朋友交往之信札、诗文等，具有较高的文献价值。末有康熙九年（1670）魏一鳌"跋"。

《相我公年谱》，孙奇逢撰，1 卷，刊本，佚。《中州艺文录》卷 39 著录，未闻有传本。《夏峰年谱》云："相我公柔善有执，族党无间言，弥留时神气安闲，一语不稍乱，年七十一。先生为次其年谱。"

《孙少师年谱》，孙铨编，孙奇逢订正，2 卷（一说 5 卷），存。有康熙高阳孙尔然刻本，中国国家图书馆藏。另有 2014 年学苑出版社《孙承宗集》点校本。孙铨，谱主孙承宗之子。孙少师指孙承宗，字稚绳，明代河北高阳人。万历三十二年（1604）进士，官至兵部尚书。孙奇逢"跋"曰："公谱长君高苑令铨读《礼》三年，泣血茹苦，编次成之，未授梓而高苑君殁。高苑次子之潆访余渥城，谓兵燹之后，先少师年谱已多遗失，并牧斋先生所为状亦未得存，中夜起坐，寸心如焚。余曰：'牧斋以状付余，余固恐其有遗失也，已存副本于笥中矣。'之潆喜极，欲泣谓少师复作。因尽出高苑君所为谱，属余订之，并补其缺。余卒业至遗失处，未免掩卷叹息，常于鸡鸣夜气时追忆平生所见所闻，再采之牧斋所撰述，因令博儿录之，得若干卷。"

《取节录》，孙奇逢撰，6 卷，刊本，佚。《千顷堂书目》卷 11 和《中州艺文录》卷 39 均有著录，未闻有传本。"自序"略曰："取节者，盖自名公硕辅以及农夫妇女，凡有一念之事之几于理道，而得于闻见之真者，则急取而录之也。予窃惟古者史氏之书，其于名公硕辅，非为国家建大勋劳、捍大患者不以书；其于农夫妇女，一言一动之根于性而中于情，则汲汲焉以书。非与名公硕辅之略，独与农夫妇女之勤也。名公硕辅，贤之巨且众者也，事而为之书，则不胜书矣。农夫妇女，其贤之微者也，事而不为之书，则不得书矣。是编也，自癸亥迄今，人不问巨细，只取其一念一事之足取，可以兴豪杰而范世俗，则随笔书之。间亦有其人素在可憎，而偶有可录，尤不敢以恶而弃其美。"钱谦益《牧斋初学集》，卷 28 收入钱谦益"序"，内称 10 卷。

《传宗录》，孙奇逢撰，1 卷，佚。"自序"，云："余初集《诸儒语》一编，自董江都至鹿江村共四十余人，犹存乎见少也。思搜前后诸儒而统汇之，成一大观……名为《理学宗传》。绎'宗传'二字，统系相传，岂容淆乱？于前选中止存周、程、张、朱、陆、王七子，又标曰《传宗录》。"此书原为稿本，后陆续修订，最后编定为《理学宗传》。

《理学宗传》，孙奇逢撰，26 卷，刊本，存。《清史稿》卷 146《艺文二》、《中州艺文录》卷 39 均著录。《中州艺文录》卷 39 著录，有康熙六年（1667）刊本、乾隆二年（1737）重刊本和 2003 年中州古籍出版社《孙奇逢集》本。据《夏峰年谱》记载，此书历时 30 载，三易其稿，初刻于张沐，继刻于程念伊，始竣其事。汤斌与孙博雅校订。其体例，先按诸儒在道统传承中的地位分"宗传""辅翼""补遗"三大门类，每一门类又按诸儒所处朝代的先后或闻道的早晚，定其次序，分别立传。每传先记传主行状，次记传主言论和著述。每卷卷末附一总评，评论传主思想之得失，厘然有统系可寻。黄宗羲《明儒学案》即借鉴于此。有"自序"、汤斌"序"、张沐"序"和程启朱"跋"。

《中州人物考》，孙奇逢撰，8 卷，刊本，存。《清史稿》卷 146《艺文志二》著录，存有《四库全书》本和 2003 年中州古籍出版社《孙奇逢集》本。孙淦《〈中州人物考〉纪事》记本书编纂始末。《四库全书总目》卷 58《史部十四·传记类二》著录，云："是编载河南人物，分为七科：一理学，二经济，三忠节，四清直，五方正，六武功，七隐逸，而文士不与焉，盖意在黜华藻，砺实行也。所录皆明人，惟忠节之末附元蔡子英一人。人各为传赞，多者连数纸，少或仅一行。无征者则不详，不以详略为褒贬也。后一卷曰补遗，曰续补，不复以七科标目，盖不欲入之七科中，故托词于补续云尔。然犹于七科一例，虽布衣以公称。最后，有名无传者三十四人，则直书其名矣。其赞，恕于常人而责备于贤者，颇为不苟。"

《苏门遗事》，孙奇逢撰，1 卷，佚。道光《辉县志》卷 17《艺文志·序》收入著录。"自序"曰："事何以遗？庚辰以来，将历三世，道之升降，政之因革，与人才之消长，孰为纲之、纪之、经之、纶之，而使之不遗乎？辛酉，孝廉王遵道尝搜邑之大利病，汇成帙，以告邑令陈必谦，冀其见诸行事，为永赖之图。愿莫之遂，惜身殒殁，而子孙零落，其所言何事，竟不可考。浸寻至今，辉人辉事，无复有过而问焉者矣。余虽衰病，偶有触见闻者，存往迹则有记，无迹而文献可征者则有考，至势不可支、时不可失则有议。记与考之类，风教攸关，而议则民命所系。语虽不文，意不敢苟。间有二三子代予而成之者，二三子之意，一予之意也。八十年咏歌苏山苏水者，碑碣灿焉，然有德之言与有言之言亦自辨其去取，当与共之。"

《苏门纪事》，孙奇逢撰，2卷，抄本，佚。道光《辉县志》卷13《经籍志》、《中州艺文录》卷39均著录。《夏峰年谱》云："先生曾考苏门遗事数十则，尚未成帙，至康熙十四年，复录此编，合而成《纪事》二卷。"

《新安县志》，高景修，王家桢、孙奇逢撰，8卷，刊本，存。顺治五年（1648）成书。《夏峰年谱》云："先生修是书，为义例十则。谓节妇义夫，非盖棺不得书；孝友义让，不可自为乞请；子孙不得为祖父过为溢美；采访不得以喜怒而加妍媸；立传勿以不羁而掩大节。名宦须造福于地方，乡贤务有裨于风俗。矢公矢慎，勿滥勿遗与！高镐纂修，逾三月始成。"

康熙《容城县志》，赵士麟等纂，孙奇逢撰，8卷，刊本。《中州艺文录》卷39著录，中国国家图书馆藏。容城县志肇于明代隆庆三年（1569），邑令李蕃春（山西永和人）所修。万历三十二年（1604）蒋如苹（山东益都人）再修。崇祯十六年（1643）再修于胡葵衷，稿成未梓而罢。清康熙十二年（1673）邑令赵士麟在旧稿基础上聘人共编而成。卷首有孙奇逢、赵士麟"序"。卷次依序为：舆地、宫室、学校、食货（武备志）、秩官、人物、艺文志、杂志（灾异）。记事止于清康熙七年（1668）。

《大难录》，又名《甲申大难录》，孙奇逢撰，2卷，抄本，佚。《中州艺文录》卷39著录。康熙三年（1664）因审查《甲申大难录》，将奇逢折磨一年余，后无罪释放。

《两大案录》，孙奇逢撰，4卷，抄本。道光《辉县志》卷13《经籍志》、《中州艺文录》卷39著录。"自序"曰："《两案录》者，一录从来创业之君若臣，一录从来中兴之君若臣。盖此两案者，举世莫大焉。而千古之英雄豪杰经世宰物，莫有外焉，故录之也……两案之人不能尽举，举其著者，亦有我见为著而人见为平，人见为平而我见为著者，各存所见而已矣。"

《高阳述闻》，孙奇逢撰，1卷，佚。道光《辉县志》卷13《经籍志》、《中州艺文录》卷39、《河南通志艺文志稿》均著录，后者云："崇祯十一年十一月十日，高阳陷，孙少师（孙承宗）阖门殉难，先生为位哭以诗，成《高阳述闻》，纪殉难事甚详。未见传本。"

《守容纪略》，孙奇逢撰，1 卷，佚。《中州艺文录》卷 39、《河南通志艺文志稿》均著录，后者谓"未见传本"，或民国时已佚。该书作于崇祯六年（1633）。当时流寇清兵相继纷如，夏峰守御有法，容城得全。直隶巡抚张其平以守御荐，奉旨加一级用。该书有茅元仪、刘彻禧"序"，赵全符"跋"。

《四书近指》，孙奇逢撰，20 卷，刊本，存。道光《辉县志》卷 13《经籍志》、《清史稿》卷 145《艺文一》著录，存有康熙河南提学使孔允樾刻本、《四库全书》本、《孙夏峰全集》本、2003 年中州古籍出版社《孙奇逢集》本。魏裔介"序"曰："《四书近指》旷览百家，独存正解，不求异，不尚同，惟求合于圣贤之初意而止。标之曰'近指'，明其不敢为高远之说也。夫道近之而愈明，远之而愈失，'近指'之意，非训诂之学，实见闻之统也。"另有"自序"、魏一鳌"跋"和孙玟"跋"。

《晚年批定四书近指》，孙奇逢撰，17 卷，存。《中州艺文录》卷 39 和《贩书偶记》卷 3《四书类》著录，有 2003 年中州古籍出版社《孙奇逢集》本。是书乃奇逢晚年批定，时未传，后为其九世孙世玟访得。李棠阶"序"略曰："此编乃八十九岁所著。夫子之时习颜子之不惰，先生殆近之乎，题曰《近指》，深得道不远人之意。日用伦常，无往非道，人不能离乎人之外，即不能出乎道之外，人纵离道，终不远人也。先生晚年，造道益邃，触处洞然，随时指示，皆足见道近之境益亲切，近之蕴益宏深，近之趣益活泼，而先生则临深履薄之精神，益翕聚益冲远。"另有祝垲"序"、王师韩"序"和九世孙世玟"识"。

《家礼酌》，孙奇逢撰，李居易校刊，4 卷，刊本，存。道光《辉县志》卷 13《经籍志》、《中州艺文录》卷 39、中州文献征辑处《第一期征辑书目》均著录，中国国家图书馆藏有光绪十年（1884）刻本。此书依朱熹《家礼》损益阐发而成，旨在尚简黜繁，因时制宜。

《苏门诗草》，孙奇逢撰，1 卷，刊本。《中州艺文录》卷 39 著录。

冀应熊（约 1620—1700），字渭公，辉县人。明崇祯十五年（1642）举人。入清，授湖广汉川县知县，迁郧、襄、荆兴屯同知，调浙江嘉兴府海防同知。湖寇钱应魁劫掠贡物，应熊督捕计擒之，升四川成都府知府。

致仕后，闭户读书，吟咏自娱。见道光《辉县志》卷 11《人物·义行·冀应熊传》。

《平寇辑略》，冀应熊撰。道光《辉县志》卷 13《经籍志》、《中州艺文录》卷 40 均著录，前者云"记其为嘉兴海防同知平寇之事"。

《泰征录》，冀应熊撰。《中州艺文录》卷 40 均著录。

《安澜吟》，冀应熊撰。道光《辉县志》卷 13《经籍志》、《中州艺文录》卷 40、《河南通志艺文志稿》均有著录。

《大隐园文集》，冀应熊撰，6 卷（文 4 卷，诗 2 卷）。道光《辉县志》卷 13《经籍志》、《中州艺文录》卷 40、《河南通志艺文志稿》均有著录。

王紫绶（约 1620—1690），字金章，号蓼航，开封祥符人，明末寓居辉县苏门山中。顺治三年（1646）进士，选庶吉士。散馆，授编修。康熙十二年（1673），授江西赣南道副使。后擢浙江督粮道参政，以病辞。事迹详见道光《辉县志》卷 11《人物志·义行·王紫绶传》和《清史稿》卷 285《王紫绶传》。

《知咫堂文集》，8 卷，王紫绶撰。道光《辉县志》卷 13《经籍志》著录。

《知咫堂诗集》，2 卷，王紫绶撰。道光《辉县志》卷 13《经籍志》著录。

《舆近园诗选》，2 卷，王紫绶撰，存。道光《辉县志》卷 13《经籍志》著录，并云："系告假奉母时所著，孙征君为之序。"中国国家图书馆藏刻本 1 册。

《倚庐诗选》，王紫绶撰。道光《辉县志》卷 13《经籍志》著录。

《柿庵诗选》，王紫绶撰。道光《辉县志》卷 13《经籍志》著录。

《嵩游吟》，王紫绶撰。道光《辉县志》卷 13《经籍志》著录。

魏象枢（1617—1687），字环极（一作环溪），号寒松，又号庸斋，蔚州（今河北省蔚县）人。顺治三年（1646）进士，官至左都御史、刑部尚书。康熙二十六年（1687）病逝，年 71 岁。事迹详见《清史稿》卷 263《魏象枢传》。

《孙奇逢墓表》，魏象枢撰。乾隆《卫辉府志》卷52《艺文志·墓表》著录，并收入全文。

赵荫奇，字永之，山西介休籍大同威远（今右玉）人。恩贡出身。顺治十六年（1659）来任知县。事迹见道光《辉县志》卷2《职官表·县令年表》和卷10《循政志·名宦·赵荫奇传》。

顺治《辉县志》，赵荫奇修，王光曦①纂，佚。此志为奉巡抚贾汉复修志檄而纂，顺治十六年（1659）完稿付梓。该书已佚，仅王紫绶"序"收于康熙《辉县志》中。

王郊，王紫绶之子，字邰野。原籍祥符，父紫绶迁居苏门，遂为辉县人。贡生，除修武县教谕，升浙江临海县知县。见道光《辉县志》卷3《例贡》小传。

《临海集》，王郊撰。道光《辉县志》卷13《经籍志》和《中州艺文录》卷40均著录，前者云"前载各体诗，后附诗余"。

《守赣实纪》，王郊撰。道光《辉县志》卷13《经籍志》著录，并云"纪其父紫绶守赣之事。"。

孙立雅，字君健，孙奇逢长子，辉县人。卒时76岁。事迹详见乾隆《卫辉府志》卷35《人物·流寓·孙立雅传》、道光《辉县志》卷11《人物志·寓贤·孙立雅传》。

《宏斋集》，孙立雅撰，12卷。道光《辉县志》卷11《孙立雅传》、卷13《经籍志》均著录。

孙奏雅，字君协，孙奇逢次子，清代辉县人。孙奇逢晚年多病，孙奏雅遂精研医学。卒年88岁。事迹见道光《辉县志》卷11《人物志·孝友·孙奏雅传》。

《医学宗传》，孙奏雅撰，30卷。道光《辉县志》卷13《经籍志》著录。郭遇熙"序"曰："征君先生，少有胃疾，遇夏秋必发，吞酸。先生

---

① 王光曦，清代辉县人。庠生出身。

慨然曰：'为人子者，安可一日不知医乎哉？矧岐黄一道贯三才，而通四时。寿人寿世，莫善于此。古之人有比于山中宰相者。今虽不得志于时，苟精其义理，虽绪余实事业也。'于是取古今名医诸书，纂汇而手辑之。虽暑之汗，寒之炉，寸晷不肯稍停。屈指数之，越四年，而编始告竣。凡书中之一点一画，皆先生手之所笔，不假于人。其精心于寿人寿世之道，亦良苦矣。又择草堂隙地一区，杂置药草数畦，以供高年药饵之用。"

孙望雅，字君孚，孙奇逢第三子，辉县人。年77岁卒。事迹见道光《辉县志》卷11《人物志·乡贤·孙望雅传》。

《癯仙笔记》，孙望雅撰，钞本，存。《中州艺文录》卷39著录。

《得闲人集》，孙望雅撰，2卷，刊本，存。道光《辉县志》卷13《经籍志》、《贩书偶记》卷15、《清人诗文集总目提要》卷6均著录。中国国家图书馆有藏，另有北京出版社2000年本。

孙博雅，字君侨，孙奇逢第四子，辉县人。明亡弃举子业，绝意仕进，康熙八年（1669）举山林隐逸不应。弟孙韵雅，遭无妄下狱，孙博雅奔走营救，竟以劳致疾，客死京师，年55岁。士大夫私谥文孝先生。事迹详见乾隆《卫辉府志》卷50《艺文志·传二·孙博雅传》、道光《辉县志》卷11《人物志·乡贤·孙博雅传》和《清史列传》卷66《孙奇逢传附孙博雅传》。

《约斋文集》，孙博雅撰，钞本。道光《辉县志》卷13《经籍志》著录。

《翼经类选》，孙博雅撰，原钞本。《中州艺文录》卷39著录。

《约斋诗集》，孙博雅撰，刊本。道光《辉县志》卷13《经籍志》、《中州艺文录》卷39均著录。

孙诠（1640—1700），字静紫，号担峰，孙望雅长子，辉县人。康熙二十一年（1682）进士，官内阁中书①。康熙三十三年（1694）父丧归，遂不出。卒时61岁。事迹见乾隆《卫辉府志》卷32《人物·文苑·孙诠

---

① 内阁中书，官名。清代内阁设置中书，掌撰拟、记载、翻译、缮写之事，从七品。

传》、道光《辉县志》卷 11《人物志·乡贤·孙浲传》。

《四书醒义》，孙浲撰，8 卷。乾隆《卫辉府志》卷 32《孙浲传》、道光《辉县志》卷 13《经籍志》均著录，有康熙四十八年（1709）刻本。孙用桢《南游集》："方灵皋约为竟日之谈，因携《醒书》相质灵皋，一再读叹羡不置，慨许校订。但嫌醒书二字不免太尖，意易醒义为稳妥，朱履安亦以为然，灵老秉笔易今名。"《续修四库全书总目提要》云："是书为浲晚年所作。属稿于康熙戊寅秋，而浲卒于庚辰冬，至《孟子》'宋小国章'而止。其子用桢补成完书。卷首有杨中讷、张榕端、黄越'序'及'凡例'。'凡例'亦用桢补作。"

《约史》，孙浲撰，15 卷，稿本。《中州艺文录》卷 40 著录。"自序"曰："明道先生读史时，逐一看过，不遗只字。晦庵先生亦教人读史宜详细，无得草率。小子亦欲奉是言为楷模。无如赋性鲁拙，凡所披阅，移时辄过而不留，故约其辞而为是钞，既以博者归之于约，或亦可即约而触其博也，博与约一也。赵侪鹤约史，而叶之以律，曰史韵。舒士一约史而芟之以辞，曰史略。"

《南游日记》，孙浲撰，4 卷，抄本，存。道光《辉县志》卷 13《经籍志》、乾隆《卫辉府志》卷 32《孙浲传》、《中州艺文录》卷 40 均著录。

《担峰文集》，孙浲撰，6 卷，刊本，存。道光《辉县志》卷 13《经籍志》、乾隆《卫辉府志》卷 32《孙浲传》著录。李滋"序"曰："予自总角与游，切磋琢磨者五十年，其学以认真为把柄，所读经书逐字逐句，务穷极底蕴，必期实见诸躬行，无不可告人之言，无不可对人之事，表里洞然……诗早刊刻问世，斯集则嗣君用桢汇辑，属予点定者。"

《担峰诗集》，孙浲撰，4 卷，刊本，存。道光《辉县志》卷 13《经籍志》、乾隆《卫辉府志》卷 32《孙浲传》著录。中国国家图书馆藏有刻本 4 册。钱澄之《题词》曰："诗也者，天地间自然之声，偶会于吾人之情，兴遂载诸笔墨以出，实非吾所能刻意以求也。……静紫诸作，探奇抉幽，既已渐近自然，由其读书穷理，得于家学者素也。夫学有用功于彼而得力于此者，静紫之于诗是也。"

孟发祥，字浚生。开封人，后来寓居辉县。曾任奉天府推官（今辽宁），又补光禄寺署丞，大理寺署正，后来升为兵部督捕员外郎。善书画，长于画兰，笔墨精妙。事迹见道光《辉县志》卷 11《人物·义行·孟发祥传》和《辉县市志》第三十六篇《人物·孟发祥传》。

《省园集》，孟发祥撰。道光《辉县志》卷 13《经籍志》著录。

《三公碑》，孟发祥撰，存。三公即宁公、贾公和佟公，宁公指宁承勋，字康侯，直隶大兴人；贾公指贾汉复，字膠侯，山西曲沃人；佟公指佟凤彩，字高冈，奉天人。乾隆《卫辉府志》卷 44《艺文志·碑下》著录，并收入全文。

《重兴水田碑》，孟发祥撰，存。乾隆《卫辉府志》卷 44《艺文志·碑下》著录，并收入全文。

《汤公右曾记》，孟发祥撰，存。乾隆《卫辉府志》卷 48《艺文志·记四》著录，并收入全文。

耿极（1650—1710），字保汝，号诚斋，清代直隶定兴（今河北定兴县）人。孙奇逢的得意门生，对征君学术思想体会最深。孙奇逢南迁夏峰，耿极也拖家带口跟随而来。孙奇逢之子曾曰：“先征君及门弟子，以经济著者，曰汤斌、魏一鳌；以学行著者，曰耿介、王余佑、崔蔚林；以文章著者，曰薛凤祚、费密、赵御众；以介节著者，曰张果中、马尔楹。而品学端萃，兼众人之长者，则保汝一人而已。”事迹详见道光《辉县志》卷 11《人物志·隐逸·耿极传》。

《周易浅义》，耿极撰，4 卷。道光《辉县志》卷 13《经籍志》著录，云：“本其师孙钟元之说而推衍之，以浅显为本，使学者易于寻求，故名曰浅义。间附己见，皆有可取。”

《王制管窥》，耿极撰，1 卷。道光《辉县志》卷 11《耿极传》和卷 13《经籍》均著录，后者云：“其说以封建井田为可行于后世，设为问答，共一十九条。后附唐贞观诸臣封建议。”

《古本大学绎言》，耿极撰，佚。道光《辉县志》卷 13《经籍志》著录。

《古本中庸绎言》，耿极撰，佚。道光《辉县志》卷 13《经籍志》著录。

《存诚集》，耿极撰，佚。道光《辉县志》卷 11《耿极传》和卷 13《经籍志》均著录。

滑彬（约1660—1730），字鲁斋，浙江义乌籍钱塘（今杭州）人。拔贡，任正红旗教习。康熙二十八年（1689）来任知县。事迹见道光《辉县志》卷11《人物·名宦·滑彬传》。

康熙《辉县志》，滑彬修，冀应熊、王光曦纂，18卷，存。现仅有孤本，中国国家图书馆藏。滑彬以县志30年未修，当增续，乃延应熊总其事，应熊委王光曦重理前业，亲自与邑绅孟发祥、王元臣等校正，终呈巡抚阎兴邦裁定，康熙二十九年（1690）完稿付梓。全书18卷。前有滑彬、邑人邢台知县马希爵、邑人中书舍人孙铨各一"序"，顺治十六年（1659）志中翰林院编修邑人王紫绶序，顺治十五年（1658）河南巡抚贾汉复修志牌文、凡例、修志姓氏和目录。此志在旧志的基础上续修，各目内容丰富。河防目实为水利，记载三堰、五闸、五渠等水利设施，并附录"复兴水利前后资料各文卷"。职官目于历任知县小传较详。灾祥目亦然，尤以康熙十七年（1678）旱蝗奇灾，社会动荡，人民反抗为最。图说、里社、风俗、田赋、水利等皆有按语、断说，概括变化，突出重点，针砭时弊。辉县名胜蜚声省内外，专立古迹1卷，含19目。

《复兴水利灌田碑》，滑彬撰，存。乾隆《卫辉府志》卷44《艺文志·碑下》著录，并收入全文。

《修卫源庙碑记》，滑彬撰，存。道光《辉县志》卷16《艺文志二·记中》著录，并收入全文。

《重修安乐窝记》，滑彬撰，存。道光《辉县志》卷16《艺文志二·记中》著录，并收入全文。

孙用正，原名用桢，字惭人，号缄斋，孙淦之子，孙奇逢重孙，清代辉县人。康熙三十五年（1696）举人，官禹州学正，升许州府教授。卒时89岁，葬城北方山之阳。事迹详见道光《辉县志》卷11《人物志·乡贤·孙用正传》。

《增删辉县志稿》，孙用正撰，8卷，佚。道光《辉县志》卷11《孙用正传》、《中州艺文录》卷40、《河南通志艺文志稿》均著录，未闻有传本。

《缄斋集》，孙用正撰，16卷，存。道光《辉县志》卷11《孙用正传》、《中州艺文录》卷 40、《河南通志艺文志稿》、《清人诗文集总目提要》卷 21、《清人别集总目》均著录。《中国古籍善本书目》著录为 8 卷。今存有稿本，新乡市图书馆藏。许昌市图书馆藏有清抄本 8 卷。此集为其作品总集，其中《初学存真》《山居初集》《燕台草》《读礼偶记》《西征》《南游》《山居偶存三集》《庐中偶记》《果行堂存稿》《归来存稿》等各 1 卷，《山居偶存二集》《钧州存稿》《许昌存稿》等各 2 卷。

《初学存真》，孙用正撰，1 卷，存。《清人诗文集总目提要》卷 21 著录。"自识"曰："幼秩何所知？识有何可纪？不忘初也。恸半生之堕落，念祖训之殷切，一字一句，一举一动，皆堪为终身师法，敢忘之耶！"

《山居初集》，孙用正撰，1 卷，存。"自识"曰："先征君所居平地，而名其乡为夏峰，予亦终身夏峰。而名其集为山居志，前人之志也。然垦荒之役，实往来西山者有年。此外，有远游，有薄宦，虽别有纪述，而归来总以山居名，故匹夫不可夺志。"

《山居偶存二集》，孙用正撰，2 卷，存。《清人诗文集总目提要》卷 21 著录。

《山居偶存三集》，孙用正撰，1 卷，存。《清人诗文集总目提要》卷 21 著录。

《燕台草》，孙用正撰，1 卷，存。《清人诗文集总目提要》卷 21 著录。"自识"曰："燕台，著其地也，有地斯有事。自入监肄业，而省侍，而公车，而教职引见，而为双峰书院争讼，营建五十年来，往返者不可以数计。其间，容城扫墓，故土经过，所遇大人君子之可法可师，本身一言一行之宜详宜慎，皆有纪述。而总以燕台冠之，用以自考也。"

《读礼偶记》，孙用正撰，1 卷，存。"自识"曰："呜呼！先大人固无恙也，忽以疮症数日而殂。予小子桢惊惶恸悼，不知所为。又以祖茔无穴，至二年始葬。不孝之罪，真擢发难数，谨就当时情事，聊记梗概，以自省愆。"

《西征》，孙用正撰，1 卷，存。"自识"曰："苏门，平原也，西北太行，对面拔起，万峰环绕，望之神飞山灵，若时时相招者。遂鼓短筇节云外，奚囊飞身天际。嗣是而上党，而华岳，而上郡，数千里名胜，尽罗胸中矣。"

《南游》，孙用正撰，1 卷，存。"自识"曰："先征君遗集未刻，拟由闽入粤，谋之张中丞孝先、丁大参心田两先生。于是买舟东下……于是因所至之地，所交之人，所见所闻，皆随笔记录，以为借鉴之助，间发为诗。要之诗以纪游，非借游以存诗也。"

《钧州存稿》，孙用正撰，2卷，存。"自识"曰："予不学无术，生而喜动，固生质使然。亦因先征君公有好汉之褒，诸前辈许以才堪济世。既而滥膺选拔，侥幸秋捷，遂妄意当世，以为苟膺民社，必作民真父母，父慨然教之曰：'以汝曩所言，是有此理，惜未识时势耳！'以少年浮躁，当不测之喜怒，恐且救过不遑，尚欲作风流宰耶！用是，改就教职。初至钧阳，犹思与士子交相砥砺，洗除旧染，勉于道义，而旁观者，且非之笑之，以为沽名钓誉。呜乎！昔人有言：使汝为恶而恶不宜为，使汝为善而善又不可为，将如之何哉？随以终养请归。今所言所行俱在，只此老头巾故，昔固无名可沽，无誉可钓也。"

《庐中偶记》，孙用正撰，1卷，存。"自识"曰："老母捐弃在戊申八月初九日，于本年十二月与吾父合葬，恸念父弃不孝已二十有八年。伊时尚谓有母可依也，今已孑然此身，恋恋墓门，一刻不能离去，亦借以稍避俗氛，与妻孥相对，兼之教两雏孙使知如依祖膝耳。凡亲族时或过从，与夫偶有所触，辄随笔记之。五内如焚，语无伦次，存之用以自省。"

《许昌存稿》，孙用正撰，2卷，存。"自识"曰："自钧阳告归，胡为又有许昌一出，有驱之者也。其驱之奈何？平地起波，踉跄赴补，不过借此转身，而绅士依恋爱慕，破格敬礼，遂致不忍言别。嗣是改授郡庠八城，且归乐育。嗣是，谬蒙宪拔，果行教有专责。濡滞十年，终成画虎，幸值裁府有改补之命，得赋归来，返我初服寒毡。故步技愧黔驴，存此本来面目，贻示我子孙，不堪令大人先生见也。"

《果行堂存稿》，孙用正撰，1卷，存。"自识"曰："廿年司铎，方与同志者共相策勉，以盖前愆。而当事不知何所见闻，遽有果行，堂掌教之命，惶惧恳辞，至再至三，终不可得。夫不能自信，何以信人？人不见信，何以使之观感动荡无已？仍勉策烛光，强鼓暮气，以大宪为严师，以诸生为益友，冀庶几稍有所闻。先贤云'不学便老而衰'，然则今日之役，是予之大惧也，夫是予之幸也矣。"

《归来存稿》，孙用正撰，1卷，存。"自识"曰："丈夫以四海为家，皇皇家室，固舍翁也。然鸟倦于林必求其巢。二十年来，一片寒毡，内外两失，以致家学榛荒，不谌自向。且桑榆已逼，来日几何？固思骨肉之团圞，实图暮年之补过。耄年好学，予滋愧焉。安顿身心，尚有志也。"

《重修百泉书院志》，孙用正撰，3卷，存。前有"自序"、吕颙"序"和聂良杞"序"。

孙发祥，字浚生，清代辉县人。康熙时布衣。工书画，画兰尤妙，得者珍之。

《省园集》，孙发祥撰。《中州艺文录》卷40著录。

徐潮，字青来，浙江钱塘人。康熙十二年（1673）进士。康熙三十九年（1700）授河南巡抚。事迹详见《清史稿》卷276《徐潮传》。

《孙征君祠堂记》，徐潮撰，存。孙征君即孙奇逢。乾隆《卫辉府志》卷48《艺文志·记四》著录，并收入全文。

《净云寺新建御书楼记》，徐潮撰，存。乾隆《卫辉府志》卷48《艺文志·记四》著录，并收入全文。

李滋，字奕倩，辉县人。康熙十八年（1679）贡生，康熙二十年（1681）任嵩县教谕，后升贵州碛溪县知县。事迹见道光《辉县志》卷3《选举表》小传。

康熙《嵩县志》，卢志逊①修，李滋纂，10卷，刊本，存。中国国家图书馆藏有孤本。此志为奉檄而修，李滋任总纂，另邀本县拔贡屈必昌、举人张星焕和屈必达三人参订。因前志大加修葺，几乎等同重修，一年而成。卷次增加，共为10卷。

王椿，字大春，清代辉县人。乾隆七年（1742）进士，官山东寿光知县。事迹略见道光《辉县志》卷3《选举表》。

《西江载石集》，王椿撰，2卷。道光《辉县志》卷13《经籍志》、《中州艺文录》卷40均著录。

《杞菊园诗选》，王椿撰。道光《辉县志》卷13《经籍志》、《中州艺

---

① 卢志逊，湖北景陵（今湖北天门县）人，荫生，康熙二十八年（1689）来任辉县知县。

文录》卷 40 均著录。

郭宗林，字子中，清代辉县人。约乾隆时诸生，精医学，工书画。事迹详见道光《辉县志》卷 11《人物志·方伎·郭宗林传》。

《身世金丹集》，郭宗林撰，佚。道光《辉县志》卷 11《郭宗林传》、卷 13《经籍志》、《中州艺文录》卷 40 均著录，今未闻有传本。

《活动心法要决》，郭宗林撰。道光《辉县志》卷 11《郭宗林传》、卷 13《经籍志》、《中州艺文录》卷 40 均著录。

范景，浙江秀水（今嘉兴市）人。康熙三十九年（1700）进士，康熙四十五年（1706）来任辉县知县。事迹见道光《辉县志》卷 2《职官表》小传。

《改建周程祠记》，范景撰，存。乾隆《卫辉府志》卷 48《艺文志·记四》著录，并收入全文。

《创建百泉大成门碑记》，范景撰，存。道光《辉县志》卷 16《艺文志二·记中》著录，并收入全文。

王贽，字献甫，清代直隶新安人。康熙戊午（1678）举人。曾任广东琼山县知县。曾寓居辉县胡村里。事迹见道光《辉县志》卷 11《人物志·寓宦·王贽传》。

《莲塘诗稿》，王贽撰。道光《辉县志》卷 11《王贽传》、卷 13《经籍志》、《中州艺文录》卷 40 均著录。

赵希濂，山西猗氏（今山西临猗县）人。康熙乙未（1715）进士，雍正二年（1724）来任辉县知县。事迹见道光《辉县志》卷 10《循政志·名宦·赵希濂传》。

《四书注朱》，赵希濂撰。道光《辉县志》卷 10《赵希濂传》、卷 13《经籍志》、《中州艺文录》卷 40 均著录。

李炘，清代辉县人。约乾隆时诸生，精卜筮，兼通音韵之学。

《涉园诗稿》，李炘撰，1 卷，刊本。道光《辉县志》卷 13《经籍志》、《中州艺文录》卷 40 均著录，前者称"子景新刊以行世"。

孟晟，辉县人。约乾隆时诸生。

《澹余斋文集》，孟晟撰。道光《辉县志》卷 13《经籍志》、《中州艺文录》卷 40 均著录。

《依椿堂诗集》，孟晟撰。道光《辉县志》卷 13《经籍志》、《中州艺文录》卷 40 均著录。

《南溪杂咏》，孟晟撰。道光《辉县志》卷 13《经籍志》、《中州艺文录》卷 40 均著录。

李元良，清代辉县人。约乾隆时诸生。精卜筮，兼通音韵之学。事迹详见道光《辉县志》卷 11《人物志·方伎·李元良传》。

《皇极经世图说》，李元良撰，2 卷，佚。道光《辉县志》卷 11《李元良传》、卷 13《经籍志》和《中州艺文录》卷 40 均著录，今未闻有传本。

孙雨生，清代辉县人。约乾隆间在世。

《闽游日记》，孙雨生撰。道光《辉县志》卷 13《经籍志》、《中州艺文录》卷 40 和《河南通志艺文志稿》均有著录，未闻有传本。

周辉，字殿光，清代辉县人。乾隆三十三年（1768）举人，官尉氏县教谕，擢陕西胚州州同①。事迹详见道光《辉县志》卷 11《人物志·儒林·周辉传》。

《冷署闲钞》，周辉撰，佚。道光《辉县志》卷 13《经籍志》、《中州艺文录》卷 40、《河南通志艺文志稿·子部·杂家类》皆著录，今未见。

《荣槿堂文集》，周辉撰。道光《辉县志》卷 13《经籍志》著录。

《何莫学斋诗集》，周辉撰。道光《辉县志》卷 13《经籍志》著录。

文兆熭，字季棠，广西灵川人。乾隆四年（1740）进士，乾隆十五

---

① 州同，官名，是清代知州的佐官，分掌粮务、水利、边防等事务。

年（1751）来任知县。事迹见道光《辉县志》卷10《循政志·名宦·文兆奭传》。

乾隆《辉县志》，文兆奭修，杨喜荣①纂，12卷，存。此志奉宪檄而修，阅三年始成，乾隆二十二年（1758）付梓。12卷，共领六十余目，各目均设小序，有关利弊附末议。较旧志多有增益，新置方言、街市、庙会、乡村、关隘、兵防等目。庙会、街市皆注明地点、日期及兴废沿革。辉县山水清幽而以水为甚，山川目最为突出，先有总说，再于泉、潭、水逐条详载；水势、流域面积、附置设施均在其内。水田为本县农田大宗，故田赋中专辟水利目。于闸、堰、沟、渠，载记翔实。丘墓所辑较广，考证亦精，凡有争议者，一一标出。艺文与志目相符者已分门附载，泛泛题咏类无记者，复辑为此编，分诗、文两类，不乏碑碣之文。灾异载记止于康熙六年（1667），以后80年事缺。

《创建高子祠记》，文兆奭修，存。高子即高柴。乾隆《卫辉府志》卷48《艺文志·记四》著录，并收入全文。

刘大櫆（1698—1780），字才甫，又字耕南，安徽桐城人。诸生，师从方苞，与姚鼐并称"桐城方刘姚"。曾官黟县教谕。事迹详见《清史稿》卷485《刘大櫆传》。

《游百门泉记》，刘大櫆撰，1卷，存。《小方壶斋舆地丛钞》第四帙和《清人文集地理类汇编》第六册录有全文。是记撰写时间不详。全篇四百余字，尽述百门泉之源流与其中动植物、周边古迹及有关先人逸事等，于百门泉水流向释说尤详，可资考证百泉旧貌。

郭峻，清代辉县人。约乾隆、嘉庆间在世。

《古稀堂杂录》，郭峻撰，4卷，存。道光《辉县志》卷13《经籍志》和《中州艺文录》卷40均著录，前者称："峻年七十余，好学不倦，杂录古今故实原委，经史同异，可资考辨。"

《带波园诗集》，郭峻撰。《河南省图书馆中文古籍书目·集部》著录，有民国新民社石印本，河南省图书馆藏。

----

① 杨喜荣，河南陕州阌乡举人，乾隆十八年（1754）来任辉县教谕。

戴铭（1765—1836），字汤箴，号恬园，清代辉县人。嘉庆六年（1801）进士，授怀庆府教授。丁母忧后补南阳府教授。在官15年致仕①，授生徒以终。生平事迹详见戴应澜《恬园公年谱》。

《读易琐言》，戴铭撰，1卷，佚。《中州艺文录》卷40、《河南通志艺文志稿》均著录。

《恬园文抄》，戴铭撰，1卷，刊本，存。《清人别集总目》、《中州艺文录》卷40均有著录，今有道光十七年（1837）刊本，南京图书馆藏。刘光三"序"曰："先生因出其古文诸作，属予为序。予翻阅一过，见其雄深奥衍，间作六朝骈体，亦复清真流走，古藻离披，非读破万卷者安能道只字！"

《恬园诗抄》，戴铭撰，刊本，未见。《中州艺文录》卷40著录，有刊本，未见。乔远炳"序"曰："恬园祖籍辽阳，入关隶籍山左，以叔祖仕豫，始迁居辉邑。辉固苏门盛地，远承家学，得山水助，而著述兼优，直如白傅，老妪皆解，今而知啸台即戴氏之香山矣！"

《听鹏录存》，戴铭撰，3卷（《讽谕集》《哀弦集》《自娱集》各1卷），存。《中州艺文录》卷40著录，杨淮《中州诗钞》收其诗《新秋》和《挽王耕畬广文》2首。有道光十七年（1837）梅影庐刊本，河南省图书馆藏。卫大壮"序"曰："丁酉（道光十七年）夏，其嗣君复编辑其诗，题曰《听鹏录存》，以授剞劂，而请序于予。予翻阅一过，见其中厘为三卷，逐一吟哦，其寄旨遥深，真有关于世道人心之言，非仅范水模山，吟风弄月已也。"

吕星垣（1753—1821），字叔讷，号湘皋、映微、应尾，江苏武进人。廪贡出身。"毗陵七子"之一。事记详见《清史稿》卷485《吕星垣传》、《清代毗陵名人小传稿》卷5《吕星垣传》。

《泛百门泉记》，吕星垣撰，1卷，存。《小方壶斋舆地丛钞》第四帙录有全文。百门泉即辉县之百泉，位于辉县苏门山。记述星垣与周邦华、高慎先、孙无已风清月夜泛舟百门泉之美景，并细考苏门山上啸台与土室

---

① 致仕，中国古代官员退休称致仕。

之传说。

　　戴应澜，戴铭之子，清代辉县人。廪贡生，曾署原武县学训导。见道光《辉县志》卷3《选举·例贡》子传。

　　《恬园公年谱》，戴应澜编，1卷，存。《中国历代名人年谱总目》著录。有道光十七年（1837）刻本，新乡市图书馆藏。谱主戴铭，字汤箴，号恬园，辉县人。

　　周际华（1773—1846），字石藩，贵州贵筑（今贵阳）人。嘉庆六年（1801）进士，道光六年（1826）来任辉县知县。事迹见自订年谱《一瞙录》、《清史稿》卷477《循吏二·周际华传》和《贵州通志·人物志·周际华传》①。

　　道光《辉县志》，周际华修，戴铭等纂，20卷，卷首1卷，卷末1卷，存。是志除百泉书院原刻本外，另有道光二十一年（1841）、光绪十四年（1888）、光绪二十一年（1895）3次补刻本。后有1959年石家庄日报社铅印本和2010年中州古籍出版社简体点校本。周际华来任辉县知县后，应绅民续修县志之请，设局百泉书院，集戴铭与邑绅及县学教谕、训导等纂辑，于道光十五年（1835）完稿付梓。此志首图，次表，次志，以圣制冠其首，旧志序跋、修纂姓氏列卷末，体例严整。纂者以水利为本县最首要之事，专立渠田志以记之，首记14处泉源源址、流经及灌田能力；次为河渠，述5河、5渠、1沟；再为堤堰，记门1、闸5、堰5；末为河夫目，并附有关详文与碑记。此总以前诸志泉渠水利之大成，最为详备。各目凡所采入皆注出处，书中诸图，画方计里，细致工整。

　　《省心录》，周际华撰，1卷，存。道光《辉县志》卷13《经籍志》著录。

　　《共城从政录》，周际华撰，1卷，存。道光《辉县志》卷13《经籍志》著录。

　　《家荫堂诗抄》，周际华撰，1卷，存。道光《辉县志》卷13《经籍志》著录。

------

　　①　冯楠总编：《贵州通志》，贵州人民出版社2001年版，第133页。

《家荫堂尺牍》，周际华撰，1卷，存。《家荫堂全集》收入。

《一暝录》，周际华撰，1卷，存。《中国丛书综录》著录，收入《家荫堂全集》。

《观风》《与诸生论文随笔》《劝种树》《劝织》《劝修道路》《劝保甲》《劝减迎神会》《劝息讼》《劝修理河渠》《禁饮酒赌博》《申禁赌博》《禁大称小斗》《禁拾麦》《禁夜戏淫词》《祈雨》等。道光《辉县志》卷18《艺文·杂著》著录，皆收入全文。

《家荫堂全集》，亦名《家荫堂汇刻》《家荫堂汇存》，周际华撰，存。《中国丛书综录》著录。有道光十九年（1839）刊本和咸丰八年（1858）周灏重刊本。另有2020年贵州人民出版社点校本。是编凡八种，十卷；附一种，一卷。子目包括《共城从政录》一卷、《海陵从政录》一卷、《广陵从政录》一卷、《省心录》一卷、《感深知己录》一卷、《一暝录》一卷、《家荫堂诗钞》一卷文钞一卷、《家荫堂尺牍》一卷家言一卷，附《渭川札存》一卷（清陈璜撰）。所收书内容以杂学为主，余为官箴、尺牍、诗文集等。其中《一暝录》一卷，乃周氏自订之年谱。

姚辉第，字子箴，号稚香，清代辉县人。道光十八年（1838）进士，官上海知县。

《菊寿庵词稿》，姚辉第撰，4卷，存。有同治八年（1869）木活字本[①]，《河南省图书馆中文古籍书目·集部》著录，河南省图书馆藏。《全清词抄》收其词5首。

郭程先（1791[②]—?），字艾生，号雪斋，辉县人。道光时举人，受学钱仪吉[③]，历主涉县清漳、河间瀛洲、山左清阳、平山天柱等书院。《中

---

① 《贩书偶记》卷20和《北京师范大学图书馆中文古籍书目·集部》谓有咸丰间刊木活字本。

② 据秦国经主编《清代官员履历档案全编》第26册（华东师范大学出版社1997年版，第253页）记载，咸丰七年（1857）67岁。文献记载多为虚岁，故当年应为66岁，应生于1791年。

③ 钱仪吉，初名逵吉，字蔼人，浙江嘉兴人。嘉庆十三年（1808）进士。晚年客居河南开封，主讲河南大梁书院数十年，培养不少人才。

州先哲传·儒林》有传。

《周易平说提纲》，郭程先撰，2 卷，刊本，存。《中州艺文录》卷40、《中国地方志联合目录》均有著录，今有清道光二十年（1840）、咸丰五年（1855）刊本，新乡市图书馆藏。另有《四库未收书辑刊》影印本。《贩书偶记》卷 1 著录，但无"提纲"二字。许乃钊"识"云："中州郭雪斋先生旧有《周易平说》，以十翼为主，汇萃诸家而取其精液诚说，经家之指南也。"其子珠煨"识"云："《提纲》一册本非全书，所占未免太略，其中有未经提及者，辄口授其旨，使煨补注于后焉，又每篇卦名之下细注一行，揭明每卦所言何事，某爻为卦主，亦系临刊时所增益。家君谓此一语可以不载，如乾卦所该甚广，岂止单言能道，向为诸生讲说举此一语，不过举其重者言之，若载于卦名之下，反令观者为此句所拘，看得不广。乃同学诸子咸谓有此一语，易于寻求，若看到明白处，自能忘其筌蹄，不如存之以为初学指。家君笑而颔之。刊既就为叙起缘起如此。"另有王涤心"序"，唐鉴"识"。

《阴奇合璧》，郭程先撰，2 卷，存。《中州艺文录》卷 40 著录，今存有刊本。此编由《阴符经注解》《奇门测海》等两书合刊而成，故名《阴奇合璧》。郭宗棻"《阴符经注解》序"略曰："注《阴符》者虽多，其大旨不出三者：一曰儒家，一曰兵家，一曰道家。雪斋自言，其传得之同邑孙夏峰，高弟马苓史之则，固儒家流矣。今其书多为兵家言，而以儒家为根柢，道家则偶及之，此正考亭三者一之之意耳。且书必取诸实用，乃可得其真诠。往者辛丑、壬寅少岁，海氛不靖，雪斋奋然投笔从戎，佐当事防堵津门，不数月而搀枪顿扫，此当非无所挟持而能然者。然则运用之妙，全在临时审机观变，存乎其人，刻舟求剑，未可为局外人道也。""奇门测海·自序"曰："辛丑（1841）军兴，参赞天津戎幕，于时行伍中有知书者，慕其术而欲学之，予察其人忠信诚笃，遂口授十三歌诀，复为疏其大意，既又因其问难而答之，约计三十余条，随予所说，书于军牒之尾，汇为一册，名之曰《奇门测海》。因其时栖近海滨，即取蠡测之意，言虽简略，而规模已具。"

《明儒咏》，郭程先撰，2 卷，刊本，存。《中州艺文录》卷 40 著录。"自序"谓："咏明儒，意不在明儒也，以当学术不一，窃欲从而一之，故即明儒以示之端也。夫有明三百年中，时有升降，派有分殊，今欲齐其不齐，良亦匪易。要之，时虽异道则同，人虽异心则同，入手虽异归宿则同，分观之则相抵相牾，而异者异矣，会通之则相资相救，而异者同矣。"另有何耿绳"序"和李廉泉"序"。

《五翼提纲》，郭程先撰，1 卷，刊本。《中州艺文录》卷 40 著录。许乃钊"识"曰："中州郭雪斋先生，旧有《周易平说》，以十翼为主汇萃诸家，而取其精液，诚说经家之指南也。兹复取上下系辞传，说卦、序卦、杂卦、五翼，而提其纲领，示学者以入门之径。庶读之者，皆可晓然于学《易》之方，而不苦其难，其嘉惠来学者至矣。识者珍之。"

《洛学补编》，郭程先撰，1 卷，刊本。《中州艺文录》卷 40 著录。"自识"曰："《洛学编》一书，乃孙夏峰先生属汤文正公所辑也。尹元孚先生抚豫时，续入国朝七人，可谓备矣。程先不佞幸，与夏峰先生同里，得读其遗书，间考中州遗献，自宋以来得七人，僭为次序，其传以附于卷末，非谓旧编所载有未周也。事莫难于创始，当文正公承命搜辑时，夏峰先生已届耄期，以目睹其成为快。故其告成也速，而考核未详者，姑少缓焉，此昔人慎重之意也。今距元孚先生续后又数十年，为时既远，诚恐老成遗范，久而就湮，故略存其梗概，庶先正典型，借以不坠云。"

咸丰《大名府志》，朱瑛等纂修，武蔚文续修，郭程先续纂，高继珩增补，存。《首都师范大学图书馆藏普通古籍目录》、《北京图书馆普通古籍总目》第 4 卷《地志门》均著录。大名府旧志自康熙十一年（1672）周邦郴、邰焕元纂修，至乾隆二十五年（1760）已八十余年，知府朱瑛、顾光重立志重修，但只纂辑年纪、职官、选举、人物、艺文五门，二人均以升迁离去。道光三十年（1850）何亦民有意续修，惜尚未动手即丁忧而去，行前嘱武蔚文完成修志，武蔚文请郭程先主笔，郭离去后又委派高继珩增补，历时三年告成，于咸丰四年（1854）正月刊印。记事从康熙十一年（1672）至咸丰三年（1853）止。①

咸丰《平山县志》，王涤心修，郭程先纂，存。《北京大学图书馆藏李氏书目·史部上》著录。

史春荃（1826—1898），字馨吾，号移村，别号愿道人，清代辉县人。

---

① 来新夏主编：《河北方志提要》，天津大学出版社 1992 年版，第 365 页。

19 岁补诸生，从李棠阶受学。同治六年（1867）举人，佐辉令谋守御有功，加光禄寺署正①。光绪九年（1883）中进士，时已鬓发斑白，年近花甲，以候选知县分省补用，因不善官场作戏，终未得授。终生以书画为乐，精书法、绘画、篆刻。后任教河朔书院②。事迹详见《中州先哲传·文苑·史春荃传》和《辉县市志》第三十六篇《人物·史春荃传》。

《筠香杂俎》，史春荃撰，7 卷，钞本。《中州艺文录》卷 40、《续修四库全书总目提要（稿本）》均著录，今存有抄本。春荃殁后，其孙延章惧其遗稿散佚，加以整理，后附家书，厘为七卷，与其子绪任《养拙轩全集》合为一编，名《辉县史氏家集》。

《学邃室吟草》，史春荃撰，抄本。《中州艺文录》卷 40 著录，《中州诗征》卷 27 收其诗一首。

《移村老人自识年谱纪略》，史春荃撰，存。有清光绪抄本，新乡市图书馆藏。是书除《自识年谱》外，附有《学邃堂吟草偶存》和《筠香杂俎拾遗》及文待诏诗 7 首，其中《学邃堂吟草偶存》辑诗 14 首，《筠香杂俎拾遗》辑诗 32 首。

　　史绪任（1843—1924），字筱周，一字荷樵，晚号效迟，史春荃之子，辉县人。光绪十二年（1886）进士，官刑部主事。乞养归，主河朔书院。与李时灿、王安澜创经正书舍③。入民国，以清遗民绝意仕进，守节以终。事迹见《中州先哲传·名臣·史绪任传》和《清代官员履历档案全编》第 8 册《史绪任》。

《养拙轩全集》，史绪任撰，史延章整理，46 卷。《续修四库全书总目提要（稿本）》著录，有稿本。其中诗文 5 卷，书牍 3 卷，案牍 2 卷，日记 12 卷，家书 24 卷。所作多应酬，无意著述，随手拈来，多无条理。

---

①　光禄寺署正，官员名，清朝光禄寺设置四署，每署设置署正，从六品。

②　河朔书院，清代道光十七年（1837）建于河南武陟县木栾店东南隅。延进士袁俊为主讲，聚彰德、卫辉及怀庆三郡俊秀子弟百余人肄业其中。十九年（1839）聘前翰林院庶吉士金安澜主讲，咸丰年间聘学者李棠阶主讲。光绪二十八年（1902），改建河朔中学堂。

③　经正书舍，1899 年创建。当时李敏修、王锡彤、王安澜、高幼霞等豫北著名学者，针对当时国弱民穷、豫北文化落后的现状，深感有"依照外洋大学堂之法"，立志改变豫北面貌，决定成立经正书舍，舍址在今卫辉市西门大街丽湖小区。

郭箴铭，字丹六，辉县人。庠生。道光《辉县志》卷 3《选举·乡饮·僎宾》有小传。

《四书意逆》，郭箴铭撰，佚。道光《辉县志》卷 13《经籍志》、《中州艺文录》卷 40、《河南通志艺文志稿》均有著录。

陈镕（1841—1915），字子陶，别号沧海散人，又号泉上生，辉县人。光绪时布衣。事迹见《中州艺文录》卷 40 小传。

《艺菊山房诗存》，陈镕撰，1 卷，存。中州文献征辑处《第三期征辑书目》、《中州艺文录》卷 40 均著录。有民国五年（1916）石印本，新乡市图书馆藏。陈镕一生诗不多作，又不喜以赠答相标榜，故其诗多发于情之不容已，脱口而出，不囿于汉魏唐宋，亦不依傍门户，自矜宗派。其一生虽坎坷，然其诗温柔和平，决不肯雕红刻翠。其诗古文词，皆雍容自得之言，无抑郁不平之气。

史延寿，字菊生，辉县人。清末举人。民国五年（1916）来任武陟县知事。见民国《续武陟县志》卷 3《职官表》小传。

民国《续武陟县志》，史延寿修，王士杰[①]纂，24 卷，刊本，存。《河南地方志综录》著录，今存有《中国方志丛书》和《中国地方志集成》影印本，均为民国二十年（1931）刊本。续志共 24 卷，按图、表、志、传四大类分纂，卷一记修志姓氏、凡例、编辑事宜、舆图。其他各卷分别为纪事沿革表、职官表、选举表、地理志、食货志、河防志、建置志、学校志、祠祀志、兵防志、经籍志、金石志、文词志、名宦传、先贤传、耆旧传、孝义传、忠义传、隐逸传、流寓传、方术传、列女传、释老传、志余。

《武陟金石志》，史延寿纂，1 卷，存。收入《石刻史料新编》第三辑。

邵世卿，辉县人，邵氏 32 世孙。

---

① 王士杰（1858—1931），字伟臣，号耐安，河南武陟县人。进士出身。

河南辉县《古共邵氏宗谱》，清邵承先①纂修、民国邵世卿续修，6卷，存。有民国十三年（1924）新乡新华石印馆印本，新乡市图书馆藏。光绪三十三年（1907）创修该谱，仿孔氏谱例，各加小传。民国间，又得余姚邵氏谱一册，据其续修老谱，于民国甲子成书。凡序文、先像世系图、宗支图考、恩荣传赞、祠宇图并记、祀田坟墓杂集等6卷。邵雍幼随父古自衡漳迁辉，晚年定居洛阳，是为河南邵氏之祖。高宗南渡后，其孙溥、博扈从而南，家于浙，后散居杭、姚。明代崇祯末，寇焚洛阳，二十二世祖自洛迁辉，是为共城邵氏之始祖。至民国十三年（1924），凡传十余世，无闻人，声望不出里闬。

---

① 邵承先，辉县人，邵氏三十一世孙。

第四章　获嘉文献

一　获嘉的历史沿革

获嘉县，古宁邑，属冀州。公元前635年，周襄王将阳樊、原、攒茅之田赐给晋文公，包括修武（今获嘉），通称南阳（今南阳屯村有其遗址），属晋国。三家分晋后，境域属魏。公元前273年，魏割南阳于秦，境域仍名南阳，属秦国。

秦置修武县，隶属于三川郡。西汉属河内郡。东汉因之。112年，南越（今广东）国相吕嘉叛乱，武帝遂调遣汉将路博德、杨仆率师五路去讨伐吕嘉。113年，武帝东巡到汲县的新中乡（今新乡县西南张固城村），恰逢路博德平息叛乱，并派人送来了吕嘉的首级，武帝大悦，故取擒获吕嘉之意，遂于新中乡置县建城，取名"获嘉"，属河内郡，割汲县、修武两县部分属之，是获嘉称县的开始。晋改属汲郡，境域仍名修武。北魏孝昌中曰南修武，县治设在今徐营镇宣阳驿村。北周置修武郡。

隋初郡废，改县曰获嘉，属卫州。开皇十六年（596），置殷州，辖获嘉、新乡、共县、修武等县。"大业初州废，仍属河内郡。"[1] 唐武德四年（621）复置殷州，辖获嘉、修武、共县、新乡、武陟五个县。"贞观初州废，以县属怀州。"[2] 五代因之。北宋天圣四年（1026），仍属河北路卫州。金因之。元属行中书省燕南河北道卫辉路。

---

[1]　顾祖禹撰：《读史方舆纪要》卷49《河南四·卫辉府·获嘉县》，中华书局2005年版，第2310页。

[2]　顾祖禹撰：《读史方舆纪要》卷49《河南四·卫辉府·获嘉县》，中华书局2005年版，第2310页。

明洪武十年（1377），省入新乡县。十三年（1380），复置，属卫辉府。清袭明制。

1948 年 11 月，获嘉县城解放。1949 年 8 月，划归平原省。1952 年 11 月，平原省撤销，划归河南省。均属新乡专区。1986 年 2 月，撤销新乡专区，归新乡市管辖。

二　明代以前的获嘉文献

卫飒，字子产，生当两汉之际，河内郡修武（今河南获嘉）人。家贫而好学，"随师无粮，常佣以自给。新莽时，仕郡历州宰。建武二年（26），辟大司徒邓禹府，举能案剧，除侍御史①、襄城令。政有名迹，迁桂阳太守"。视事十年，郡内清理。二十五年（49），征还，后卒于家。事迹见《后汉书》卷 76《循吏列传·卫飒传》和民国《获嘉县志》卷 12《乡宦·卫飒传》。

《史要》，又名《史记要传》②，卫飒撰，10 卷，佚。《隋书》卷 33《经籍二·杂史》著录，其书乃"约《史记》要言，以类相从"。民国《获嘉县志》卷 15《艺文》称"佚"。

刘知幾（661—721），字子玄，唐代彭城（今徐州）人。永隆元年（680）举进士，随后担任获嘉县主簿③近二十年。累迁凤阁舍人，兼修国史。平生专攻史学，通览群史。事迹详见《旧唐书》卷 102《刘子玄传》、乾隆《获嘉县志》卷 12《循吏·刘知幾传》、民国《获嘉县志》卷 12《循吏·刘知幾传》。

《史通》，刘知幾撰，20 卷，残。它是中国历史上第一部系统的史学批评著作。成书于景龙四年（710），包括内篇 10 卷 39 篇，外篇 10 卷 13篇，共 52 篇，现存 49 篇。内篇为全书的主体，着重讲史书的体裁体例、

---

① 侍御史，亦称御史、侍御，监察文武官吏的官员。西汉属御史大夫，给事殿中，受纳章奏，监察检举百官，亦出监郡国、收捕审讯有罪官吏等；东汉沿置，属御史台。秩皆六百石。

② 《旧唐书·经籍志》《新唐书·艺文志》均作《史记要传》，卷帙同。

③ 主簿，官名。汉代中央及州郡官府均置，典领文书簿籍，经办事务。以后历代沿置。辽、金、元三代为县府佐贰官。明代县主簿则与县丞分掌巡捕、粮马之事。清代仍为县佐贰官，正九品，佐知县掌钱粮、户籍诸事。

史料采集、表述要点和作史原则，而以评论纪传体史书为主；外篇论述史官制度、正史源流，杂评史家、史著得失，并略申作者对历史的见解。现存最早版本是明代嘉靖十四年（1535）刻本。万历三十年（1602），张鼎思"家有抄本"，又于莆田吴氏得陆刻本，校勘删定，较为可读。清代浦起龙《史通通释》吸收了前人评释成果以取代各家，流传最广。

《唐睿宗实录》，刘知幾、吴兢撰，20卷，佚。《郡斋读书志后志》卷1载："《唐睿宗实录》十卷。右唐刘知幾撰，知幾与吴兢先修《太上皇实录》，起初诞，止传位，凡四年。后续修益，止山陵。"开元四年（716），该书连同修订版的《则天实录》《中宗实录》一起，由刘知幾、吴兢进呈朝廷。

徒单公履，字云甫，号颐轩，获嘉（今属河南）人。徒单，复姓，汉姓曰杜，公履乃其名。女真人，金末登进士第，仕元至翰林侍讲学士①。

《春日杂咏》诗1首，徒单公履撰，存。《元诗选·癸集》收录。

《书张侯言行录后》，徒单公履撰，存。《元文类》卷38收录。

《故光禄大夫太保刘公墓志铭》，徒单公履撰，存。刘秉忠《刘太傅藏春集》卷6《附录》收入，见《元人文集珍本丛刊》本。

王思诚，字致道，元代延祐年间曾任获嘉县儒学教谕。事迹详见《新元史》卷208《王思诚传》。

《获嘉县新修庙学记》，王思诚撰，存。记载元代延祐间修建儒学之事。民国《获嘉县志》卷16《金石》著录，并收入全文。

三 明代的获嘉文献

曹昌，明代获嘉（今属河南）人。正统五年（1440）贡生，任山西宁乡训导，转山东长山县教谕。事迹见乾隆《获嘉县志》卷12《乡宦·曹昌传》和民国《获嘉县志》卷12《乡宦·曹昌传》。

---

① 翰林侍讲学士，侍从皇帝以备顾问之官。元朝翰林兼国史院，蒙古翰林院、集贤院各置2人，从二品。

《草茅自荐录》，曹昌撰，1 卷，佚。乾隆《获嘉县志》卷 14《艺文》、民国《获嘉县志》卷 15《艺文》和《河南通志艺文志稿·子部·杂家类》均有著录，未闻有传本。

冯上知（1546—1612），字元靖，号蘅洲，获嘉（今属河南）人。万历十七年（1589）进士，官安肃令，升户部主事。服阕，起兵部郎中，转光禄寺少卿①。卒于家。事迹详见乾隆《卫辉府志》卷 51《艺文志·神道碑·冯上知墓表》、乾隆《获嘉县志》卷 12《乡宦·冯上知传》、民国《获嘉县志》卷 12《乡宦·冯上知传》。

《都门稿》，冯上知撰，1 卷，佚。乾隆《获嘉县志》卷 14《艺文上》、民国《获嘉县志》卷 15《艺文》均著录。

《南游稿》，冯上知撰，1 卷，佚。乾隆《获嘉县志》卷 14《艺文上》、民国《获嘉县志》卷 15《艺文》均著录。

《里居稿》，冯上知撰，1 卷，佚。乾隆《获嘉县志》卷 14《艺文上》、民国《获嘉县志》卷 15《艺文》均著录。

《山游稿》，冯上知撰，1 卷，佚。乾隆《获嘉县志》卷 14《艺文上》、民国《获嘉县志》卷 15《艺文》均著录。

《定居楼集》，冯上知撰，4 卷，佚。乾隆《获嘉县志》卷 14《艺文上》、民国《获嘉县志》卷 15《艺文》均著录。

《邓公学古祠记》，冯上知撰，存。乾隆《卫辉府志》卷 47《艺文志·记三》著录，并收入全文。

王锡类，字仲孝，号洞怀，王胄孺之子，明代获嘉（今属河南）人。举人出身，"富于著述"。事迹见乾隆《获嘉县志》卷 13《文学·王锡类传》。

《修城记》，王锡类撰。记载万历年间修获嘉县城事。乾隆《卫辉府志》卷 46《艺文志·记二》著录，并收入全文。

---

① 张廷玉《明史》卷 74《职官三·光禄寺》记载："卿一人，从三品；少卿二人，正五品；寺丞二人，从六品。"

贺盛瑞（1553—1618），字凤山，贺仲轼之父，明代获嘉（今属河南）人。万历十七年（1589）进士，授工部主事，升缮司郎中①，迁湖广参议金事。万历四十一年（1613），官刑部福建司主事，辞官归。事迹详见乾隆《获嘉县志》卷12《人物志·乡宦·贺盛瑞传》、乾隆《卫辉府志》卷49《艺文志·传一·贺盛瑞传》、民国《获嘉县志》卷12《人物志·乡宦·贺盛瑞传》。

《冬官罪案》，贺盛瑞撰，3卷，佚。乾隆《获嘉县志》卷14《艺文上》、民国《获嘉县志》卷15《艺文》均著录，后者收入沁水韩范"序"，从中可窥其大概。

《因隐亭遗稿》，贺盛瑞撰，3卷，佚。乾隆《获嘉县志》卷14《艺文上》、民国《获嘉县志》卷15《艺文》均著录。

贺仲轼（1580—1644），字景瞻，明代获嘉（今属河南）人。万历三十八年（1610）进士，授陕西醴泉令，后历官刑部主事、福建司郎中②、镇江知府、西宁兵备。甲申（1644）事变，自缢死。事迹见乾隆《卫辉府志》卷49《艺文志·传二·贺仲轼传》、乾隆《获嘉县志》卷12《人物·忠烈·贺仲轼传》、民国《获嘉县志》卷13《忠烈·贺仲轼传》。

《八卦余生》，贺仲轼撰，10卷，存。民国《获嘉县志》卷15《艺文》著录，新乡市图书馆藏有抄本。《四库全书总目提要》卷7《经部七·易类存目一》著录，为"十八卷"，并云："明邓梦文撰。梦文字志文，安成人。是书前有永乐甲辰'自序'，称著是书时，梦神授以《八卦余生》之名，觉而不识其所谓。但既有所授之，则不敢不以是名之。其说甚怪。其书卷首列《总论》五条。一曰《偶感》，记《经》文之有会于心者，凡十九处。二曰《记臆》，指程子、苏轼二家之说大不合于《经》者，七十处。三曰《论应》，斥诸家某爻应某爻之非，而取其不谬

---

① 缮司郎中，全称"营缮清吏司郎中"，明清工部营缮清吏司主官。明洪武二十九年（1396）设置，正五品。清代顺治元年（1644）沿置，汉郎中2人；满洲司6人，其中满洲4人，蒙古、汉各1人。

② 福建清吏司郎中，官名，简称福建司郎中。明清户部、刑部皆设福建清吏司，郎中乃其主官，掌司事。明代南京户部福建清吏司亦设一人。皆正五品。清代顺治元年（1644）沿设，光绪三十二年（1906）裁。

于理者，十一处。四曰《论五位》，辨诸家以五爻为君之非，凡九处。五曰《论变》，谓卦不必至三爻而变，凡三处。其大旨主于以身为《易》，不假著筮而自然与造化相符。多掊击前人之说，而攻程《传》为尤甚。"

《冬官记事》，又名《两宫鼎建记》，贺仲轼撰，3 卷，存。乾隆《获嘉县志》卷 14《艺文上》、民国《获嘉县志》卷 15《艺文》均著录，后者收入陈继儒"序"。《四库全书》存目，作《两宫鼎建记》2 卷。今存有《四库全书存目丛书》本，其底本是涵芬楼影印清木活字《学海类编》本。《四库全书总目提要》卷 64《史部二十·传记类存目六》云："初，万历二十四年建乾清、坤宁两宫，仲轼父工部营缮司郎中贺盛瑞董役。后京察坐冒销工料罢官。仲轼因详述其综核节省之数，作此书以鸣父冤。下卷并附以历年所修诸工，末录盛瑞《京察辨冤疏》。陈继儒尝刻入《普秘笈》中，改题曰《冬官记事》，而佚其《辨冤疏》一篇。此本为朱彝尊《曝书亭》所抄，犹完帙也。"

《春秋归义》，贺仲轼撰，42 卷，存。《明史》卷 96《艺文志一》、乾隆《获嘉县志》卷 14《艺文上》、民国《获嘉县志》卷 15《艺文》均著录，后者收入张缙彦"序"，并案云："考此书，初由华亭陈继儒序以行世，继由丹阳汤平子校刻，由仲轼手自改定，皆原本也。其经范骧删节为十二卷。在仲轼没后是第三次锓版，为清顺治之十五年。今所存之版，则道光八年重锓者。其书大意，在破后世以例解经。夏时冠周月黜周王鲁，及以天自处，素王素臣诸谬说，荟萃《公》《谷》《左》《胡》诸传，而酌以己意，故曰《归义》。"今存 12 卷本。

《景瞻论草》，贺仲轼撰，1 卷，存。《中国古籍善本书目·集部》著录，有明天启刻本和清贺万来刻本。中国国家图书馆藏有贺万来刻本六册。民国《获嘉县志》卷 15《艺文》亦著录，云："今存者有《景瞻论草》一卷，共文二十八篇，前有陈继儒、王历昌、贾继春三'序'，末附《言时政疏》一篇，系道光二年壬午其裔孙万来重刻本。其中如论管仲以辅纠为不义，相桓为悔过；论介子推为仆隶之中有志节者，非狐赵之比；论王珪、魏征之有死罪诸篇，皆立义精确，笔情条畅，是为不朽之作。"新乡市图书馆藏有抄本。

《柏园文集》，贺仲轼撰，12 卷，佚。乾隆《获嘉县志》卷 15《艺文下》、民国《获嘉县志》卷 15《艺文》和《河南通志艺文志稿》均著录，皆以为佚。

《柏园诗草》，贺仲轼撰，1 卷，佚。乾隆《获嘉县志》卷 15《艺文下》、民国《获嘉县志》卷 15《艺文》和《河南通志艺文志稿》均著录，皆以为佚。

《柏园杂稿》，贺仲轼撰，8 卷，佚。乾隆《获嘉县志》卷 15《艺文下》、民国《获嘉县志》卷 15《艺文》和《河南通志艺文志稿》均著录，皆以为佚。

《柏园初草》，贺仲轼撰，4 卷，佚。此乃仲轼之文集。乾隆《获嘉县志》卷 15《艺文下》、民国《获嘉县志》卷 15《艺文》均著录，前者有岳陵霄"序"云："《柏园初草》，余友景瞻氏所论著也。一刻于徭泉，再刻于京口，去取稍殊，评骘互出。余于两刻，精加刊校，存其论十九首，疏四首，揭、记、议、案各一首，书二首，叙四首，共三十三篇。一切丹铅，概加删削，刻之金陵，遂为定本。"另有华亭陈继儒"序"。

《澭泽案牍》，贺仲轼辑，2 卷，佚。该书系辑其父盛瑞官泽州时处理狱讼案件之卷宗。乾隆《获嘉县志》卷 15《艺文下》、民国《获嘉县志》卷 15《艺文》和《河南通志艺文志稿》均著录，前者收入贺仲轼"序"一篇，略云："泽故剧郡，狱讼尤烦。先公之拮据于是邦者，梗概业附纪事中，若词讼则琐屑不胜纪，然偶有得于听闻，随亦录之。故家藏有断狱数事，谨检而付之梓人。"

《论世类编》，贺仲轼撰，8 卷，佚。乾隆《获嘉县志》卷 15《艺文下》、民国《获嘉县志》卷 15《艺文》和《河南通志艺文志稿》均著录，皆以为佚。

《经史致曲》，贺仲轼撰，2 卷，抄本，未见。乾隆《获嘉县志》卷 15《艺文下》、民国《获嘉县志》卷 15《艺文》均著录，收入"自序"，略云："故于经史之采取，列为目七十有奇，以尽古今之事情，默以准吾身之境遇，名之曰《经史致曲》。"民国《获嘉县志》卷 15《艺文》案云："据序原分七十余目，今存六十二目，其意以里巷小说、百家逸史皆足取，为身心之证，而人每轻之，因取人事之所宜尽者，先论其理，末取经史之言以证之，使人存'信而好古'之心。文体类《韩诗外传》而实同于语录，惟所引之语多有不甚切合，所论亦有不甚明快者，不能如《论草》之痛快淋漓，想系当时随手拈录，未暇修改，故不免瑕瑜互见耳。"

《春秋提要》，贺仲轼撰，10卷，存。《经义考》卷206著录，录有"自序"，略云："《春秋》旧有提要，然事不尽载，稽考无当焉。今特总经文而悉志之，详事情之同异，味圣经之折衷，可得其梗概。则执一事而不会其全，守单辞而不窥其异，将自知其不可通矣。但分类太繁，近于琐屑，殊非圣经本义。今第求其易考耳，非分门立例之说也。改削数易，迄半年乃始就绪，而犹有未尽合者焉。姑存其大凡可也。"

《春秋便考》，又名《春秋提要便考》，贺仲轼撰，10卷，存。该书始撰于明万历四十六年（1618），成于崇祯七年（1634），刻于清康熙年间。《千顷堂书目》卷2、《经义考》卷206著录，后者辑录"自序"云："《春秋》，文武之法也。修其法以明文武之道，以其朝聘、会盟、崩薨、卒葬、侵伐、取灭、弑杀、奔逃者，以纲纪天下之君、公、卿、大夫、士，以治天下君、臣、父、子。君、臣、父、子之道得，而人心思正。人心正而天子始尊，天子尊而君、公、卿、大夫、士乃各得其所，然后斯民始可得而理也。故曰：《春秋》，圣人之所以治乱世也，以心法为刑书也……每伏而读之，疑夫《传》之所说不类经意，而例更甚，断以为圣人之所以为经，决不在此。"《中国善本书目·经部》著录，言"《春秋提要便考》十卷，今藏中山大学图书馆"。

《耕余漫记》，贺仲轼撰，2卷，存。乾隆《获嘉县志》卷15《艺文下》、民国《获嘉县志》卷15《艺文》均著录，有"自序"，后者案云："此书乃归田后所作，杂取史事及世俗流传小说，加以品评。意取有所劝戒，不复计其工拙。闲情野致，有关风俗者多。"

《四书率言》，贺仲轼撰，10卷。乾隆《获嘉县志》卷14《艺文上》和民国《获嘉县志》卷15《艺文》均著录，后者案云："是书之作，有因为子侄说题而他有所会者；有触之于事，感激而动者；有读文章而意或不满者；有玩讲义而恍有所见者。随笔书之，不顺次序。其中议论多独到之处。不仅不尽遵朱注，即孟子之言，其留有遗憾者，亦为揭出，不为回护，然皆揆情度理，确有见解，始行录出。非如清之毛西河辈，故为挑剔也。其中于儒释之分及世之假道学，剖析尤为精确。"另有"自序"和吴乔龄"序"。

《论世类编》，贺仲轼撰，8卷，佚。乾隆《获嘉县志》卷15《艺文下》、民国《获嘉县志》卷 15《艺文》均著录，后佚。

《定善篇》《太上感应篇注》，贺仲轼撰，各 1 卷。乾隆《获嘉县志》卷 15《艺文下》、民国《获嘉县志》卷 15《艺文》均著录，后者云："以上二书，今为一册。《定善篇》附于《感应篇》之后，其书以世传有《太上感应篇》。夫太上亦何言，又以俚诗为太上言耶？然畏人无如天，醒人无如近人，果以是居心，何遽不为君子，况感应之说，散见于经史者实多，正不必因其俚俗而弃之也。因就其各句，引古今圣贤之言及经史已验之事以实之。其拳拳与人为善之心，可谓深切著明矣。又以人有为而为善，其善或有时而阻，惟志士仁人、忠臣孝子、贞夫节妇，不顾捐身碎首，绝世沉族，以自求慊于心者，斯为真善，故作《定善篇》，以附于后，盖欲坚人为善之心，为纯粹儒者之言，不欲隳入释、道二家也。"

《贺氏族谱》，贺仲轼辑，8 卷。乾隆《获嘉县志》卷 15《艺文下》、民国《获嘉县志》卷 15《艺文》均著录，前者收入"自序"。

《祠堂四世位次议》，贺仲轼撰，1 卷，存。乾隆《获嘉县志》卷 15《艺文下》、民国《获嘉县志》卷 15《艺文》均著录，收入《贺氏族谱》中。

《广俭约》，贺仲轼撰，1 卷。乾隆《获嘉县志》卷 15《艺文下》和民国《获嘉县志》卷 15《艺文》均著录，收入《贺氏族谱》中。

《约族俚言》，贺仲轼撰，1 卷。乾隆《获嘉县志》卷 15《艺文下》和民国《获嘉县志》卷 15《艺文》均著录，收入《贺氏族谱》中。

王胄孺，获嘉（今属河南）人。嘉靖十九年（1540）举人，官山东沂水县知县。事迹见民国《获嘉县志》卷 11《选举·举人》小传。

《沧溪文集》，王胄孺撰，2 卷，佚。乾隆《获嘉县志》卷 14《艺文上》、民国《获嘉县志》卷 15《艺文》均著录，后者称是编乃其裔孙锡臣从族谱中录出，有《重和南曲次韵》100 首，《归去来辞》31 首，益以碑文 3 篇，墓志铭 1 篇，末附其子锡类碑文 1 篇，分为 2 卷，辑刻行世。乾隆《获嘉县志》卷 4"寺观"收入《重修法云寺记》1 篇，应辑入该文集。

王纳忠，字穷源，获嘉人。增生。事迹见乾隆《获嘉县志》卷 13

《文学·王纳忠传》、民国《获嘉县志》卷13《文学·王纳忠传》。

《居一韵》，王纳忠撰，1卷，佚。乾隆《获嘉县志》卷15《艺文下》、民国《获嘉县志》卷15《艺文》均著录，且均收入"自序"，曰："窃思元气无形而有声，声唱之以成韵，韵机无体而有用，用寓处即为体大哉！韵乎其旨微矣。有太极阴阳之变化，含天地万物之纪律。象无不备，理无不赅，始自轩辕，而五音之清浊辨矣，继自观音而四声之等字设矣。讵非宇宙内一大有益事耶！后至宋司马君，添立字母以统群声，事亦可取，无奈后人所坏，自作聪明，妄立程规，母则重之，韵则多之。本同也，而两见之，本合也，而强分之。头绪不下百缕，根宗全无一路，执一人之短见，贻万世之瞽盲，惜哉！愚谓韵之来原有一定声之调。本为自然，何至此而纷纷乎！于是以暇日览群韵之集，三味之复，不揣而删定之。重者并焉。多者去焉，同者一焉，分者合焉，母存三十二韵，定四十四切，各就母门摄立十二半，题名曰《居一韵》。盖以事属一定有者，不得不有，不涉人为！无者，不得不无；增无可增，减无可减。学者甚易，用者甚便也。其间即有求方言而不得者，要不外此四十四韵中会推之耳，试阅韵说，自知其从来矣。是为序。时万历癸丑仲春。"

陈禹谟，字锡元，南直隶常熟（今属江苏）人。举人出身，万历二十九年（1601）来任获嘉教谕。后官至贵州布政司参议。事迹详见乾隆《卫辉府志》卷29《名宦·陈禹谟传》、乾隆《获嘉县志》卷12《循吏·陈禹谟传》和民国《获嘉县志》卷12《循吏·陈禹谟传》。

万历《获嘉县志》，张蕴道①修，陈禹谟纂，10卷，残。禹谟找来旧志副本，又参录省志、府志，再加采辑，于万历三十一年（1603）纂成。仅有孤本，原藏北京图书馆，现藏台湾，残缺前2卷。另北京、南京等地图书馆有藏缩微胶卷本。每卷首有"彰德府同知管获嘉县事五台张蕴道重修，儒学署教谕事海虞陈禹谟撰次"字样。此志纲目分明，每纲有引序。各目条分缕析，详略得当，田赋之土田、户口、夏税、秋粮录洪武、永乐、成化、正德、万历时的数额。徭役详列116项，其中注有"今革"字样的6项，仍有110项，说明徭役繁重的实情。杂志诸目颇具价值的资

---

① 张蕴道，明代山西五台人。选页出身，万历三十年（1602）以彰德府同知管获嘉县事。

料，吕嘉始末，记本县名来历；今昔述异记宋开宝至明万历三十年（1602）的灾祥记录；岁时纪略载本地特殊风俗；汉王驻跸、汉帝更名、晋帝行次等为本县政治历史大事。志余之"续貂剩枝"为陈禹谟咏述有关获嘉的诗文。

《获嘉令商公赟传》，陈禹谟撰。商赟，山东阳信人，民国《获嘉县志》卷12《循吏》亦有传。乾隆《卫辉府志》卷49《艺文志·传一》著录，并收入全文。

徐培植，字彦成，获嘉（今属河南）人。万历三十八年（1610）进士，官江苏青浦县知县。县有豪贵不法，杖杀之，遂投牒自劾归。事迹见乾隆《获嘉县志》卷12《乡宦·徐培植传》、民国《获嘉县志》卷12《人物·乡宦·徐培植传》。

《论世堂诗稿》，徐培植撰，3卷，存。民国《获嘉县志》卷15《艺文》著录，并案云："稿内分《吴游草》一卷，《园居草》一卷，各有'自序'一篇，皆万历四十四年归里后所刻。《紫云亭稿》一卷，有陈继儒、董其昌、陆应阳三人'序'，诗中亦有三人评语，盖其官青浦时所刻者。继儒谓其诗韵爽而机圆，神清而骨老。陆应阳谓其权舆少陵，左右长庆、摩诘、沨沨乎，茹纳正声牢笼大雅。其昌亦谓其籍《选》枕杜，可以雄视一代。"①

《紫云亭初稿》，徐培植撰，1卷，存。《中国古籍善本书目·集部》著录，今存有明万历刻本。另有《明别集丛刊》影印本。

高进孝，字遂君，获嘉人。万历丙戌进士。官至布政使参政。事迹详见民国《获嘉县志》卷12《乡宦·高进孝传》。

《新修棂星门碑记》，高进孝撰，存。民国《获嘉县志》卷16《金石》著录，并收入全文。

岳凌霄（1593—1657），字抑生，号广霞，获嘉（今属河南）人。天

---

① 邹古愚纂修：民国《获嘉县志》卷15《艺文》，《中国方志丛书·华北地方》第474号，成文出版社1976年版，第719页。

启五年（1625）进士，官兵部职方主事。事迹见乾隆《获嘉县志》卷 12《乡宦·岳凌霄传》和民国《获嘉县志》卷 12《乡宦·岳凌霄传》。

《万历田史》，岳凌霄撰，1 卷，佚。乾隆《获嘉县志》卷 14《艺文上》、民国《获嘉县志》卷 15《艺文》和《河南通志艺文志稿》均著录，后佚。

《绿萝园全集》，岳凌霄撰，8 卷，佚。此为凌霄诗集。乾隆《获嘉县志》卷 14《艺文上》、民国《获嘉县志》卷 15 均著录，前者收入谭弘宪"序"。

《绿萝园诗集》，岳凌霄撰，2 卷，佚。乾隆《获嘉县志》卷 14《艺文上》、民国《获嘉县志》卷 15《艺文》均著录。

《绿萝园乐府》，岳凌霄撰，1 卷，佚。乾隆《获嘉县志》卷 14《艺文上》、民国《获嘉县志》卷 15《艺文》均著录。

《夏镬草》，岳凌霄撰，1 卷，今佚。乾隆《获嘉县志》卷 14《艺文上》、民国《获嘉县志》卷 15《艺文》均著录，前者收入贺仲轼"序"。

《九华诗草》，岳凌霄撰，1 卷。乾隆《获嘉县志》卷 14《艺文上》、民国《获嘉县志》卷 15《艺文》均著录，并收入"自序"，云："九华自青莲后，名著人间。余往来池阳，浮岚暖翠，日日在檐帏前顾，未遑登眺。丁卯调任武进，复过此地。自谓觌面错去，山灵笑人。拨冗一游，颇愈于全不识面者，时十一月二十九日也。发自齐山，暮宿五溪。晦日卓午入山，遍游东南诸峰，朔日礼地藏而返。宣南一带诸山，与吾乡不甚异。独入青阳境远望之，便有画意。及到九华，更画中之突兀者。兹游虽仅一日，自诧为两年中所未有云。得诗一卷，聊付之梓。"

《重修三仙庙记》，岳凌霄撰。民国《获嘉县志》卷 16《金石》著录，并收入全文。

冯兆麟，字常阳，冯上知之子，明代获嘉（今属河南）人。天启元年（1621）选贡，历官宝庆府通判、济南府通判、莱州府同知等。事迹详见乾隆《获嘉县志》卷 12《乡宦·冯兆麟传》和民国《获嘉县志》卷 12《乡宦·冯兆麟传》。

《冯氏族谱》，冯兆麟辑，6 卷。乾隆《获嘉县志》卷 15《艺文下》著录，前者收入"自序"。

《清畏堂集》，冯兆麟撰，1卷，佚。乾隆《获嘉县志》卷15《艺文下》、民国《获嘉县志》卷15《艺文》均著录。

《齐游草》，冯兆麟撰，1卷，佚。乾隆《获嘉县志》卷15《艺文下》、民国《获嘉县志》卷15《艺文》均著录。

《南国公移》，冯兆麟撰，5卷，佚。乾隆《获嘉县志》卷15《艺文下》、民国《获嘉县志》卷15《艺文》均著录。

《湖南风土记》，冯兆麟撰，1卷，佚。乾隆《获嘉县志》卷15《艺文下》、民国《获嘉县志》卷15《艺文》和《河南通志艺文志稿》均著录。

张可光，明末获嘉（今属河南）人。廪生。事迹见乾隆《获嘉县志》卷12《孝友·张可光传》和民国《获嘉县志》卷13《孝友·张可光传》。

《寄寄庐寄言》，张可光撰，1卷，佚。乾隆《获嘉县志》卷14《艺文上》、民国《获嘉县志》卷15《艺文》和《河南通志艺文志稿·子部·杂家类》均有著录。

《庸言稗集》，张可光撰，1卷，佚。乾隆《获嘉县志》卷14《艺文上》、民国《获嘉县志》卷15《艺文》均著录。

四 清代及民国时期的获嘉文献

贺行素，字居易，贺仲轼从子，获嘉县人。顺治二年（1645）举人[1]。乾隆《卫辉府志》卷32《人物·文苑》、乾隆《获嘉县志》卷13《文学》、民国《获嘉县志》卷13《文学》和《国朝耆献类征初编》卷445《卓行三》均有小传。

《亦在园集》，贺行素撰，2卷。乾隆《卫辉府志》卷32《贺行素传》、民国《获嘉县志》卷15《艺文》均著录，后者收入郭爽"序"，曰："沂侯既又得其高祖孝廉公《亦在园集》，且悲且喜，将与《枕上》《客燕》二集，并付剞厥，而嘱予为跋语。予读沂侯所识，悉是集显晦之由，喟然叹其笃于孝，而喜其用意远也。敬诵，集中仅五七言数十首，而

---

① 举人，俗称举子，得名于汉代的察举，但汉晋南北朝只是"被举之人"的意思，并非专称。明清时期特指科举考试中乡试中试者。

光气不磨。七言如"满院秋草月黄昏，书墙暗记移花日。残霞数点隔窗明，余梦留家不肯还"。五言如"野花摇落日，秋草乱闲云，云衾破赖裘，维霜风恋旅，孤被同君热，山深藏太古"，等句，若令采入诗话，便觉双眸炯炯，直逼唐人。因掩卷叹曰：此足以不朽矣！且孔子删诗合二代雅颂，十五国风，其存者三百篇耳。古诗传十九首，汉魏以来，遂为绝响。而宗忠简石刻华阴道，及岳忠武题湖南僧寺片言数语，飘落人间，至今益奉为珙璧。又乌用连篇累牍，风云月露为哉？"

《绿野堂枕上诗》，贺行素撰，1卷，佚。乾隆《获嘉县志》卷15《艺文下》和民国《获嘉县志》卷15《艺文》均著录。

《客燕草》，贺行素撰，1卷。乾隆《获嘉县志》卷15《艺文下》、卷32《贺行素传》和民国《获嘉县志》卷15《艺文》均著录，收入覃怀张绅"序"，曰："吾三人既不得于甲第，而肆志迸力于诗。予有《燕台集》，霜声雪影，刺刺如病呓。居易见之，怜且快，顷访居易寓，新句满壁间，亦类寒花。而杨子有易水之行，缄数首适至，予与居易读欲泣。吾三人复同诗情如此。居易谓予曰：'拣后将归，无以慰妻孥，赠同社诸友，欲镌《客草》一册。当下，第乐事，张子其以名山笔序'。我予笑应曰：'髯公狂癖，乃又在百七十里外哉！'自顾落落孝廉，将无迁甚然吾辈木难火齐，青萍结缘，不集于家，而取寒山片石，固不厌饕餮也。居易素嗜诗，斋头积数尺许。尤喜诵古唐诗，归闲参钟谭一派。其于诗不傍世谱，而铮铮自立，推此志，进于古诗人岂难哉！"

郭献吉，字右之，获嘉县人。顺治五年（1647）拔贡，初授山西潞安府通判[1]。母卒未赴，改授山东青州府通判。后署乐陵知县。乾隆《获嘉县志》卷12《乡宦》和民国《获嘉县志》卷12《乡宦》均有小传。

---

[1]　通判，官名。北宋始于诸州、府设置通判，大州二人，余州一人，州不满万户者不置。凡民政、财政、户口、赋役、司法等事务文书，知州或知府须由通判连署方能生效，并有监察所在州、府官员之权，号称"监州"。故名为佐官，其实与知州、知府无异。辽金元诸代于州、府不设通判，而以同知为副长官，其下设判官，协助正副长官处理政务。明制复于府设通判，而同知不废，通判秩正六品，实与同知无分别，无定员。至清代，规定府通判与同知分掌粮运、督捕、海防、江防、水利、清军、理事、抚苗诸事，量地置员，以佐助知府处理政务。清制在新设治的地区往往特设直隶厅而以通判为厅的行政长官。

《郭氏族谱》，郭献吉撰，2卷，佚。乾隆《获嘉县志》卷15《艺文下》《河南通志艺文志稿》均著录，未闻有传本。

《袖哦斋诗集》，郭献吉撰，2卷，佚。乾隆《获嘉县志》卷12《郭献吉传》、卷15《艺文下》和民国《获嘉县志》卷15《艺文》均著录，均收入贺振能"序"，曰："会予友右之郭君，以倦宦居林下，文酒相欢，风流共赏，慰藉之乐不减燕市。一日，出其所著诗数卷，示予且属序，予读而快之，快之而益爱读之，不觉抚卷而叹也。其忧幽也，骚也，体结而严正也；雅也，怨而不怒也，其风人之遗也。慷慨悲歌，殆所称不平而鸣者，非耶？公赋才卓荦，早年名藉，籍人知其将大有为，出倅青齐，而世路险巇，期年解绶归，语曰：文章者，经世之大业，亦不朽之盛事，公高才盛略，虽不信于世，吾知其必有以自见矣，是以读公之诗而快也。"

《大隐庵词稿》，郭献吉撰，1卷，佚。乾隆《获嘉县志》卷12《郭献吉传》、卷15《艺文下》和民国《获嘉县志》卷15《艺文》均著录。

顺治《获嘉县志》，清李玭①修，王政举②、郭献吉纂，佚。李玭莅任当年即奉巡抚贾汉复檄修志，当年书成付梓。该书已不传，唯有李玭"序"存。

郭御锋，字宪斌，获嘉县人。顺治八年（1651）恩贡。曾游京师，许作梅劝以仕不应，归隐田园，嚣嚣自得。云："眼中青白人难辨，皮里春秋我自知"。喜艺菊。事迹详见民国《获嘉县志》卷13《隐逸·郭御锋传》。

《秀岩菊谱》，郭御锋撰，1卷，佚。乾隆《获嘉县志》卷15《艺文下》、民国《获嘉县志》卷15《艺文》著录。

冯伯铉，字明举，获嘉县（今属河南）人。顺治十二年（1655）拔贡。尝从汤斌、许三礼讲学，咸称其颖悟绝人。晚年究心韵学。事迹详见乾隆《获嘉县志》卷13《文学·冯伯铉传》、乾隆《卫辉府志》卷32《人物·文苑·冯伯铉传》和民国《获嘉县志》卷13《文学·冯伯铉

---

① 李玭，陕西沔县（今勉县）贡生，顺治十六年（1659）来任获嘉知县。

② 王政举，清代获嘉贡生。

传》。

《等韵归宗》，冯伯铉撰，1卷，佚。乾隆《获嘉县志》卷15《艺文下》、乾隆《卫辉府志》卷32《冯伯铉传》和民国《获嘉县志》卷13《冯伯铉传》、卷15《艺文》皆著录，后者称"佚"，今未见。

贺振能，字蓬仙，贺行素之子，贺仲轼继孙，获嘉县人。康熙五年（1666）举人，从孙奇逢游，嗜古敦行，尤长风雅。事迹详见乾隆《获嘉县志》卷13《文学·贺振能传》、民国《河南获嘉县志》卷13《文学·贺振能传》。

《窥园稿》，贺振能撰，4卷，刊本。乾隆《获嘉县志》卷15《艺文下》、民国《获嘉县志》卷15《艺文》均著录，并收入郭献吉"序"，曰："诗有别才，非关学也，恐无学不足以充其才；诗有别致，非关理也，恐无理不足以标其致。蓬仙才挥八极，学富二酉，致则惊鸿、游龙也；理则茧丝、牛毛也。课业之余，寄兴风雅，字驱奥窅，语屑琳琅。信手拈来，超超玄著，缘四德俱备，故鸡群鹤立耳。予逐客幽居时，遭山鬼揶揄，垒块难销愤懑，欲绝，得其稿读之，恍若清风袭袂，皓月窥帘，韵趋撩人，觉感慨欷歔，荡然如扫。知作诗抒怀，尚有敲琢之苦。读他人之锦制，流连不已，其抒怀更畅也。予昔尝有《里言》，丐蓬仙为"序"，今珠玉在侧，觉我形秽，当付之丙丁矣。"

《竹心稿》，贺振能撰，1卷。乾隆《获嘉县志》卷15《艺文下》、民国《获嘉县志》卷15《艺文》均著录，并收入"自序"，曰："振能早年抱子猷之癖，所恨居僻陋，无辟疆佳圃，足散人怀。岁辛丑，偶染沉疴，日与药裹为缘，一切文字之乐都废。会人远寄琅玕数本，喜植楼前，用作晨夕清供，因赋'有节一身浑是劲，无心到处自成圆。'又'曾共梅花分雪月，不随蒲柳怨霜风。'诸句赠之，聊自适也。日既久，荟萃成卷，因自题其稿曰《竹心》。弟子姜远，以予疾新瘳，不应时力砚田，曰：'竹以无心致人爱，而君以多情为竹劳，无乃不可乎！'予嘉其意，自是稍疏管城矣。"

《改创砖城记》，贺振能撰，存。乾隆《卫辉府志》卷48《艺文志·记四》著录，并收入全文。

董天星，字心罗，号抑亭，清代获嘉县人。康熙三十五年（1696）举人，官许州学正，工诗。事迹详见民国《获嘉县志》卷13《文学·董天星传》。

《抑亭文稿》，董天星撰，2卷，佚。乾隆《获嘉县志》卷15《艺文下》、民国《获嘉县志》卷15《艺文》皆著录。

《抑亭诗稿》，董天星撰，2卷，钞本，存。乾隆《获嘉县志》卷15《艺文下》、民国《获嘉县志》卷15《艺文》均著录，前者收入"自序"，曰："予少，不谙声律之学，及长颇欲从事。惜误逐名场，役役铅椠，遂致习焉而不精。但自分生当盛世，既不能掞藻摛英，鼓吹休明，作金华殿中语，亦当如《兔罝》野人，《芣苢》女子，发为咏叹，杂诸风谣，以自抒其性情之所寄托，不宜默默而已也。以故，此身此世多所感触，一切可喜、可爱、可惊、可愕之故，稍稍托之吟咏而至老益有不能自已者，其工拙勿暇问焉。尝出所作诗，质之郡太守。逸群庄先生曰：'可质之钧阳。'刘樾庵明经曰：'可质之今大司成桐江。'约斋张先生亦曰：'可近与长白祖郎亭，汝阳李东村间多唱和，不我吐弃，抑又似乎可与言诗者。'而自昔迄今，终觉恍惚自疑，恐音不叶于天籁，律不近于古人，徒以忠厚包荒之道，累及长者。故不敢轻丐一言，以为倚重也。"有中州文献征辑处抄本1卷，误题为《柳亭诗选》，新乡市图书馆藏。

《可轩唱和集》，董天星撰，1卷，佚。乾隆《获嘉县志》卷15《艺文下》、民国《获嘉县志》卷15《艺文》，前者收入"自序"，曰："虹影初收，蝉声叠唱；水云澹宕，花木清幽。秋光集襟带之间，爽气来亭臬之上。予一醅初熟，其物维多，非四座有人，斯情曷畅？矧云烘紫殿，重燃九华之灯；月印银河，再渡双星之驾。天上佳期复遘，人间好会难逢。偶借居停，奉邀同志。客满云龙，日鹤绝胜南皮；盘传鲈脍，莼羹殊惭北海。暂作宾中之主，以莸近薰；敢题酒后之诗，抛砖引玉。得蒙辱和，不负斯觞。"

《粧台》诗1首，董天星撰，存。乾隆《卫辉府志》卷41《艺文志·诗类》著录，并收入全文。

周之德，字岐阳，清代获嘉县人。康熙三十五年（1696）岁贡。居近河，引流种树以自娱。事迹详见民国《获嘉县志》卷13《人物传中·

隐逸·周之德传》。

《呵呵草》，周之德撰，1卷，佚。乾隆《获嘉县志》卷15《艺文下》和民国《获嘉县志》卷15《艺文》皆著录。

王廷楫，清代获嘉县人。康熙三十七年（1698）岁贡。见民国《获嘉县志》卷11《选举·岁贡》小传。

《忘情草》，王廷楫撰，1卷，佚。乾隆《获嘉县志》卷15《艺文下》、民国《获嘉县志》卷15《艺文》皆著录，后者称"佚"。

刘文蔚，清代获嘉县人。康熙四十七年（1708）恩贡。

《望野园文集》，刘文蔚撰，10卷，佚。乾隆《获嘉县志》卷15《艺文下》和民国《获嘉县志》卷15《艺文》均著录。

冯锡采，字亮可，清代获嘉县人。康熙庚子（1720）举人，官湖北知县。事迹详见民国《获嘉县志》卷13《孝友·冯锡采传》。

《孟子晓》，冯锡采撰，7卷，佚。乾隆《获嘉县志》卷15《艺文下》、民国《获嘉县志》卷15《艺文》均著录，并收入其子冯惟宪"序"，曰："《论语》言近旨远，探之愈出其奥妙，殆非语言所能罄。惟《孟子》浩气独流，语颇明白易晓。第以今人，代圣贤语气，欲以肖其神吻，得其宗旨，必使轻重高下，若如新脱诸口，方能以我今日之心上，印乎千百世以上之心，而如出一辙，此先孝廉《孟子晓》之所由作也。或夹一二字于句中，或夹一二句于数句中，务使学者于当日，神吻宗旨，浩乎有得焉。"

《是政园集》，冯锡采撰，1卷，佚。乾隆《获嘉县志》卷15《艺文下》和民国《获嘉县志》卷15《艺文》均著录。

张桂生，字兰馨，清代获嘉县人。康熙时诸生。事迹详见民国《获嘉县志》卷13《文学·张桂生传》。

《四书讲义》，张桂生撰。《中州艺文录》卷40、《河南通志艺文志稿》皆著录。

师廷芝，字国香，获嘉人，约乾隆时在世，以书法名于时。事迹详见民国《获嘉县志》卷 15《艺文·中书》小传。

《中书》，师廷芝撰，不分卷，佚。民国《获嘉县志》卷 15《艺文》著录，并案云："《中书》者，即楷书，谓不中不足以为楷也。此书首书法，次书理，次推原部旨，次明源表正，次推本，次开继，次引书，共七门，各著论说发明之。书法十四篇，书理五十一篇，推原部旨十三篇，明源表正十二篇，推本六篇，开继十篇，引书四篇。每篇多设为问答之词，又或缀以韵语。其发明作字之道，以为始于伏羲之画卦，故书必取其中正，因以上穷性命之理，下推格致之功，中阐道德之用。虽持论未免稍迂，而就中如悬肘论、草法论、老境化境论诸篇，实能窥见书家三昧，非徒以险怪为能也。"并谓该书"本陈氏百尺楼藏"。百尺楼为清末民初获嘉陈熙光藏书之所。

王廷标，清代获嘉人。约活动于康熙乾隆间。

《四则轩遗稿》，王廷标撰，1 卷，佚。乾隆《获嘉县志》卷 15《艺文下》、民国《获嘉县志》卷 15《艺文》均著录。

冯大奇，字坦公，清代江南徐州（今属江苏）人。贡监生，康熙二十一年（1682）来任获嘉县知县。见乾隆《获嘉县志》卷 10《官师·县令》小传。

康熙《获嘉县志》，冯大奇修，贺振能、郭元暹①纂，10 卷，存。该志乃应卫辉府修志檄而修，康熙二十六年（1688）完稿付梓。全书 10 卷，计 9 门 55 目。此志在旧志基础上增修，纲目内容大部仍袭。万历志现只孤本残存，赖此得其残佚内容。艺文志收有顺治志知县李玶"序"及县学教谕杨麟祉"跋"，是珍贵的佚志资料。《中国古籍总目·史部》《河南地方志综录·获嘉县》《上海图书馆地方志目录·河南·获嘉》均著录，仅中国国家图书馆、甘肃省图书馆有藏，上海市图书馆藏有胶卷本。

---

① 郭元暹，字晋生，清代获嘉县举人。

郭植材，字醉麓，获嘉人，约康熙、乾隆间诸生。事迹详见民国《获嘉县志》卷 15《艺文》小传。

《始学草》，郭植材撰，1 卷。乾隆《获嘉县志》卷 15《艺文下》、民国《获嘉县志》卷 15《艺文》均著录，后者案云："三十年前曾一见其刊本，今不知其尚存否。另有抄录不全本，存陈氏百尺楼。"

冯维宪，清代获嘉人。乾隆二十八年（1763）岁贡。工文辞，初学韩愈，后学程朱，以理学自期。曾与县令吴乔龄修县志。事迹详见民国《获嘉县志》卷 13《文学·冯维宪传》。

《化砭居诗文稿》，冯维宪撰，4 卷，佚。民国《获嘉县志》卷 15《艺文》著录。

《弓冶拾遗》，冯维宪辑。民国《获嘉县志》卷 15《艺文》著录。

郭玉桂，清代获嘉县人。廪膳生出身。

《重修玄帝庙碑引》，郭玉桂撰，存。该碑在伯玉村，乾隆十年（1745）立。民国《获嘉县志》卷 16《金石》著录，并收入全文。

吴乔龄，字松客，清代江苏吴县人。乾隆元年（1736）进士，乾隆十四年（1749）由翰林来任获嘉知县。事迹详见民国《获嘉县志》卷 12《循吏·吴乔龄传》。

乾隆《获嘉县志》，吴乔龄修，李栋①纂，16 卷，卷首 1 卷，存。前县令梁观我②欲修县志，本县人士贺、冯、张三生各有续编，但均未成书。吴乔龄请友人李栋综核旧志，亦取三家草稿参考折中，重为修辑，乾隆二十一年（1756）付梓。吴乔龄认为旧志设 8 门不妥，故弃纲目，并列 30 门，其前后次序以类相从。各目较旧志内容多有修订增删。艺文备载书目，诗文则散见各卷中。所著书目，重要者录其序，搜集达 2 卷之多，为河南其他州县志书所罕见。《北京图书馆普通古籍总目·方志·地

---

① 李栋，字上舍，清代浙江嘉兴人。

② 梁观我，字民也，号镜潭，江南甘泉人。进士出身，曾任获嘉知县。生平详见民国《获嘉县志》卷 20《循吏·梁观我传》。

志门》《北京大学图书馆藏李氏书目·史部》《北京师范大学图书馆古籍善本书目》《河南大学图书馆馆藏地方志目录·新乡地区》《上海图书馆地方志目录》《华南师范大学图书馆馆藏地方志目录》《甘肃省藏古代地方志总目提要》《天津市人民图书馆善本书目·史部·地理类》均著录，中国国家图书馆、北京大学图书馆、北京师范大学图书馆、河南大学图书馆、上海市图书馆、华南师范大学图书馆、甘肃省图书馆、西北民族大学图书馆、天津市图书馆等均有藏。台北成文出版社《中国方志丛书》收入，乃乾隆刻本。该志尚有道光二十五年（1845）知县罗传林补刊本，《河南省地方志综录·获嘉县》著录，河南省图书馆、河南省博物馆、郑州大学图书馆、河南师范大学图书馆均有藏。

马得宁，字偕康，清代获嘉人。乾隆四十六年（1781）诸生，后屡试不第，以岁贡终。事迹见民国《获嘉县志》卷13《文学·马得宁传》。

《训蒙草》，马得宁撰，佚。民国《获嘉县志》卷13《马得宁传》著录。

王炜，清代获嘉县人。约乾隆时在世。

《敦素斋诗集》，王炜撰，1卷，佚。乾隆《获嘉县志》卷15《艺文下》、民国《获嘉县志》卷15《艺文》均著录。

王炳，清代获嘉县人。约乾隆时人。

《寓意草》，王炳撰，1卷，佚。乾隆《获嘉县志》卷15《艺文下》、民国《获嘉县志》卷15《艺文》均著录。

释超玉，清代获嘉县僧人，约乾隆时在世。

《南来集》，释超玉撰，未见。民国《获嘉县志》卷15《艺文》著录，并案云："超玉《南来集》之外，尚有《东吴集》《净云近稿》2卷，前存净云寺内，近为其徒携去。陈氏百尺楼有传抄不全本。"

贺长喜，号熙庵，清代获嘉人。乾隆、嘉庆间在世。

《柏园小志》，又名《柏园记》，贺长喜撰，6卷，佚。乾隆《卫辉府志》卷 47《艺文志·记三》、乾隆《获嘉县志》卷 15《艺文下》、民国《获嘉县志》卷 15《艺文》和《中州艺文录》40 卷均著录。

《熙庵文集》，贺长喜撰，4 卷，佚。乾隆《获嘉县志》卷 15《艺文下》、民国《获嘉县志》卷 15《艺文》皆著录。

《熙庵诗草》，贺长喜撰，1 卷，存。民国《获嘉县志》卷 15《艺文》著录，并案云："其序称，其诗平生有千余首，被人窃去，所存者只此，共二百余首。"

贺翰儒，清代获嘉人。约乾隆、嘉庆间在世。

《中州理学录》，贺翰儒撰，4 卷，佚。乾隆《获嘉县志》卷 15《艺文下》、民国《获嘉县志》卷 15《艺文》均著录。

《理学忠节录》，贺翰儒撰，2 卷，佚。乾隆《获嘉县志》卷 15《艺文下》、民国《获嘉县志》卷 15《艺文》均著录。

《大梁书院崇祀考》，贺翰儒撰，2 卷，佚。乾隆《获嘉县志》卷 15《艺文下》、民国《获嘉县志》卷 15《艺文》均著录。

《奕世书香录》，贺翰儒撰，4 卷，佚。乾隆《获嘉县志》卷 15《艺文下》、民国《获嘉县志》卷 15《艺文》均著录。

王钊，字余山，号勉斋，清代获嘉人。嘉庆拔贡，任新蔡教谕，历署汝阳、中牟、鹿邑诸县训导。事迹见民国《获嘉县志》卷 12《人物·乡宦·王钊传》。

《筹海十三策》，王钊撰。据民国《获嘉县志·王钊传》记载，道光间海氛不清，当事苟且讲和，钊著是策"以讽当事"。

杨维世，字懔四，清代获嘉人，约嘉庆、道光间岁贡生。事迹见民国《获嘉县志》卷 15《艺文·孔子年谱酌编》小传。

《孔子年谱酌编》，杨维世撰，1 卷，佚。民国《获嘉县志》卷 15《艺文》著录，并案云："事次多依郑晓如《阙里述闻》，更征旁说，亦参鄙见。文体脱自孙锡畴《学宫谱》，直叙圣迹，详注所据。末附《孔子适周考》《弗扰召欲往说》《鲁用孔子说》《十年至卫逸事》《孔子去鲁十四年始归辨》《请讨陈恒说》《孔氏出妻说指误》《弟子少孔子岁正讹考》。

《孔子年谱》在元有程复心《孔子论语年谱》，舛误支离，识者疑为明季妄人伪作；在明有夏洪基《孔子年谱纲目》，于诸书异同稍有订正，而亦未精核。清杨方晃《孔子年谱》又多神怪之说，尤为不经。维世铺叙简洁，注解精确，又附诸篇引据，亦最详明，可以凌跨前人。"

《孟子年谱酌编》，杨维世撰，1卷。民国《获嘉县志》卷15《艺文》著录，并案云："依任启运、马名驹二先生稿，参旁说，略异之。书中所记，皆当日时事，不尽属于孟子。盖以孟子之事不多，特取其关于孟子之书者连记之，以证孟子之出处耳。阎百诗作《孟子生卒年月考》亦博引诸书，以考孟子出处始末，此书多引阎氏之说，惟记孟子幼时事不引……末附《孟子生卒年考》《孟子游梁年考》《孟子邹人非鲁人考》《孟子终丧反齐说》《孟子不至燕说》《由周而来七百有余岁考》6篇，末又书《魏徙大梁之年考》，有题无文。"

杨临洙，字文渊，清代获嘉人。道光八年（1828）举人，曾任汝宁训导、鹿邑县教谕。事迹详见民国《获嘉县志》卷12《人物·乡宦·杨临洙传》。

《四书沓甫漫录》，杨临洙撰。民国《获嘉县志》卷12《杨临洙传》、卷15《艺文》均著录，后者云尚存，今未见。

《交泰韵注》，杨临洙撰。民国《获嘉县志》卷15《艺文》著录，并云尚存，今未见。

杨临洋，字秋舫，临洙弟，清代获嘉人。"性迂谨，年三十方补邑庠，终身不入乡闱。"事迹详见民国《获嘉县志》卷13《人物·文学·杨临洋传》。

《四书引伸录》，杨临洋撰。民国《获嘉县志》卷13《杨临洋传》著录。

王万龄，字嵩三，清代河北涿州人。道光二十五年（1845）进士，曾任获嘉县知县。见民国《获嘉县志》卷10《职官》小传。

《吕祖庙碑》，王万龄撰。该碑在获嘉县城西关吕祖庙内，立于道光二十九年（1849）。民国《获嘉县志》卷16《金石》著录，并收入全文。

　　刘汝贤，字德甫，清代获嘉人。道光二十三年（1843）举人。同治十年（1871）大挑一等，以知县用，历任江都、甘泉知县，署泰州知州，升高邮州知州，加运河同知衔。民国《获嘉县志》卷12《人物·乡宦》有传。

　　《刘德甫先生诗集》，刘汝贤撰，民国间中州文献征辑处征得刻本① 1册，见《第一期征辑书目》。民国《获嘉县志》卷15《艺文》著录为《刘德甫集》1卷，家藏草稿本，并案云："集内分文、诗两种，文只数篇，用骈俪体，全为应酬而作。诗一百又九首，则家居时及官江苏省时俱有。内多佳句，亦见风骨。如'不为家贫低志气，只缘亲老淡功名。''及时经济真如雨，有用文章羡吐虹'。'一撮土分江四面，数家人住屋三椽'。俱蔼然儒者之言。惜所藏尚系草本，已多残破，恐难久保。陈氏抄其诗藏百尺楼。"

　　《读诗拙法》，刘汝贤撰。《中州艺文录》卷40、中州文献征辑处《第一期征辑书目》均著录。

　　陈策三，字师董，清代获嘉人。道光时诸生。博极群书，不求荣避。居南有清水，时游其上，自号"河上翁"。事迹详见民国《获嘉县志》卷13《隐逸·陈策三传》。

　　《陈氏族谱》，陈策三撰。民国《获嘉县志·陈策三传》著录。

　　《益三堂文稿》，陈策三撰。民国《获嘉县志·陈策三传》著录。

　　《河滨清啸集》，陈策三撰。民国《获嘉县志·陈策三传》著录。

　　李春池，字梦塘，获嘉人。约咸丰、同治间岁贡生，以授徒为业，与职春旭、刘仙洲唱酬。事迹见民国《获嘉县志》卷15《艺文·梦塘诗草》小传。

　　《梦塘诗草》，李春池撰，1卷，佚。此书收春池诗37首，职春旭诗8首，刘仙洲诗1首，共46首，皆试帖之余。民国《获嘉县志·艺文》

---

① 据栾星主编《中原文化大典·著述典·正编·集部》（中州古籍出版社2008年版，第380页）记载，中州文献征辑处征辑有抄本1册。

著录，未闻有传本。

　　郭清达（1849—1900），字蕴聪，获嘉人。光绪初以孝廉方正征，朝考二等，历署商丘、郾城、鹿邑、嵩县等县教职。光绪二十六年（1900）卒，年52岁。事迹详见民国《获嘉县志》卷12《人物·乡宦·郭清达传》。

　　《安愚大事记》，郭清达撰。民国《获嘉县志·郭清达传》著录。

　　《家传》，郭清达撰。民国《获嘉县志·郭清达传》著录。

　　陈景澜，清代获嘉人。光绪时岁贡。事迹见民国《获嘉县志·选举·岁贡》小传。

　　《槐荫斋论草》，陈景澜撰，1卷。民国《获嘉县志》卷15《艺文》著录，并案云："共十六首，前有陈熙光'序'，盖皆光绪变政后所作，借他人之酒杯，浇自己垒块，慷慨激昂，有弦外余音。"

　　胡嗣芬，字景威，贵州开州人。进士出身，曾任翰林院庶吉士、夏邑县知县。光绪二十九年（1903），以翰林候补道署获嘉知县。事迹详见民国《获嘉县志》卷12《循吏·胡嗣芬传》。

　　《新修小学堂记》，胡嗣芬撰，存。该碑立于光绪二十九年（1903）。民国《获嘉县志》卷16《金石》著录，并收入全文。

　　邹古愚，江西吉安人。民国二十一年（1932）来任获嘉县县长。见民国《获嘉县志》卷10《职官·县长》小传。

　　民国《获嘉县志》，邹古愚修，邹鹄[①]纂，17卷，卷首1卷，存。民国十年（1921）设县志局，民国十七年（1928）废，终无成就。民国二十一年（1932），重启志馆，历经两载稿成付印。凡15门44目。该志乾隆以前多取材旧志，近事则就采访及所存档案整理而成。诸图用新法绘制，清晰可观。地理志增地质目，以河之流域叙述，并附以气候。鉴于"我国志乘大率详于官政而略于民事，遂使数千年社会状况及其变迁因果

---

　　①　邹鹄（1877—1957），字芹香，号霄羽，清代江西吉安人。进士出身。

尽归湮没",故于民事刻意求详,包括民族、宗教、生活、习惯、娱乐、谚语等项,特为1卷。宗教较详,分载佛、道、回、耶稣教,说明其渊源、发展、现状等。选举表缺民国时期。户口自明洪武二十四年(1391)至民国二十二年(1933)凡12次统计,资料全备。首卷存录明万历三十一年(1603)和清顺治十六年(1659)、康熙二十六年(1687)、乾隆二十一年(1756)4部县志之"序"。《北京图书馆普通古籍总目·方志·地志门》《河南大学图书馆馆藏地方志目录·新乡地区》《河南地方志综录·获嘉县》均著录,中国国家图书馆、河南大学图书馆、北大图书馆、北师大图书馆、河南省图书馆、河南师范大学图书馆等均有藏,另有台北成文出版社《中国方志丛书》影印本。

陈熙光,字耀卿,获嘉人。光绪二十三年(1897)拔贡,民国二十三年(1934)被县长邹古愚聘修县志。见民国《获嘉县志》卷11《选举·选拔》。

《中庸平解》,陈熙光撰,2卷,佚。民国《获嘉县志》卷15《艺文》著录,并案云:"是书不录正文,案节疏解,以先儒皆以《中庸》为明道体之书。所解务推极高深,几致使人索解不得,遑论得所遵循,此以中者,不偏之谓;庸者,平常之谓;其所谓道,即子臣弟友之道,即所谓致中和,天地位,万物育,亦是举其功用,如帝王之世,天成地平,庶类繁殖,无日蚀、星殒、山崩、川竭、草木鸟兽枯萎夭折,此即所以参天地、赞化育也。而要其所以致此者,亦惟由诚而明以训,至于笃恭而天下平而已。专就平易处指示,俾句句有着落,人人可遵守,故曰《平解》。"

《历代年号表》,陈熙光撰,1卷。民国《获嘉县志》卷15《艺文》著录,并案云:"是表起汉武帝建元元年(479),终袁世凯洪宪元年(1916),于统一时代序列各帝,于帝名之下书其年号,注起某干支,终某干支至分崩时代,仿《史记年表》之例,上格列干支,下分格列当时各国。凡有年号者无论正统、闰统,僭窃割据,不分地土广狭,以建元前后,挨次下排。新起年按年增入下方,灭亡者亦按年削除,夷狄不入中国,盗贼仅为流寇,建有年号者附注于其年之下,不增入表内。别以西历纪元列于上眉。后附年号统计,按年号第一字笔画多少取以为次,列某年号,下注某代某帝几年。一号数帝者,并注于其下,以便检查。其意主于读书论古，遇有年号，可识其时之远近，世之治乱，不似他人纪元之书以考古为是也。”

《癸卯自怡录》，陈熙光撰，12 卷，存。民国《获嘉县志》卷 15《艺文》著录，并案云："是书乃其光绪癸卯年授徒家中时，取案头书，除六经外，随意取其所有，仿《四库全书提要》体，为之说明。总计二百零四种，其中有自撰者则录所'自序'，其他虽仿提要文体，要皆自为论说，以自消遣，非欲以问世，故题曰《癸卯自怡录》。"

《幼聪琐记》，陈熙光撰，12 卷，佚。民国《获嘉县志》卷 15《艺文》著录，并案云："取古今童子之事，分类列之，使其所羡慕，易于兴趣。共分八类：一德性，二孝友，三志量，四器识，五好学，六颖敏，七品望，八文藻。末附补遗二卷，共约千人。"

《字原》，陈熙光撰，2 卷。民国《获嘉县志》卷 15《艺文》著录，并案云："是书分天文、地理、形体、名物、草木、鸟兽、干支事为十类。以近日学堂多重西文，鄙弃中文，以为中文繁难，足阻进化之机。不知西文声学也，中文形学也。声每易地而更，形则终古不变。且西文即得其声，未必得其解；中文则睹其形，而声与解皆可寻绎而知。盖中文虽名有六书，实只四书，又实只二书。何也？转注，假借，一字两用而已，非别有结构也。会意，谐声，亦合二字为一字耳。惟象形，象事二者为字之原，如西文之有二十六母，能通二十六母，西文皆可迎刃而解。能识象形，象事，中文亦可迎刃而解也。象形者，实字静字也。象事者，虚字动字也。因举二体之字分类列之，使人知中文易知易能，无俟仿效西文，徒为多事也。"

《音韵一得》，陈熙光撰，2 卷。民国《获嘉县志》卷 15《艺文》著录，其案云："是书前列叙论，后列《等韵图》。叙论说明字母之宜合宜分，及反切之或合或否。等韵不用司马光之三十六母及其十二撮之序，而用《五方元韵》之二十字母而虚其一，为十九字母，亦以其天人等立撮横列之次，亦以唇舌齿牙喉为序顺列之。次则以上平、下平、上、去四者为止，入声则别为一图。其所以分合移易之故，俱见于叙论中。盖以西文者皆首讲拼音之法，而习中文者或不识反切，以音韵之书论音，过分清浊。反切又有音和类隔多门，而书中所载反切，又皆有时与地之分。初学不知变通，见有滞碍，即畏难而止。以是示之，虽或遗其精华，亦可得其崖略耳。"

《算学分数详解》，陈熙光撰，1 卷。民国《获嘉县志》卷 15《艺文》著录，并案云："就分数之加减乘除，单位多位，有整无整诸术各立一题，先列其法，再解其所以用是法之故，务使初学一见便能了解，嗣后无论如何繁难之题，皆可按理推寻。"

《算学盈朒术详解》，陈熙光撰，1 卷。民国《获嘉县志》卷 15《艺文》著录，并案云："将数书中所有之题，只用一法算之，无不相合。因详解其理，俾人易知以归简易。"

《读余臆言》，陈熙光撰，16 卷。民国《获嘉县志》卷 15《艺文》著录，并案云："是书皆其平日读书时有所感触录之，以备参考。其中有解经、有论史、有谈治道、有言学问、有考证杂书、有品评时事，有得即书，不以类分。题曰《臆言》，盖以为一己之私言，未必衷于理道也。"

《砺英斋文集》，陈熙光撰，12 卷，《诗集》2 卷，佚。民国《获嘉县志》卷 15《艺文》著录，并案云："文集已印行者一百余篇，为体二十有二，论、序、表、志为多。论、序、杂文多少年作，表、志多五十以后作。六十以后尚不在内。诗古风、杂言体多，律诗少。"

陈熙朝（1871—1929），字觊卿，陈熙光弟，获嘉人。光绪三十年（1904）进士，授吏部文选司主事①。民国成立归里，不复问外事。事迹详见民国《获嘉县志》卷 12《乡宦·陈熙朝传》。

《难乎有斋笔记》，陈熙朝辑，3 卷。民国《获嘉县志》卷 15《艺文》著录，并案云："熙朝自幼好博览群书，遇辞意精粹，有裨学术治术，足为身世之助者，辄为录出。而积年既久，所录遂多，惟不自珍惜，或被他人攫去，或为童子毁弃，以致存留者少。此其既卒之后，其兄熙光为之收存、较订者。中分学问、政治、通论三门，厘为三卷。虽言非己出，而观其采择之精，去取之审，亦可以觇其所学矣。"

《难乎有斋文集》，陈熙朝撰，2 卷。民国《获嘉县志》卷 15《艺文》著录，并案云："该集收论 16 篇，序 4 篇，传 1 篇，志铭 5 篇，箴 1 篇，诗 1 篇，祭文 2 篇，乃其兄熙光于其卒后搜辑整理。"

---

① 吏部文选司主事，官名，明、清代置，掌本司日常政务。

陈其昌，字兆隆，清代获嘉人。光绪二十六年（1900）岁贡，长于医学。事迹见民国《获嘉县志》卷15《艺文·寒温穷源》小传。

《寒温穷源》，陈其昌撰，1卷，存。民国《获嘉县志》卷15《艺文》著录，并案云："以汉张机著《伤寒论》，后世有伤寒、温症之分，而不知治法虽有不同，其理实有可通，因著此书，以明其是一是二。"

《湿症发微》，陈其昌撰，2卷，存。民国《获嘉县志》卷15《艺文》著录，并案云："于张仲景《伤寒论》、吴塘《温症条变》外创为此书。举五脏六腑，外感内伤诸变相一归之于湿。立渗湿解结、渗湿和衷等方，以渗澹通利之品，针膏盲，起废疾，甚至噎隔反胃，世谓不治之症，亦究其治之之法。他书多重滋阴，此独扶阳。他书皆言平肝，此独养肝，与庸医所见不同。以土主五行，脾主五脏，扶阳养肝，皆以健脾。人非饮食不生，脾健而饮食进，正气充，百病除也。"

《河图新义》，陈其昌撰，3卷。民国《获嘉县志》卷15《艺文》著录，并案云："是书分前编、后编、续编。前后二编以心理二字为伏案，诸家聚讼为悬案，流行对待为断案，归本河图为结案。续编则以儒、释、道三教之旨，统归于"心理"二字。据'序'谓，龙马一图，注家多以数言，不以理言。今特以'心理'二字发明河图之义，故曰新义。然其词繁意覆，卒艰索解，亦只为其自得之妙而已。"

郭合成，字圣孚，获嘉人。活动于清末民国间。事迹见民国《获嘉县志》卷15《艺文》小传。

《获吕著姓录》，郭合成撰，1卷。"获吕"乃获嘉之别称。民国《获嘉县志》卷15《艺文》著录，并案云："是录取邑中著姓，纪其科名仕宦之盛，而悉归本于德行。谓德大者食报亦大，德小者食报亦小。非惟可以备文献，其诱人为善之心，尤昭然若揭也。闻作者尚有《六经义串》《四书驳辨》《训俗浅说》《耐辱格言》《敬事斋诗草》，但未见。"

孟焕青，字云章，获嘉人。清末岁贡生。见民国《获嘉县志》卷15《艺文》小传。

《春秋正义》，孟焕青撰，残。民国《获嘉县志》卷15《艺文》著录，称有抄本二册，并案云："其撰《正义》，不知若何卷数，今所存者，惟桓公二年'滕子来朝'，至十一年'葬郑庄公'；庄公六年'春王正月，王人子突救卫'，至十七年'秋，郑詹自齐逃来'。据其子熙缙云，此书本数十卷，公在时多友人借观，公殁后遂无从追还，所存者惟此而已。其书独申己意，不守旧说，其于胡《传》亦时时有所纠正，而持论公允，不取深刻之说，不存门户之见，最得说经正轨。虽非全本，亦可自重。"

魏鸣銮，字佩宜，获嘉人，清末附贡生。入民国，充河南督军署秘书。事迹见民国《获嘉县志》卷 15《艺文》小传。

《揽露轩诗稿》，魏鸣銮撰，1 卷。民国《获嘉县志》卷 15《艺文》著录。共 128 首诗，均为草稿，后附杂著十余首。诗七言为多，五言甚少，大抵皆为幕僚时所撰。

孙文蔚，字秀深，获嘉人，宣统元年（1909）拔贡。值清朝末期，孙文蔚与上海陈其美，以革命号召，在开封设警华报馆。后见时势不可为，乃归家辟啸园，吟咏课子以终。事迹见民国《获嘉县志》卷 13《隐逸·孙文蔚传》。

《啸园诗稿》，孙文蔚撰，1 卷。民国《获嘉县志》卷 15《艺文》著录，并案云："文蔚有《啸园杂俎》，杂记所闻；《啸园丛集》，抄录时人之文，俱未成编。《啸园诗稿》亦只三十余首，录之聊存梗概。"

岳士忠，获嘉人，岳氏十五世孙，事迹不详。

《岳氏族谱》，岳士忠等纂修，3 卷，首 1 卷，末 1 卷，存。有清光绪三十三年（1907）岳氏怡怡堂刊本，新乡市图书馆藏。岳氏谱自康熙二十四年（1685）十世瀛选创修，至光绪三十三年（1907），凡十修。首卷载历次修谱之序言、诸名、凡例等。正编则为世系表。卷末为续谱之跋语。岳氏始祖于明永乐时以军籍入获，不再以军传，而儒术世其家，代有衣冠。至万历、天启间，有父子相继登进士第，出宰百里。此后数百年，多潦倒不得志。

第五章　延津文献

一　延津的历史沿革

秦王政五年（前242），置酸枣县，"以地多酸枣，其仁入药用"[1] 得名，属三川郡。西汉属陈留郡。东汉、魏、晋和南北朝沿袭之。隋代开皇六年（586），复置酸枣县，属滑州，大业初属荥阳郡。唐代初年属东梁州，贞观八年（634）属滑州。五代时，属开封府。宋代政和七年（1117），以黄河渡口改称延津县。金代贞祐三年（1215）升为延州，辖延津、阳武、原武三县，蒙古至元七年（1227）州废。清代雍正二年（1724）因黄河相隔，由开封改属卫辉府。雍正五年（1727），胙城县并入延津县。

胙城县，"古胙伯国，周公支子封此。春秋时为南燕国，战国属魏"。"汉置南燕县，属东郡。东汉为燕县。晋省。石勒复置燕县，兼置东燕郡。其后慕容德都之，改为东燕县。后魏因之，仍属东郡。"[2] 隋代开皇十八年（598），隋文帝言"今天下一统，何东燕之有"[3]，于是东燕改为"胙城，属滑州。"这就是胙城之创设。唐代武德二年（619）于此置胙州，领胙城，后废，仍属滑州。宋代沿袭之。泰和八年（1208）以限河不便，改属卫州。明代洪武间，胙城省入汲县，旋复置。清代雍正五年（1727）省入延津县，其县级建置遂绝。

---

[1]　（唐）李吉甫撰，贺次君点校：《元和郡县图志》，中华书局1983年版，第201页。

[2]　（明）顾祖禹撰：《读史方舆纪要》卷49《河南四·卫辉府》，中华书局2005年版，第2306页。

[3]　（唐）李吉甫撰，贺次君点校：《元和郡县图志》，中华书局1983年版，第200页。

民国初年，废府设道，延津属豫北道。民国十六年（1927），撤道级建制，延津直属河南省。民国二十一年（1932），省划分行政区，延津属第四行政区。1949 年后，延津属新乡专区。1985 年，新乡撤地设市，延津属新乡市。

二　明代以前的延津文献

蔡邕（132—192），字伯喈，东汉陈留圉（今河南杞县南）人，著名文学家、书法家。熹平四年（175），灵帝诏邕与堂溪典等写定"六经"文字，部分由邕书丹于石，立于太学门外，史称《熹平石经》。事迹详见《后汉书》卷 60 下《蔡邕列传》。

《酸枣令刘熊碑》，蔡邕撰。康熙《延津县志》卷 8《艺文·碑》和乾隆《卫辉府志》卷 43《艺文志·碑上》均著录，并收入全文。

刘崇龟（？—895），字子长，刘崇望兄，唐代滑州胙城（今河南延津）人。咸通六年（865），登进士第，累迁起居舍人①、礼、兵二部员外郎、史馆修撰和户部尚书等。出为岭南东道观察处置史②。乾宁二年（895），奉召北归，卒于道。生平事迹详见《旧唐书》卷 179《刘崇望传附刘崇龟传》和《新唐书》卷 90《刘政会传附刘崇龟传》和万历《卫辉府志》卷 11《人物志上·贤哲·刘崇龟传》。

《寄桂帅》诗 1 首，刘崇龟撰，存。《全唐诗》卷 715 收录。

刘崇望（838—899），字希徒，刘崇龟之弟，滑州胙城人。咸通十五年（874），登进士第。龙纪元年（889）正月，拜中书侍郎、同平章事，十一月兼吏部尚书。景福元年（892）二月，罢相，出为武宁军节度使，未之任，归拜太常卿。光化二年（899）六月，为吏部尚书，同年卒。事迹详见《旧唐书》卷 179 和《新唐书》卷 90《刘崇望传》。

---

①　起居舍人，官名。隋代大业三年（607）内史省始置。唐初中书省沿置，与起居郎同掌起居注，记录皇帝言行以备修史，皆为从六品上。宋初为六品寄禄官，不领本职。元丰五年（1082），改置起居郎、起居舍人，均为从六品，掌记皇帝言行。

②　处置史，使职名。唐玄宗开元年间初置采访处置使，乾元元年（758）改为观察处置使，以后采访、观察、都统等使加"处置"，赋予处理、决断权。五代、南宋沿置。

《中和制集》，刘崇望撰，10 卷，佚。《崇文总目》卷 5、《新唐书》卷 60《艺文志四》、《通志》卷 70《艺文略八·文类·制诰》均著录，约宋时佚。

《授翰林学士郑延昌守本官兼中书舍人制》等文 20 篇，刘崇望撰，存。《全唐文》卷 812 收录。

刘崇鲁，字郊文，刘崇望弟，滑州胙城人。广明元年（880），登进士第，历右拾遗、左补阙、翰林学士等，终水部员外郎①。事迹详见《旧唐书》卷 179《刘崇鲁传》《新唐书》卷 90《刘崇鲁传》和万历《卫辉府志》卷 11《人物志上·贤哲·刘崇鲁传》。

《席上吟》诗 1 首，刘崇鲁作，存。《全唐诗》卷 715 收录。

刘岳，刘崇望之侄，字昭辅，滑州胙城人。少举进士，事梁，历官侍御史、翰林学士，累迁户部侍郎。后唐庄宗入汴，贬均州司马。明宗即位后，历兵、吏二部侍郎、秘书监和太常卿。56 岁卒，赠吏部尚书。岳为文敏速，尤善谈谐。生平详见《旧五代史》卷 68《刘岳传》和《新五代史》卷 55《刘岳传》。

《新定书仪》，刘岳撰，2 卷，佚。始见《崇文总目》卷 2，《宋史·艺文志三》作《吉凶书仪》。刘岳与太常博士段颙、田敏等在唐代郑余庆《书仪》基础上增损而成。《新五代史》卷 55《刘岳传》云："初，郑余庆尝采唐士庶吉凶书疏之式，杂以当时家人之礼，为《书仪》两卷。明宗见其有起复、冥昏之制，叹曰：'儒者所以隆孝悌而敦风俗，且无金革之事，起复可乎？婚，吉礼也，用于死者可乎？'乃诏岳选文学通知古今之士，共删定之。岳与太常博士段颙、田敏等增损其书，而其事出鄙俚，皆当时家人女子传习所见，往往转失其本，然犹时有礼之遗制。其后亡失，愈不可究其本末。其婚礼亲迎，有女坐婿鞍合髻之说。尤为不经。公卿之家，颇遵用之。至其久也，又益讹谬可笑，其类甚多。"

---

① 员外郎，隋代开皇年间始置，为尚书省六部诸司副长官。唐代武德三年（620）复置，仍为六部诸司副长官，从六品上，与郎中通称郎官。永昌元年（689），尚书都省左右司亦置为副长官。

《除官当颁告身奏》等文 3 篇，刘岳撰，存。《全唐文》卷 839、《唐文拾遗》卷 46 收入。

王昭素，宋代酸枣（今延津）人。笃学有至行，聚徒讲学自给。宋太祖召见，拜国子博士[1]。卒于家，时年 89 岁。事迹详见《宋史》卷 431《儒林一·王昭素传》。

《易论》，王昭素撰，33 卷，佚。《宋史·王昭素传》云："昭素博通九经，兼究庄、老，尤精《诗》《易》，以为王、韩注《易》及孔、马疏义或未尽是，乃著《易论》二十三篇。"

楚衍，宋代胙城（今河南延津）人。少通四声字母，里人柳曜师事衍，里中以先生目之。衍于九章、缉古、缀术、海岛诸算经，尤得其妙。明相法及《韦斯经》，善推步、阴阳、星历之数。后官同管勾司天监。事迹详见《宋史》卷 462《方技下·楚衍传》。

《崇天历》，楚衍等撰，佚。《宋史·楚衍传》云："天历初造新历，众推衍明历数，授灵台郎，与掌历官宋行古等九人制《崇天历》。"

《司辰星漏历》，楚衍撰，12 卷。《宋史·楚衍传》云，同造于"皇祐中"。

孙洙（1032—1080），字巨源，宋代真州（今江苏仪征）人。年十九举进士，历官秀州法曹、集贤校理、太常礼官、史馆检讨、翰林学士等。生平详见《宋史》卷 321《孙洙传》。

《灵津庙记》，孙洙撰，存。乾隆《卫辉府志》卷 45《艺文·记一》著录，并收入全文。《宋史·孙洙传》云："澶州河平，作灵津庙，诏洙为之碑，神宗奖其文。"

---

① 国子博士，学官名。西晋武帝咸宁中立国子学，始置一员，掌教授生徒儒学，取履行清淳、通明典义者为之，隶国子祭酒。后代沿置。唐代国子监国子学置五员，正五品上，分别掌教《周礼》《仪礼》《礼记》《毛诗》《春秋左氏传》五经。北宋初为五品寄禄官。南宋绍兴三年（1133）改置二员，正八品。辽代、金代、元代沿置。

李献民，字彦文，宋代延津（今属河南）人。宋徽宗时在世。事迹见《云斋广录·自序》。

《云斋广录》，又名《云斋新话》《云斋新说》，李献民撰，10卷，残存。《郡斋读书志》卷13《子部小说类》、《文献通考》卷217《经籍四十四·子部小说家类》、《宋史》卷206《艺文五》、《四库全书总目》卷144《子部五十四·小说家类存目二》均著录，后者云："是书前有政和辛卯献民'自序'。所载皆一时艳异杂事，文既冗沓，语尤猥亵。……今止存六门，曰士林清话，曰诗话录，曰灵怪，曰丽情，曰奇异，曰神仙，共八卷，末有后集一卷，曰《盈盈传》。……其书大致与刘斧《青琐高议》相类。然斧书虽俗，犹时有劝戒。此则纯乎海淫而已。"宋人传奇小说中最优秀的部分，皆辑录其中。今存有中央书店1936年本、中华书局《古小说丛刊》本和《四库全书存目丛书》本。

三　明代的延津文献

于谦（1398—1457），字廷益，号节庵，明代钱塘县（今浙江杭州）人。永乐十九年（1421）辛丑科进士。事迹详见《明史》卷170《于谦传》。

《过延津有感》诗1首，于谦撰，存。康熙《延津县志》卷10《诗》著录，并收入全文。

李戴（1541—1607），字仁夫，号对泉，明代延津（今属河南）人。隆庆二年（1568）进士，授兴化知县。后擢户科给事中，迁礼科都给事中，出为陕西右参政①，进按察使，擢右副都御史巡抚山东，累官至吏部尚书。卒赠少保。事迹详见《明史》卷225《李戴传》、康熙《延津县志》卷5《乡贤·李戴传》和乾隆《卫辉府志》卷31《名宦·李戴传》。

《疏通盐法疏》，李戴撰，存。顺治《开封府志》卷31《艺文三》著录，并收入全文。

《邑侯郑公去思碑》《重修庙学记》《延津县正官题名记》《重修名宦祠题名记》《重修乡贤祠题名记》《重修城隍庙记》《重修大觉寺塔记》

---

① 陕西右参政，官名。明初中书省设参政，后在布政使下设左右参政。

《鼎建大觉寺白衣观音阁记》《重修东门记》等文多篇，李戴撰，存。康熙《延津县志》卷9《艺文》著录，并收入全文。

《李延津文稿》，李戴撰，不分卷，抄本，存。《中国古籍善本书目·集部》著录，中国社会科学院文学研究所藏。

《古酸枣记》，李戴撰，存。康熙《延津县志》卷9《艺文》、乾隆《卫辉府志》卷46《艺文志·记二》均著录，并收入全文。

《重修莲塘书院记》，李戴撰，存。康熙《延津县志》卷9《艺文》、乾隆《卫辉府志》卷47《艺文志·记三》著录，并收入全文。

《创建尊经阁记》，李戴撰，存。康熙《延津县志》卷9《艺文》、乾隆《卫辉府志》卷47《艺文志·记三》著录，并收入全文。

李席珍（1516—1588），字子聘，号后湖，明代山东济宁人。隆庆间任胙城县训导，后升任武安知县。事迹见顺治《胙城县志》之《人物·宦迹·训导》、乾隆《卫辉府志》卷29《名宦·李席珍传》和《李席珍墓志铭》①。

《邑侯王公去思祠记》，李席珍撰，存。万历四年（1576）作。王公，即王浩，字汝荣，江西清江县人，进士，曾任延津县令，后升太仆寺丞。顺治《胙城县志》卷下《艺文》著录，并收入全文。

郭崔天，郭可爱之子，郭金鼎之父，明代延津人。举人出身。顺治《胙城县志》之《人物·科贡·举人》有小传。

《秦邑侯去思碑》，郭崔天撰，存。顺治《胙城县志》卷下《艺文·碑刻》著录，并收入全文。

《怀浪沙》诗1首，郭崔天撰，存。天启七年（1627）撰。顺治《胙城县志》卷下《艺文·题咏》著录，并收入全文。

冯琦（1557—1602），字用韫，明代山东临朐人。万历丁丑（1577）进士，选翰林庶吉士，年19岁。由翰林院编修历官吏部侍郎、礼部尚书等。卒于官，年仅46岁，赠太子少保，谥文敏。事迹详见《明史》卷

---

① 于若瀛撰文。该碑文革期间出土，现立于山东济宁市城西董庄村。

216《冯琦传》。

《延津县创修新城记》，冯琦撰。乾隆《卫辉府志》卷 47《艺文志·记三》、康熙《延津县志》卷 9《艺文·记》均著录，并收入全文。

曹琏，字廷器，明代湖南彬阳人。宣德四年（1429），中乡试解元。曾官国子监学正、河南提学佥事、陕西按察副使等。

《重修儒学记》，曹琏撰，存。康熙《延津县志》卷 9《记》著录，并收入全文。

车玺，明代山西泽州人。进士出身，曾任河南提学佥事，创思贤亭于辉县百泉书院。事迹见道光《辉县志》卷 10《循政志·宦绩·车玺传》。

《重修庙庑记》，车玺撰，存。康熙《延津县志》卷 9《艺文·记》均著录，并收入全文。

《思贤亭记》，车玺撰，存。嘉靖《辉县志》卷 6《文章》著录，并收入全文。

《重修欞星门记》，车玺撰，存。此文记载弘治年间重修百泉书院事。嘉靖《辉县志》卷 6《文章》著录，并收入全文。该碑现嵌于辉县第一高级中学校长办公室东壁外侧，高 1.9 米，宽 0.8 米。

屈可伸，字谦伸，明代延津县人。天启二年（1622）进士。事迹详见乾隆《卫辉府志》卷 31《人物·名宦·屈可伸传》和康熙《延津县志》卷 5《乡宦·屈可伸传》。

《重修大觉寺记》，屈可伸撰，存。康熙《延津县志》卷 9《艺文志·记》著录，并收入全文。

《送眭邑侯》，屈可伸撰，存。康熙《延津县志》卷 10《诗余》著录，并收入全文。

黄镗，明代直隶通州（今属北京通州区）人。举人出身，嘉靖二十三年（1544）来任延津知县。生平见康熙《延津县志》卷 3《职官》小传。

　　嘉靖《延津县志》，黄镗修，张宗仁①校正，不分卷，存。共 8 纲 40 目，各目所记概自明代以来，以当时为主。内容简略，无考证，大多门目只记名称、数字而已。祥异分瑞麦、水灾、天变 3 小目。食货志除物产外，各目记载洪武、永乐、成化、弘治各朝数额，资料较详。官政志只记明代县级官吏的设置制度，缺历任职官表。《中国地方志联合目录》《河南地方志综录·延津县》均著录，中国国家图书馆现藏 1 册，明蓝丝栏抄本，无序、跋。

　　利夏茂，明代湖广监利县人。举人出身，嘉靖三十三年（1554）来任延津知县。生平事迹见康熙《延津县志》卷 3《职官》小传。
　　《重过延津留别士夫父老》诗 1 首，利夏茂，存。康熙《延津县志》卷 10《诗》著录，并收入全文。

　　唐宗正，明代湖广靖州人。嘉靖四十三年（1564）举人，隆庆间任胙城县主簿。事迹详见顺治《胙城县志》之《人物·主簿》。
　　《新建文昌祠记》，唐宗正撰。作于隆庆六年（1572）。顺治《胙城县志》卷下《人物·艺文》著录，并收入全文。

　　陈彝，山东青州人。举人出身，嘉靖四十四年（1565）任延津知县。生平事迹见康熙《延津县志》卷 3《职官》小传。
　　隆庆《延津县志》，陈彝修，宋守志②纂，佚。隆庆元年（1567），修成付梓。《内阁藏书目录·志乘部·河南》《河南地方志提要下·河南方志佚书目录·新乡市》《千顷堂书目》卷 6《地理类上》均著录。康熙《延津县志》存该志宋守志"序"1 篇。

　　霍炳，字龙光，号辉亭，明代直隶盐山（今属河北）人。选贡，万历八年（1582）来任胙城知县。

---

　　① 张宗仁，明代直隶新乐（今属河北）人，时任延津儒学教谕。
　　② 宋守志，明代延津人。嘉靖二十六年（1547）进士，曾任陕西副使，康熙《延津县志·乡贤》有传。

万历《胙城县志》，霍炳修，杨嘉言①纂，8 卷，残。嘉言与父杨鸭、弟杨嘉行同编，由教谕、训导校正，万历九年（1581）付梓。此志纲目相属，内容简明。户口、田税 2 目有永乐、成化、正德、嘉靖、万历各朝之户口、夏税、秋粮、官桑、民桑等统计数额，资料较全。土产以类分列，品种注重特点。风俗记元明两朝变化原因。舆地志清晰地勾勒出元代以前野无不耕之地，民盛物阜，后黄河屡徙，成中州之极敝陋之区的变迁。仅有孤本藏台湾，仅存卷 1 至卷 5，中国国家图书馆、上海市图书馆、南京市图书馆藏有胶卷版。

刘元会，明代直隶任丘（今属河北）人。举人，万历二十四年（1596）来任延津知县。后升睢州知州。生平事迹见康熙《延津县志》卷 3《职官》小传。

万历《延津县志》，刘元会修，李戴纂，4 卷，残。由于残缺，故不明纂修经过。康熙《延津县志》卷 10 "旧序" 收入该志 "序"，其中李戴 "序" 落款为万历二十九年（1601）。该志纂修，制定了定纲目、酌体裁、正名义、定图谱、补阙遗、公是非、收艺文、详评论等八条原则。内容翔实，里保自洪武、天顺、弘治、正德、嘉靖至当时，变革缘由及具体数字，皆有记述。洪武二十一年（1388），奉旨自泽潞州等处迁民 19 保，皆详记具体村庄名称，较为罕见。物产仅粟一项，即多达 10 种。古迹选采谨严，颇具考古价值。另有今迹目，为明代建筑 8 处。从现存内容看，本书体例严谨，纲目博大，收载齐全，纂修认真，注重民事，特点突出，乃志书之佳作。《河南地方志综录·延津县》著录，作 "越应扬纂"，明万历二十六年刊本。《上海图书馆地方志目录·延津县》著录，上海图书馆仅存卷 1、卷 2 和卷 3 前两页。《北京图书馆普通古籍总目·方志·地志门》著录，中国国家图书馆只有第 4 卷部分内容。

四　清代及民国时期的延津文献

刘纯德，字仲文，清代山西阳曲人。拔贡出身，顺治间曾任胙城知县。顺治《胙城县志》卷 4《人物·宦绩》有小传。

---

① 杨嘉言，明代延津人。举人出身。

顺治《祚城县志》，刘纯德修，郭金鼎纂，4卷，刊本，存。此志奉檄而修，顺治十六年（1659）付梓。凡4卷，地理、邑治、礼典、人物（含艺文）等篇各1卷。卷首有刘纯德"序"、郭金鼎《增修祚城县志引》、张文明"序"和王乘运"后序"。每篇皆极简略，非完本。各篇皆有总论。地理篇疆域目谓阖境村落几全荒废，"仅存者如将曙之星，大村数十家，小村数家而已！"如此破败，故而志书无从记述。中国国家图书馆、上海市图书馆、北师大图书馆、河南省图书馆、河南大学图书馆、新乡市图书馆等藏有顺治十六年（1659）刊本。天津市图书馆、河南省博物馆等藏有康熙四十一年（1702）重刊本。

郭金鼎，清代祚城县（今属延津）人，拔贡出身。《辰巳吟》，郭金鼎作。崇祯十四年（1641）作。顺治《祚城县志》卷4《艺文·诗余》著录，并收入全文。

王一经，字心古，清代江南吴县（今属江苏）人。拔贡出身，顺治十五年（1658）来任延津知县。见康熙《延津县志》卷3《职官》小传。

顺治《延津县志》，王一经修，黄文辉纂，佚。《河南地方志提要下·河南方志佚书目录·新乡市》著录。顺治十六年（1659）志成刊刻，当奉檄而作。康熙《延津县志》李绅文"序"称，后人谓此志"颠倒错乱。因革损益，多所不经，草刻成编，文欠雅驯，文浮于词"。

周令树，字计百，延津人。顺治十二年（1655）进士，历官太原知府。生平事迹详见康熙《延津县志》卷4《人物·甲第·周令树传》。

《周计百诗》，周令树撰，1卷，存。此诗辑入《皇清百名家诗》，康熙中福清魏宪刻。《清人诗文集总目提要》卷7著录，中国社会科学院图书馆藏。

《重建晋祠碑亭记》，周令树撰，存。该碑存太原市晋祠，另《明清山西碑刻资料选》收入该文。

张成功，籍贯不详，康熙年间署延津县令。

《创建廪延驿邮亭记》，张成功撰，存。康熙《延津县志》卷9《艺文·记》著录，并收入全文。

余心孺，字孝庵，号慕斋，广西宜山人。举人出身，康熙三十九年（1700）来任延津知县。见康熙《延津县志》卷3《职官》小传。

康熙《延津县志》，余心孺纂修，李绅文①校定，10卷，存。康熙四十一年（1702）完稿付梓，记事止于是年。"凡例"谓旧志物产误入疆域，武职误入选举，悉为之纠正。人物实为一般方志之选举。书中各门皆有小序或评语，赋役之评语切中时弊，反映赋役、驿传等困苦不堪之状。书中保存旧志"序"数篇，乃珍贵佚志资料。《河南地方志综录》著录，河南大学图书馆、中山大学图书馆等均有收藏。另有《中国地方志集成》影印本。以上版本均字迹模糊，或者印刷恶劣，或者水浸，字迹模糊，不可辨识。

《嵩山赋》《黄河赋》《酸枣树赋》《河图洛书赋》等赋4篇，余心孺撰，存。康熙《延津县志》卷10《赋》著录，并收入全文。

《文庙祭典文》《申饬学宫礼生乐舞生文》《名鬱罗台记》等文3篇，余心儒撰，存。康熙《延津县志》卷9《艺文》著录，并收入全文。

《延驿有感》诗1首，余心儒撰，存。康熙《延津县志》卷10《艺文·诗》著录，并收入全文。

周密，字约之，号津阳，清代延津（今属河南）人。以举人授大名府通判，甫逾年，告归乡里。卒祀乡贤祠。事迹见乾隆《卫辉府志》卷27《儒林·周密传》。

《经书讲意》，周密撰，佚。乾隆《卫辉府志·周密传》著录。

王绂，字紫佩，号筠亭，清代延津人。乾隆十六年（1751）进士，授编修，四为会试同考官②。改御史，历巡东、西、北三城，邪人潜迹。官京师二十余年，文章书法为一时宗工。后补礼科给事中③，卒于官。事

---

① 李绅文，字牧痴，延津县人。康熙二十七年（1688）进士，寄籍安徽颍州（阜阳）。

② 会试同考官，官名，明清乡试、会试中协同主考或总裁阅卷官之统称。试卷先由同考官选阅，以蓝笔加批后荐给主考或总裁。因在闱中各居一房，又称房考官，简称房官。

③ 礼科给事中，官名，字面含义是在内廷服务。秦代始置，为加官称号。明清都察院下设吏、户、礼、兵、刑、工六给事中，简称六科。清代每科设掌印给事中，满、汉各一人；给事中，满、汉各一人。六科给事中分别察处有关六部及其他机关的事务。

迹详见乾隆《卫辉府志》卷 31《人物·名宦·王绂传》。

《筠亭奏疏》，王绂撰，抄本，佚。《中州艺文录》卷 40、《河南通志艺文志稿》均著录。

《筠亭诗文稿》，王绂撰，抄本，佚。《中州艺文录》卷 40、《河南通志艺文志稿》均著录。杨淮《中州诗钞》收诗《恭祝皇上六旬万寿》1 首。

吴居易，字友白，清代洛阳人。乾隆十二年（1747）举人，官延津县教谕。

《两孟说文》，吴居易撰，佚。《中州艺文录》卷 40、《河南通志艺文志稿》均著录。

申惺，字竹川，清代延津人。道光五年（1825）拔贡。

《竹川诗集》，申惺撰，稿本。《中州艺文录》卷 40 著录，《中州诗征》卷 21 收诗 2 首。

申望宣，字子韶，清代延津人。约活动于道光、咸丰年间。

《漫兴录》，申望宣撰，稿本，佚。《中州艺文录》卷 40、《河南通志艺文志稿》子部"杂家类"皆著录。

刘文曜，字定斋，清代延津人。道光时拔贡，官荥阳县训导。

《定斋吟稿》，刘文曜撰，10 卷，附对联 1 卷，存。《中州艺文录》卷 40 著录①，有道光抄本，新乡市图书馆藏。《中州诗钞》卷 24 亦收其诗 2 首。起于嘉庆元年（1796），止于道光二十一年（1841），凡辑诗 318 首，附对联 100 副。多为在原武、延津教授学徒时所作。其"自序"略云："予攻举业时，习应制诗体，未学古律。间有吟咏及应酬杂作，旋即弃去，不自收拾。时于故纸堆里偶见一二，鸟鸣虫吟，是亦自抒天机。此则情之所感，口之所吟，盖亦不能自已也。因抄存一稿，使子孙辈知予读书一生，命厄数奇，而文勉除妄念，以照本来面目云。"

---

① 李敏修辑录《中州艺文录校补》卷 40（中州古籍出版社 1995 年版，第 770 页）认为，王文曜撰，文曜字定斋，延津县人，道光时诸生。笔者认为，刘文曜、王文曜二人应为同一人。

《闻见录》，刘文曜撰，抄本，未见。《中州艺文录》卷40、《河南通志艺文志稿》子部"小说类"皆著录。

李至文，延津人。约活动于清末。

《白鹿洞数》，李至文撰，抄本，佚。《中州艺文录》卷40、《河南通志艺文志稿》子部"术数"皆著录。《中州艺文录》云有"抄本"，今未见。

李佩文，清末延津人。

《受淳轩诗草》，李佩文撰，抄本，未见。《中州艺文录》卷40著录。

李光灿，字星若，清末延津人。光绪二十一年（1895）拔贡，聪颖绝人，有志理学，与李时灿交。年30岁卒。事迹详见《中州先哲传·儒林·李光灿传》。

《随笔杂录》，又名《李星若先生札记》，李光灿撰，抄本，存。仅见《中州艺文录》卷40著录，其他各家书目未见。有民国间中州文献征辑处抄本，新乡市图书馆藏。从《丙申日记》中摘出，凡20余条。

申文成，清代延津人。延津申氏十六世孙。

延津《申氏族谱》，申文成纂修，不分卷，存。有同治十一年（1872）刊本，新乡市图书馆藏。申氏谱自万历三十九年（1611）申如埙初创，迄同治十一年，凡九修。是谱仍沿旧例，类分为四，曰世系总图、世谱、家法、列传，并历载历次修谱之记事、序言。申氏自明迁徙延津，迄同治十一年，凡十八传。申启贤官至山西巡抚，《清国史》第9册《申启贤传》有载。其后式微，几寂寂无闻。

刘铎（1791—1870），字觉民，号警夫，河南延津人。道光九年（1829）进士，官浙江桐庐知县。性恬淡，以疾退，曾主讲河南淇县篆筠、温县卜里、彰德书锦、新乡鄘南及山西泽州明道等书院。事迹见《中州艺文录》卷40小传。

《南游小草》，刘铎撰，1卷，存。民国时期中州文献征辑处《第三期征辑书目》《中州艺文录》卷40均著录，有清道光二十三年（1843）

刊本，新乡市图书馆藏。该编为其南游三年所得杂体诗及赞咏凡 200 余首，后附杨又村、邢印中等赠诗。其"自序"略曰："今余因留滞之久，抑塞坎坷之境，零丁孤立之况，真有不能已于言者。然则此草非诗章也，即吾日日所处之境与情也可；亦不得谓之因境寓情也，即谓此为吾日日所谈之言也可。"

《续南游小草》，刘铎撰，1 卷，存。中州文献征辑处《第三期征辑书目》《中州艺文录》卷 40 均著录，有道光二十九年（1849）刊本，新乡市图书馆藏。此编乃《南游小草》之续编。杨又村《赠黄花居士》诗云："诗最能工阅历深，湖山息影少知音。当年堪傍严陵钓，此日难逢鲍叔金。倘上鳝堂勤校士，应知槐舍尽成荫。葵心纵被微云掩，终白分明赋载骖。"

《刘警夫诗文集》，刘铎撰，不分卷，存。中州文献征辑处《第三期征辑书目》《中州艺文录》卷 40 著录，有清抄本，新乡市图书馆藏。凡古今合体 230 首。其诗，应制为无病呻吟，记事咏怀则多有可取。其《窝窝辞》尤佳，文辞含蓄幽默，对仗工整流畅，在士林学子中广为传咏。

《杂体合钞》，刘铎撰，不分卷，存。中州文献征辑处《第三期征辑书目》《中州艺文录》卷 40 均著录，有清抄本，新乡市图书馆藏。是编辑应制诗 57 首、七律 22 首、杂文 14 篇，并附有对联、当时名人小传等。

《自订享帚集试帖小草》，刘铎撰，存。道光二十三年（1843）刊本，新乡市图书馆藏。其"自序"略云："余非长于声律者，所以应举以前律体诸作皆散佚无存。迨道光己丑成进士，即笔耕于外，任中州主书院讲席者二，在山左主书院讲席者三。每课士之暇，辄拟作一二首，缘欲共尝甘苦，不敢置身局外高著眼孔也。今滞留于杭，侨居无事，爰检箧中所贮者汰存二百四十首，爰付诸梓，亦谓既耗精力于此，存之以验精力之盛衰，诗学之进退已耳。"

刘占卿，字鹭序，刘铎次子，清代延津县人。同治元年（1862）举人，曾任宜阳锦屏书院主讲。

《刘警夫行述》，刘占卿等撰，1 卷，存。有同治九年（1870）刊本，新乡市图书馆藏。

光绪《宜阳县志》，刘占卿等纂，16 卷，刊本，存。有台北成文出版社《中国方志丛书》本。

第六章　封丘文献

一　封丘的历史沿革

封丘县，"古夏后世之世，封为封父侯国"①。西周时封丘为康叔封地，春秋时为卫国封地，战国初期属韩国，秦朝仍属东郡。公元前242年，秦国攻下韩国平丘等12城，建立东郡，封丘属秦国。"汉高祖与项羽战，败于延乡，有翟母者免其难，故以延乡为封丘县，以封翟母"②，属陈留郡。东汉及三国因之。北魏太平真君九年（448），省入酸枣（今延津）。北魏宣武帝景明二年（501），恢复封丘县建置，仍属陈留郡。北齐高洋建国（550），再废封丘。隋代开皇十六年（596）复置，属滑州，后属东郡。唐代武德元年（618）废封丘，置守节县。次年，恢复封丘县建置，属河南道汴州陈留郡。五代属开封府。宋代、金代因之。元代属河南江北道汴梁路。明代属河南布政使司开封府，清袭明制。乾隆四十八年（1783），改属卫辉府。

辛亥革命后废府制，封丘县直属河南省。民国五年（1916），省下设道，封丘归河北道。民国十三年（1924），撤道归省，封丘仍直属河南省。民国二十一年（1932），全省划分为11个行政区，封丘归第四行政区。民国二十七年（1938），日寇占据封丘，日伪在省下设道，归豫北道。民国三十四年（1945），日本投降后，仍恢复原建制，封丘仍属第四行政区濮阳专员公署。1949年，封丘归平原省濮阳专署。1951年，划归

---

① 余缙修，李嵩阳、万化纂：顺治《封丘县志》卷1《沿革》，《中国地方志集成·河南府县志辑14》，上海书店出版社2013年版，第22页。

② （唐）李吉甫撰，贺次君点校：《元和郡县图志》，中华书局1983年版，第178页。

新乡地区。1986 年，新乡地区更名新乡市，封丘属新乡市辖县。

二　唐宋时期的封丘文献

高适（704—765），字达夫，一字仲武，高侃之孙，唐代沧州人，后迁居宋州宋城（今河南商丘睢阳）。曾任封丘尉、蜀州刺史、彭州刺史、刑部侍郎、散骑常侍、剑南西川节度使等官，封渤海县候。作为著名边塞诗人，与岑参、王昌龄、王之涣合称"边塞四诗人"。事迹详见《旧唐书》卷 111《高适传》和乾隆《卫辉府志》卷 28《名宦·高适传》。

《封丘感怀》《登城北楼》《封丘作》《初至封丘》《谢封丘县尉表》等诗多首，高适作。顺治《封丘县志》卷 8《艺文·诗歌》和康熙《封丘县续志》卷 5《艺文》皆著录，并收入全文。

崔颐正（922—1000），宋代开封封丘人。举进士，官国子直讲①、殿中丞，为宋太宗说《庄子》。宋真宗时于御书院说《尚书》，改国子博士。咸平三年（1000）卒，时 78 岁。事迹详见《宋史》卷 431《儒林一·崔颐正传》。

《刊正诸经音疏》，杜镐、崔颐正、孙奭撰，佚。《宋史》卷 431《崔颐正传》著录，佚。

崔偓佺（928—1006），崔颐正之弟，宋代开封封丘人。举进士，官国子直讲。曾为真宗讲《尚书》《道德经》。生平事迹详见《宋史》卷431《儒林一·崔颐正传附崔偓佺传》。

《帝王手鉴》，崔偓佺撰，10 卷，佚。始见《宋史》卷 431《崔颐正传附崔偓佺传》，佚。

《注曹唐大游仙诗》，崔偓佺撰，15 卷，佚。始见《宋史》卷 431《崔颐正传附崔偓佺传》，后佚。曹唐，初为道士，有《曹唐集》1 卷，曾作《游仙诗》百余篇。

---

① 国子直讲，宋代国子监（教育管理机关和最高学府）官名，地位在博士、助教之下，其职责是"佐博士、助教以经术讲授"。

三 明清及民国时期的封丘文献

张元祯，初名元征，字廷祥，别号尔白，明代南昌人。天顺四年（1460）进士，后官至吏部左侍郎。生平事迹详见张廷玉《明史》卷184《张元祯传》。

《建荆隆口河渎神祠记》，张元祯撰。记载明孝宗弘治间事。顺治《封丘县志》卷7《艺文·碑记》、乾隆《卫辉府志》卷46《艺文志》均著录，并收入全文。

袁仕，字良辅，明代湖北枣阳人。弘治六年（1493）进士，次年（1494）来任封丘知县。事迹见顺治《封丘县志》卷5《职官·明知县·袁仕》。

《筑护城堤记》，袁仕撰。记载明孝宗弘治间修筑环绕城郭护城堤之事。顺治《封丘县志》卷7《艺文·碑记》、乾隆《卫辉府志》卷47《艺文志·记三》皆著录，并收入全文。

《重建城隍庙记》，袁仕撰。顺治《封丘县志》卷7《艺文·碑记》著录，并收入全文。

张天瑞（1450—1504），字文祥，号云坪，明代山东清平（今临清）人。成化十七年（1481）中进士一甲第三名，授翰林院编修，后曾任翰林侍读。

《袁侯去思碑记》，张天瑞撰。袁侯即袁仕。顺治《封丘县志》卷7《艺文·碑记》著录，并收入全文。

贾谦吉，明代封丘县人。庠生出身，约活动于万历年间。

《儒学建尊经阁记》，贾谦吉撰。记载万历丙申（1596）修建儒学尊经阁事。顺治《封丘县志》卷7《艺文·碑记》著录，并收入全文。

李日敬，字伯忠，明代封丘县人。万历二十五年（1597）贡生，曾官鲁山训导、阜平县令和岳州府通判。卒入乡贤祠。事迹详见顺治《封丘县志》卷6《科贡·明贡士》小传和卷8《艺文·李公实政传》。

《重修城隍庙记》，李日敬撰。顺治《封丘县志》卷7《艺文·碑记》著录，并收入全文。

《新城眺望》诗1首，李日敬撰。顺治《封丘县志》卷8《艺文·诗歌》著录，并收入全文。

万泰，封丘县人。顺治十二年（1655）进士，长于书法，曾任怀庆府教授、国子监监丞、刑部江西司主事、贵州道监察御史等官。事迹详见康熙《封丘县续志·国朝进士·万泰》和康熙《封丘县志·艺文·侍御万公传》。

《重修城隍庙记》，万泰撰，存。顺治《封丘县志》卷7《艺文·碑记》著录，并收入全文。

《苦黄河再决》《振河楼即事》《再上振河楼》《杨村寺》《渡黄河即事》等诗多首，万泰撰，存。康熙《封丘县续志·艺文·诗歌》著录，并收入全文。

《磨潭秋月》诗1首，万泰撰，存。顺治《封丘县志》卷8《艺文·诗歌》著录，并收入全文。

张勋，明代江苏华亭（今上海市松江县）人。曾任兵部主事。

《仙官桥记》，张勋撰，存。该桥在封丘县西南三十里。康熙《封丘县续志》卷5《艺文》著录，并收入全文。

张鲤，字禹门，一字翼若，号翔溟，明代山东平阴人。万历三十八年（1610）进士，次年来任知县。后调祥符知县，官至太仆寺少卿。卒祀乡贤。见顺治《封丘县志》卷5《职官·明知县·张鲤》。

《中滦夜雨》《磨潭秋月》《青陵古树》《黄池芳草》《封父旧亭》《翟母遗墓》《淳于晓钟》《翟沟晴波》等诗多首，张鲤作。顺治《封丘县志》卷8《艺文·诗歌》著录，并收入全文。

王策，字少芳，明代山东淄川（淄博）人。举人出身，万历四十二年（1614）来任封丘知县。见顺治《封丘县志》卷5《职官·明知县·王策》。

《中滦夜雨》《磨潭秋月》《青陵古树》《黄池芳草》《封父旧亭》《翟母遗墓》《淳于晓钟》《翟沟晴波》等诗多首，王策作。顺治《封丘县志》卷8《艺文·诗歌》著录，并收入全文。

边有猷（1539—1624），字克庄，号南亭，世称南园先生，明代封丘人。万历二年（1574）进士，初授长垣知县。后任苏州、西安、常州知府，进山东按察司副使①，累官至山东右布政使，晋太仆寺卿。卒葬县城西南1公里边庄村东南，享年86岁。事迹见顺治《封丘县志》卷8《艺文·传类·边有猷传》、康熙《开封府志》卷26《边有猷传》。

万历《封丘县志》，张鲤、王策修，边有猷纂，残。张鲤以旧志不符当时，聘边有猷主持纂辑，属辑事于其子边之靖。边氏父子因旧志而补辑之，张、王两任知县先后参与搜采。顺治《封丘县志》卷首收入边有猷"序"。《中国地方志联合目录》著录，上海市图书馆藏，仅有卷7《艺文》。

《检身录》，边有猷撰，12卷，佚。民国《封丘县志》卷8《艺文志》著录，并收入"自序"。

《包修砖城记》，边有猷撰，存。记载隆庆壬申（1572）修筑封丘城垣事。顺治《封丘县志》卷7《艺文·碑记》、乾隆《卫辉府志》卷46《艺文志·记二》均著录，并收入全文。

《重修关王庙记》，边有猷撰，存。该庙在旧城西南。顺治《封丘县志》卷7《艺文·碑记》著录，并收入全文。

《邑侯张公去思碑记》，边有猷撰，存。邑侯张公即张鲤，山东平阴县人，万历三十九年（1611）来任封丘县令。顺治《封丘县志》卷7《艺文·碑记》著录，并收入全文。

边之靖，边有猷之子，明代封丘人。万历间进士，曾任兵部武库司员外郎、江苏兴化知县。卒入名宦祠。顺治《封丘县志》卷6《人物·贤哲》有小传，另卷8《艺文·传类·边有猷传》附边之靖传。

---

① 副使，官名，为各种正使副职。始见于秦、汉。明代按察使司所置为正四品，与金事分司诸道。清沿置。

《风俗利弊图说》，边之靖撰，存。顺治《封丘县志》卷8《艺文·赋类》著录，并收入全文。

《吊青陵台》《慨黄池盟》诗2首，边之靖撰。顺治《封丘县志》卷8《艺文·诗歌》著录，并收入全文。

《置学田记》，边之靖撰。顺治《封丘县志》卷7《艺文·碑记》、乾隆《卫辉府志》卷46《艺文志·记二》均著录，并收入全文。

万化，字会中，号羽庵，明末清初封丘县人。崇祯十五年（1642）举人，历广西苍梧兵巡道①兼参议。入清参与修志。顺治《封丘县志》卷6《人物·科贡》有小传。

《渡江集》，万化撰。《中州艺文志》卷40著录。

《许闲堂遗稿》，万化撰。《中州艺文志》卷40著录。

焦芳（1436—1517），字孟阳，号守静，泌阳（今河南唐河）人。天顺八年（1464）进士，进侍讲学士。历吏部尚书，因告密，进兼文渊阁大学士，入预机务，累加少师、华盖殿大学士。事迹详见《明史》卷306《阉党·焦芳传》。

《张鼐祠记》，焦芳撰，存。记载弘治六年（1493）治河之事。张鼐，字用和，明代山东历城人，成化间进士，曾官河南布政使参议、按察司副使。顺治《封丘县志》卷7《艺文·碑记》、乾隆《卫辉府志》卷47《艺文志·记三》均著录，并收入全文。

曾大有（1466—1523），字世享，明代湖北麻城人。弘治六年（1493）中进士，后曾任提学副使。其余事迹不详。

《参政秦公生祠记》，曾大有撰。顺治《封丘县志》卷7《艺文·碑记》著录，另著录刘武臣《河南参政秦公生祠记》、徐缙《秦公生祠记》和顾梦圭《重修秦公生祠记》，均收入全文。秦公即秦金，字国声，号凤

---

① 兵巡道，明清监察官的军事兼衔名称。明清时期沿袭唐代制度，于按察司下设按察分司，在按察使下设按察副使、按察佥事等官，分察府、州、县，称分巡道。分巡道兼兵备者，称兵巡道、兵备道；兼理沿海兵、粮者，为巡视海道。

山，明代无锡人，曾官河南左参政，生平事迹详见《明史》卷194《秦金传》。正德间河北霸州刘六、刘七起义，波及封丘，该文主要记载秦金在封丘的平乱事迹。

高云汉，明代封丘人。曾任知县，其余事迹不详。

《县令张公生祠碑记》，高云汉撰。张公指张守，字惟约，泾阳人。正德间河北霸州刘六、刘七起义，波及封丘，该文记载当时县令张守的平乱事迹。顺治《封丘县志》卷7《艺文·碑记》著录，并收入全文。

《次韵》《挽吴节妇》诗2首，高云汉撰。顺治《封丘县志》卷8《艺文·诗歌》著录，并收入全文。

朱缙，字晴峰，明代湖广零陵县（今属湖南）人。嘉靖四年（1525）举人。嘉靖十八年（1539）来任封丘知县。顺治《封丘县治》卷5《职官》有小传。

嘉靖《封丘县志》，朱缙修，张尧弼①纂，4卷，佚。朱缙来任2年后，延尧弼修志，成稿4卷，嘉靖二十年（1541）付刊。有朱缙、张尧弼"序"各一，保存于顺治《封丘县志》中。朱缙"序"云："是志之作，虽不肖忘其芜陋，少附一得之愚，纂辑则学谕张君尧弼，订雠则司训熊君栋、黎君近光，诹访则庠生邵子弦辈。"张尧弼"序"云："辛丑（嘉靖二十年）八月，仆领教封丘，既视事，拜邑侯晴峰先生于庭下，先生出一帙以示仆曰：'此封丘者，诸生邵弦辈之所为者。……子其正之，吾将择而取焉。'又出一帙曰：'此吾《修志要略》也，子必宗之……越两月稿上，遂命诸梓。"此志纂修之经过，可知大略。《天一阁藏明代地方志考录·河南省》云："《封丘县志》四卷，散出，明嘉靖二十年（1541）朱缙纂修，明刻本。见一八〇八年旧目。此志惜已不传。"

薛瑄，约活动于嘉靖年间。生平事迹不详。

《县署小亭赋》，薛瑄撰。该赋乃嘉靖辛卯（1531）所作。顺治《封丘县志》卷8《艺文·赋类》著录，并收入全文。

---

① 张尧弼，明代山西代州（代县）人。举人出身，嘉靖二十年（1541）来任封丘县教谕。

胡以祚，明代北直隶（今河北）邢台人。举人出身，万历元年（1573）来任封丘知县。事迹详见顺治《封丘县志》卷5《职官·胡以祚传》。

《封丘县治题名记》，胡以祚撰，存。题名碑，内容有知县、县丞、主簿等姓名、籍贯、出身和履历等。顺治《封丘县志》卷7《艺文·碑记》著录，并收入全文。

《儒学题名记》，胡以祚撰，存。该碑原立于县学明伦堂左侧。顺治《封丘县志》卷7《艺文·碑记》著录，并收入全文。

万历《封丘县志》，胡以祚修，2卷，佚。《内阁藏书目录·志乘部·河南》《千顷堂书目·地理类上》均著录。

余缙（1617—1688），字仲绅，浙江诸暨人。顺治九年（1652）进士。顺治十一年（1654）来任封丘知县。后官至河南道御史。事迹详见《清史稿》卷282《余缙传》。

《中滦夜雨》《磨潭秋月》《青陵古树》《黄池芳草》《封父旧亭》《翟母遗墓》《淳于晓钟》《翟沟晴波》《感怀》等诗多首，余缙撰。顺治《封丘县志》卷8《艺文·诗歌》著录，并收入全文。

李嵩阳，字云增，号弦佩，日敬之孙，明代封丘县人。崇祯三年（1630）举人，历官广东道御史、浙江温处道右参议。事迹见乾隆《河南通志》卷57《李嵩阳传》、乾隆《卫辉府志》卷31《人物·名宦·李嵩阳传》。

顺治《封丘县志》，余缙修，李嵩阳、万化纂，9卷，首1卷，存。余缙奉河南巡抚贾汉复修志檄文，筹集力量，一年而成，于顺治十六年（1659）付梓。此志在明万历边有猷志基础上纂修，凡增益者均加"按"字。卷首有李嵩阳、芟孕秀、余缙等人"序"，还保留了多种旧志"序"，这些是研究封丘县志修纂的珍贵资料。每目冠以总论，以发旨意。艺文中《荆隆口塞河成功勒石记》为治理黄河的珍贵资料，边之靖《风俗利弊图说》是当时社会民情的生动写照，均具有重要价值。今存有顺治十六年（1659）原刊本、康熙三十六年（1697）刊本和民国二十六年（1937）开封新豫印刷所铅印本等三种。

屠粹忠（1629—1706），字纯甫，号芝岩，清代浙江鄞县人。顺治十五年（1658）进士，顺治十八年（1661）来任封丘知县，后官至兵部尚书。事迹见康熙《封丘县续志·职官·县令》小传和《国朝耆献类征初编》卷51《卿贰·屠粹忠传》。

《封邑修城记》《重建文昌阁记》《重建夏侯封父亭记》《重建关帝庙记》《心水亭记》等文5篇，屠粹忠撰，均存。顺治《封丘县治》卷9《艺文》著录，并收入全文。

苌孕秀，字光碧，号青萝，清代封丘县人。顺治十二年（1655）进士，长于书法。曾任河南彰德府学教授、行人司司副。生平事迹详见康熙《封丘县续志·艺文·传记·兵部郎中苌公传》。

《苦水行》《黄池》诗2首，苌孕秀作。顺治《封丘县志》卷8《艺文》著录，并收入全文。

《封丘水后》《水后复业》《水后归里叹道旁古庙》诗多首，苌孕秀作，存。康熙《封丘县续志·艺文·诗歌》著录，并收入全文。

岳峰秀，字镇九，号克亭，清代山东汶上县坡南岳家楼（今属嘉祥县孟姑集乡）人。顺治八年（1651）举人，十八年（1661）进士。康熙八年（1669）来任封丘知县。后官至刑部掌印都给事中。卒祀乡贤祠。事迹见康熙《封丘县续志·职官·县令》小传。

《暮归杨村道中》《霍山寺述怀》《柬鄢广文》《夜雨宿大北岗大士庵中》《长至前五日将去封丘送内子东还汶上》诗5首，岳峰秀撰，存。康熙《封丘县续志·艺文·诗歌》著录，并收入全文。

王赐魁，字瀛庵，号杏山，清代辽东杏山（今辽宁锦县）人。官生出身，康熙十三年（1674）来任封丘知县。事迹见康熙《封丘县续志》之《职官·县令·王赐魁传》。

康熙《封丘县志》，王赐魁修，李会生、宋作宾①纂，不分卷，存。康熙十九年（1680）付梓，后有民国二十六年（1937）开封新豫印刷所铅印本。卷前有封丘知县王赐魁"序"、本县人彭昌龄"序"，后有本县儒学教谕李会生"跋"。本志为续志，所续多为顺治志后二十余年间事。旧志星野、疆域、山川、形势、风俗、沿革等目皆删去，以免与旧志重复。建置、民土皆为王赐魁任内事。人物保留部分旧志内容，增入部分新作。尤重艺文，几近全书四分之三。诗歌全属新作，万泰《苦黄河再决》和《封丘水后》《水后复业》《水后归里叹道旁古庙》等诗，生动反映出本县遭黄河水灾的悲惨情景。

《重修明伦堂记》《百里公甘雨记》②《翟母祠记》《重修封父亭记》《观察李公传》《贞烈祠记》等文多篇，王赐魁撰，均存。康熙《封丘续县志》之碑记、传记等均著录，并收入全文。

《广文李公传》，王赐魁撰，存。康熙《封丘县续志·传记》著录，并收入全文。李公即李载阳，清代封丘人，顺治《封丘县志》卷6《人物·贤哲》有小传。

《中滦夜雨》《磨潭秋月》《青陵古树》《黄池芳草》《封父旧亭》《使君庙》《百里使君庙祈雨》《青陵台》《登振河楼》《翟母遗墓》《翟沟晴波》《封父亭新成》《堤柳》《庆丰》《春日同友饮封父亭》等诗多首，王赐魁撰，存。康熙《封丘县续志·诗歌》著录，均收入全文。

李会生，字朴园，清代夏邑人。岁贡出身，康熙十六年（1677）来任封丘教谕。后官安肃知县、通州知州、贵州镇远知府、云南布政司参政等。

《汾阳令李公小传》，李会生撰。李公即李岱阳，字乔岳，日敬之孙。康熙《封丘县续志·艺文》著录，并收入全文。

李承绂，李日敬之曾孙，清代封丘人。康熙十八年（1679）进士，

---

① 宋作宾，河南息县人。岁贡，康熙十三年（1674）来任封丘训导。

② 百里公，指百里嵩，字景山，汉代封丘人。曾任徐州刺史，故称使君。其墓在封丘县城东北2.5公里庙岗村东南。顺治《封丘县志》卷6《人物·贤哲》有传记。

官内阁中书舍人。康熙《封丘县续志》之《人物》有小传。

《封丘令耿纮祚传》，李承绥纂。耿纮祚，字恭度，辽左世家。康熙《封丘县续志》卷5《艺文》和乾隆《卫辉府志》卷50《艺文志·传二》均著录，并收入全文。

《封丘令杜时莘传》，李承绥撰。杜时莘，字尔英，号再庵，清代浙江东阳人，康熙二十年（1681）来任封丘令。康熙《封丘县续志》卷5《艺文》和乾隆《卫辉府志》卷50《艺文志·传二》著录，并收入全文。

《少参万公传》，李承绥纂。万公即万化，字会中，号羽庵，清代封丘县人。康熙《封丘县续志·艺文·传记》著录，并收入全文。

《孝子方公传赞》，李承绥纂。方公即方鼎，清代封丘人。增广生出身，有孝行。康熙《封丘县续志·艺文·传记》著录，并收入全文。

《翟母祠》诗1首，李承绥纂，存。康熙《封丘县续志·艺文·诗歌》著录，并收入全文。

孟镠，清代山东朝城人。举人出身，康熙二十七年（1688）来任封丘知县。事迹见康熙《封丘县续志》卷4《职官·县令·孟镠传》。

康熙《封丘县续志》，孟镠、耿纮祚①修，李承绥纂，5卷，存。有民国二十六年（1937）开封新豫印刷所铅印本。《山东大学图书馆古籍善本书目·史部》《河南大学图书馆馆藏地方志目录·新乡地区》均著录。此志奉河南巡抚修志檄而作，孟镠主其事，聘李承绥纂修。镠亡于任内，继任耿纮祚为之续成，康熙三十六年（1697）付梓。此次续修，"先取旧志窥其梗概，然后以续志互证之，略加整齐，以告成事"。凡旧志已载者不再重出，旧志有图九幅，经考核删定存其四。沿革多所订正。古迹增补，皆取旧文献资料，间校旧志讹错。新增河防目，通为一篇，叙自汉武迄止清代康熙，黄河在本县的决口和治理的历史，尤详清顺治九年（1652）、康熙八年（1669）两次决口。

《重修文昌阁记》，孟镠撰。康熙《封丘县志》卷5《艺文》著录，并收入全文。

---

① 耿纮祚，字恭度，奉天辽阳（今属辽宁）人，笔帖式出身，康熙三十三年（1694）来任知县。事迹详见康熙《封丘续志》卷5《艺文·邑侯耿公传》。

　　高建，清代浚县人。举人出身，其他生平事迹不详。

　　《重修百里嵩使君庙记》，高建撰。顺治《封丘县志》卷7《艺文·碑记》著录，并收入全文。

　　彭昌龄，清代封丘县人。举人出身。其余事迹不详。

　　《李玉佩先生传》，彭昌龄撰，存。李玉佩，即李泰阳，字交本，李承绂之父，清代封丘县人。康熙《封丘县续志·艺文·传记》著录，并收录全文。

　　朴怀宝，清代直隶大兴县人。监生，曾任封丘知县、太康知县。

　　《重修儒学工程碑记》，朴怀宝撰。原碑乃雍正十一年（1733）知县朴怀宝所立，民国时"仍存孔子庙"。民国《封丘县续志》卷26《文征六·碑记》著录，并收入全文。

　　周世爵，字上宾，清代偃师人。乾隆二十三年（1758）岁贡，官封丘县训导。耿介①弟子，为学力行不欺，后一二百年，乡人每思仰之。《中州先哲传·儒林》有传。

　　《万箴辑略》，周世爵撰，1卷，附《杂著》，刻本，存。《中州艺文录》卷21著录。马时芳"序"曰："予尝驱车西亳，闻其地有上宾周先生者，笃道君子也。及侨寓洛阳，乃曾孙行健过我。观其貌厚气肃，动止不苟，不问而知其为先生之后。以先生所著之《万箴辑略》见示。箴者，所以刺病，古人取以为规戒。万箴，斋名，先儒有心箴、敬一箴、五箴、四箴等类，先生推广之。万箴者，言其前后左右罔非箴也云尔。谓之辑略者，乃其孙希伊网罗辑而刊之，多所散佚也。"郑玉律"序"曰："上宾周先生仿程范之意而广其所未备，著《万箴斋》一书。予闻先生之学以

---

　　① 耿介，字介石，号逸安，人称嵩阳先生，河南登封人。顺治八年（1651）举人，九年（1652）进士，选庶吉士。由检讨出为福州巡海道、江西湖东道、直隶大名道，终詹事府少詹事。兴复嵩阳书院，主讲大梁书院。著有《孝经易知》《理学要旨》等，并编修《河南通志》《嵩阳书院志》等志书。

笃实为本，于‘周子主一、程子主敬’之说常身体而力行之。后为封丘教谕，年已八旬，而孜孜然惕厉之志不少息也。故所作诸箴，皆自道其甘苦，较前贤为益备。”

曾兴柱，清代湖北云梦人。雍正十一年（1733）进士，长于书法。乾隆十七年（1752），来任封丘知县。事迹见民国《封丘县续志》卷14《宦绩略·曾兴柱传》。

《重修儒学碑记》，曾兴柱撰，存。记述乾隆十九年（1754）重修儒学事。民国《封丘县续志》卷26《文征六·碑记类》著录，并收入全文，称“现存孔子庙”。

侯于鄷，清代四川营川人。举人出身。乾隆三十年（1765）来任封丘知县。事迹见民国《封丘县续志》卷10《职官表》小传。

《重修封父亭碑记》，侯于鄷撰。乾隆三十七年（1772），知县侯于鄷将封父亭迁至封丘县城西街关帝庙之右，故立碑作记。民国《封丘县续志》卷26《文征六·碑记类》著录，并收入全文。

苌建星，清代封丘苌留横人。嘉庆间岁贡出身。事迹见民国《封丘县续志》卷12《选举表》小传。

《重修使君百里公冢茔碑记》，苌建星撰。嘉庆三年（1798），此碑立于封丘县城东北五里庙岗使君墓前。民国《封丘县续志》卷26《文征六·碑记类》著录，并收入全文。

马时芳（1762—1837），字诚之，号平泉，又号见吾道人，清代禹州人。乾隆四十八年（1783）副榜，屡应乡试不第。嘉庆十九年（1814）授封丘教谕。道光十七年（1837），卒于巩县教谕任所。生平事迹详见《国朝耆献类征初编》卷257《马时芳传》。

《周易引》，马时芳撰，抄本，存。《河南通志艺文志稿》《中州艺文录》卷7均著录。“自序”略曰：“观象玩辞，期明诸心。随笔于其下，遇不可通者辄且搁置。又中年多故，时有作辍，耿耿心目间。自壬戌迄今，越九年而成稿，辞义明浅，引而近之，人人可学，确然知其为寡过之书，名之曰《易引》云。"

《论语义疏》，马时芳撰，20 卷。"自序"略曰："丁丑夏，守制丧庐，苦块忧戚之中，思虑专一，忽觉此心湛然。因念《论语》为吾夫子讲学之书，乃义理之权衡，不揣固陋，辄继前笔，逐章略述其大义，阅三月而毕，名之曰《论语义疏》。自是反复参订，屡加增删，又六年于兹。适人见之，曰子何以释《论语》，曰不拘旧说，不执己见，第虚吾心，以吾心想圣人之心，想记者之心，如周旋一堂，面承训诲，如是而已。"《河南通志艺文志稿》《贩书偶记续编》卷 3 和《中州艺文录》卷 7 均著录，有光绪间石印 10 卷本和民国《平泉遗书》石印本。

《风烛学抄》，马时芳撰，4 卷，存。道光二十一年（1841）刊，另有民国《平泉遗书》石印本。《清史稿艺文志补编》《贩书偶记续编》《河南通志艺文志稿》《中州艺文录》卷 7 等并见著录。"自序"曰："芳窃不自意，得读夏峰孙子所辑《理学宗传》而深有以见，夫人之不可不学也。忆年二十时，游苑陵，于人家见是书，拜求主人，携以归，奉如师保。盖至于今四十有九年矣。夫士子咿唔佔哔，以媒利禄，非学也。乃有读圣贤书，得其一二语，孤持之，刻己自将，而不切体诸天命人心之本，然若世俗之所谓理学，其失有四，而迂曲固陋不与焉：曰矜高，曰疏阔，曰偏滞，曰烦急。有一于此，乖道揆矣。学焉而弗诣其极，犹不学也，夏峰辑为是书，指示同行，审慎持权，三致意焉。读之已频，残缺破裂，就其存者，日写数行，遂成此帙，缀以鄙论，以时代为序。予老且惫，力策余光，仅而为此，不敢仍其旧名，名之曰《风烛学抄》。"

《马氏心书》，马时芳撰，4 卷。有刊本和民国《平泉遗书》石印本，《中州艺文录》卷 7、《河南通志艺文志稿》等均著录。"自序"曰："人生有涯而思也无涯，顾吾胸中耿耿，常若有所欲发者，然而又无所焉以发之，不得已则咨嗟谨懔而措之于言，夫亦哀然成帙矣，题曰《马氏心书》。流连省视，莫能自已，谓是为已发乎？所发者何也？谓是为未发乎？抑又何有也？弥望鸿蒙，洒然一笑。初余撰《求心录》，绵历五纪，文逾十万。中间何所弗及，大抵反身切已，艰苦磨砺之言居多。兹复手加编订，勒为是书，非关道之显晦，治之隆污，民生之休戚与夫一切大是大非之所在，而悠然抱千古之思者，概从删节，厘为四卷。其原稿使生徒子弟辈存之，是书以寄后之君子。"

《求心录》，马时芳撰，3 卷，存。今存有原稿本和民国《平泉遗书》石印本，《清史稿艺文志补编·子部·儒家类》《河南通志艺文志稿》《中州艺文录》卷 7 均著录。此书仿薛瑄《读书录》之意，然薛氏重在检寻义理，而马时芳偏重发明本心。

《朴丽子》，马时芳撰，19 卷，存。今存有民国《平泉遗书》石印本，《清史稿艺文志补编·子部·儒家类》《河南通志艺文志稿》《中州艺文录》卷 7 等均著录。

《黄池随笔》，马时芳撰，2 卷，存。有民国《平泉遗书》石印本，《中州艺文录》卷 7、《河南通志艺文志稿》均著录。

《鸣竹随笔》，马时芳撰，抄本。《中州艺文录》卷 7 著录。

《闻鸡随笔》，马时芳撰，抄本。《中州艺文录》卷 7 著录。

《芝田随笔》，马时芳撰，3 卷，存。有原稿本 6 卷和民国《平泉遗书》石印本，《中州艺文录》卷 7 著录。

《四家辑语》，马时芳撰，1 卷。《中州艺文录》卷 7 著录。

《来学纂言》，马时芳撰，1 卷，存。有民国《平泉遗书》石印本，《中州艺文录》卷 7、《河南通志艺文志稿》均著录。

《垂香楼文草》，马时芳撰，8 卷，《诗稿》2 卷，刊本存。《贩书偶记续编·别集类》《河南省图书馆中文古籍书目·集部》均著录，河南省图书馆藏。

《风楹待月》，马时芳撰，1 卷，存。有刊本和民国《平泉遗书》石印本，《中州艺文录》卷 7、《中国丛书综录》均著录。

《挑灯诗话》，马时芳撰，9 卷，存。有光绪间 4 卷刊本和民国《平泉遗书》石印本，《清史稿艺文志补编·集部·诗文评类》《河南通志艺文志稿》《中州艺文录》卷 7 等均著录。

张蕉启，字雨窗，河南封丘人。嘉庆九年（1804）举人，曾官伊阳教谕。《中州诗征》有小传。

《百孝诗》，张蕉启撰。《中州艺文录》卷 40、中州文献征辑处《第三期征辑书目》均著录。《中州诗征》卷 19 收其诗 1 首。

《百忠诗》，附《百美诗》，张蕉启撰。民国《封丘县续志》卷 8《艺文志》、中州文献征辑处《第三期征辑书目》均著录。

郑贻哲，字晓亭，封丘人。附生，卒时 73 岁。事迹详见民国《封丘县续志》卷 15《人物略·文学·郑贻哲传》。

《乐记章句》，郑贻哲撰，抄本 1 册，佚。皆著录，今佚。民国《封丘县续志》卷 8《艺文志》、卷 15《郑贻哲传》《河南通志艺文志稿》《中州艺文录》卷 40 均著录，前者收录光绪三十三年（1907）其子郑叔方"序"。

《春秋本义》，郑贻哲撰，12 卷，刻本。民国《封丘县续志》卷 8《艺文志》、卷 15《郑贻哲传》、《中州艺文录》卷 40 和中州文献征辑处《第一期征辑书目》均著录，前者卷 8《艺文志》收入"自序"，卷 26《文征二》收入李时灿"序"。

《四书大学贯》，郑贻哲撰，刻本，1 册。民国《封丘县续志》卷 8《艺文志》、卷 15《郑贻哲传》、《中州艺文录》卷 40 和中州文献征辑处《第一期征辑书目》均著录，前者卷 26《文征》收入"自序"。

《孝经勘误继志》，郑贻哲撰，1 卷，抄本。民国《封丘县续志》卷 8《艺文志》、卷 15《郑贻哲传》、《中州艺文录》卷 40 和中州文献征辑处《第一期征辑书目》均著录，前者卷 8《艺文志》收入"自序"，卷 26《文征》收入李时灿"序"。

《孔文蠡管》，郑贻哲撰，1 卷，抄本。民国《封丘县续志》卷 8《艺文志》、《中州艺文录》卷 40 和中州文献征辑处《第一期征辑书目》均著录，前者收录宣统元年（1909）其子叔方"序"。

蒋万宁（1757—1809），字际虞，清代江苏吴县（今属苏州）人。嘉庆六年（1801）进士，次年（1802）来任封丘知县，后调孟县知县。生平事迹详见民国《封丘县续志》卷 14《宦继略·蒋万宁传》。

《岁修护城堤壕详文》，蒋万宁撰，存。作于嘉庆十年（1805）。民国《封丘县续志》卷 18《掌故一》著录，该文刻于封丘南关大王庙玲珑碑阳面。

《岁修护城堤壕详文后》，蒋万宁撰，存。民国《封丘县续志》卷 18《掌故一》著录，该文刻于玲珑碑阴面。

齐承庆，字鹿樵，清代安徽芜湖人。嘉庆七年（1802）进士，工于书法。嘉庆十年（1805）来任封丘知县。

《重修青陵台贞烈祠碑记》，齐承庆撰，存。该文作于嘉庆十一年（1806），原碑立于城东青堆贞烈祠。民国《封丘县续志》卷26《文征六》著录，并收入全文。

陈允中，清代封丘人。廪生出身。

《奉令蠲免车马杂派差徭碑记》，陈允中撰。该文作于嘉庆二十一年（1816），原碑立于城东8里和寨村。民国《封丘县续志》卷26《文征六》著录，并收入全文。

邢守道（1818—1884），字印中，号霁亭，清代封丘人。同治二年（1863）进士，曾官平湖县知县。光绪十年（1884）卒，享年66岁。事迹详见民国《封丘县续志》卷26《文征五·清故进士邢公印中墓志铭》。

《含辛斋诗文集》，邢守道撰。民国《封丘县续志》卷8《艺文志》、民国《封丘县续志》卷26《清故进士邢公印中墓志铭》均著录。

《公余随笔》，邢守道撰。民国《封丘县续志》卷8《艺文志》、民国《封丘县续志》卷26《清故进士邢公印中墓志铭》均著录。

《记事珠》，邢守道撰。民国《封丘县续志》卷8《艺文志》、民国《封丘县续志》卷26《清故进士邢公印中墓志铭》均著录。

黄埧，清代湖北钟祥县人。道光二年（1822）进士出身，次年（1823）来任封丘知县，五年（1825）卸任。

《新建封丘汛衙署碑记》，黄埧撰。该记作于道光五年（1825）。民国《封丘县续志》卷26《文征六》著录，并收入全文。

郭廷翊，字醒园，清代封丘人。嘉庆十八年（1813）举人。道光七年（1827），官鄢陵县教谕。事迹见民国《封丘县续志》卷15《人物略·乡宦·郭廷翊传》。

《重修旺龙庵碑记》，郭廷翊撰，存。民国《封丘县续志》卷26《文征六》著录，并收入全文。

高国宝,清代封丘县人。曾任虞县教谕。生平见民国《封丘县续志》卷12《选举表》。

《重修龙王庙碑记》,高国宝撰,存。道光二十年(1840),此碑立于城东12里高产角村。民国《封丘县续志》卷26《文征六》著录,并收入全文。

黄赞汤(1805—1869),字莘农,号徵三,清代江西庐陵(今吉安)人。道光十三年(1833)进士,历官兵部右侍郎、刑部右侍郎、户部右侍郎、福建学政、河南巡抚、河道总督及广东巡抚等。生平事迹详见《绳其武斋自纂年谱》。

《墉台义地碑记》,黄赞汤撰。当时黄赞汤任河道总督。该文作于同治元年(1862)。民国《封丘县续志》卷26《文征六》著录,并收入全文。

骆文光,字子木,清代直隶青苑(原籍浙江会稽)监生。咸丰十一年(1861)来任封丘知县。事迹详见民国《封丘县续志》卷14《宦绩略·骆文光传》。

《重修城垣碑记》,骆文光撰,存。该碑立于同治元年(1862),曾移存孔庙。民国《封丘县续志》卷26《文征六》著录,并收入全文。

《成功告竣请委验收详文》,骆文光撰,存。该文撰于同治元年(1862)。民国《封丘县续志》卷18《掌故一》著录,并收入全文。

《募建正义书院疏》,骆文光撰,存。该文撰于同治元年(1862),文后附二十六社捐款数额。民国《封丘县续志》卷20《掌故四》著录,并收入全文。

《正义书院对联并序》,骆文光撰,存。民国《封丘县续志》卷20《掌故四》著录,并收入全文。

《创建正义书院筹议经费约》,骆文光撰,存。民国《封丘县续志》卷20《掌故四》著录,并收入全文。

《创建正义书院谕》,骆文光撰,存。该文撰于同治元年(1862)。民国《封丘县续志》卷20《掌故四》著录,并收入全文。

吴人龙，清代江苏吴县（今属苏州）人。监生出身。同治十三年（1874）来任封丘典史，光绪五年（1879）卸任。生平事迹见民国《封丘县续志》卷10《职官表》小传。

《添置义地详请立案禀》，吴人龙撰。该文撰于光绪四年（1878）。民国《封丘县续志》卷21《掌故六》著录，并收入全文，文末附义地文契三份。

逢春，清代正白旗人。光绪二年（1876）来任封丘知县，四年（1878）卸任。生平事迹见民国《封丘县续志》卷10《职官表》小传。

《在城关设立粥厂并请动用积谷再行添置通禀》，逢春撰。该文作于光绪二年（1876）。民国《封丘县续志》卷23《掌故八》著录，并收入全文。

《请提宋任平粜谷价接展赈济通禀》，逢春撰。该文作于光绪三年（1877）。民国《封丘县续志》卷23《掌故八》著录，并收入全文。

闵继文，清代浙江乌城人。监生出身。光绪四年（1878）来任封丘县知县，当年缘事撤职。生平事迹见民国《封丘县续志》卷10《职官表》小传。

《缕述地方赈务情形禀》，闵继文撰。该文作于光绪四年（1878）。民国《封丘县续志》卷23《掌故八》著录，并收入全文。

张澂宇，字仙岚，张焦启之子，清代封丘人。贡生出身。事迹详见民国《封丘县续志》卷15《人物略·任恤·张澂宇传》。

《重修文庙捐输题名碑记》，张澂宇撰。该碑立于光绪二年（1876）。民国《封丘县续志》卷26《文征六》著录，并收入全文。

何家琪（1845—1904），字吟秋，号天根，何传兴之子，清代封丘人。幼孤，负奇气，从莱阳王兰升学。同治元年（1862）顺天乡试副榜，侨寓济南，郁郁不自得，立文社，以诗酒啸傲大明湖畔。光绪元年（1875）中举，入赀为校官，授洛阳教谕，迁汝宁府教授。事迹详见民国

《封丘县续志》卷 15《人物略·文学·何家琪传》和卷 26《文征四·汝宁府教授何先生传》。

《天根文抄正集》，何家琪撰，4 卷，附《续集》《文法》1 卷，刊本，存。有《文钞》8 卷刊本和光绪三十二年（1906）孙荣成选定本，后者河南省图书馆藏。《中州艺文录》《贩书偶记》《河南省图书馆中文古籍书目·集部》、民国《封丘县续志》卷 8《艺文志》均著录。

《天根诗抄》，何家琪撰，2 卷，刊本，存。有光绪间舒氏雪欧草堂刊本，河南省图书馆藏。民国《封丘县续志》卷 8《艺文志》《贩书偶记》《河南省图书馆中文古籍书目·集部》均著录。

《古文方》，何家琪撰，1 卷，附《论文约旨》，存。此书皆言作古文之法，引经史子集之文以证之，亦自抒其所见。有光绪三十二年（1906）大梁诗文合刊本，河南省图书馆藏。另有光绪间单行刻本。民国《封丘县续志》卷 26《文征》收入许鼎臣"叙"和"跋"。

《天根诗选》，何家琪撰，存。民国《封丘县续志》卷 8《艺文志》著录，并案云："手抄本二册，存河南图书馆，尚未付刊。"

《骈文》《冷语》《诗钟》《疏碧堂试帖诗》《张静嬢花月痕》，何家琪撰，各 1 卷。民国《封丘县续志》卷 8《艺文志》著录。中国国家图书馆藏有《冷语》1 卷。

《经义》，何家琪撰，5 卷。民国《封丘县续志》卷 8《艺文志》著录。

《先府君行实》，何家琪撰，存。先府君即其父何传兴。民国《封丘县续志》卷 26《文征四》著录，并收入全文。

李永吉，清代湖南长沙人。举人出身。光绪四年（1878）来任封丘知县。生平详见民国《封丘县续志》卷 10《职官表》小传。

《补修书院考棚添设义学并拟捐筹膏火通禀》，李永吉撰。该文撰于光绪五年（1879）。民国《封丘县续志》卷 20《掌故四》著录，并收入全文。

《正义书院课程》八则，李永吉、暴大儒撰。暴大儒曾任正义书院山长。民国《封丘县续志》卷 20《掌故四》著录，并收入全文。

《奉文办理粥厂情形通禀》，李永吉撰。该文撰于光绪四年（1878）。民国《封丘县续志》卷 23《掌故八》著录，并收入全文。

《为停粥放米人数递增禀》，李永吉撰。该文撰于光绪五年（1879）。民国《封丘县续志》卷23《掌故八》著录，并收入全文。

边其晋（1809—1885），字楚材，号退斋，清代封丘人。道光壬辰科副榜，选授登封教谕。后官广东英德知县、广西藤县知县。光绪十一年（1885）卒，享年76岁。事迹见民国《封丘县志》卷15《人物略·乡宦·边其晋传》。

《阶兰课艺》，边其晋撰。民国《封丘县志》卷8《艺文志》著录。

《蔗林试帖》，边其晋撰。民国《封丘县志》卷8《艺文志》著录。

《莲心香余诗抄》，边其晋撰。民国《封丘县志》卷8《艺文志》著录。

《兵政心筹》，边其晋撰。民国《封丘县志》卷8《艺文志》著录。

《家规学规要言》，边其晋撰。民国《封丘县志》卷8《艺文志》著录。

《靖海秘计》，边其晋撰。民国《封丘县志》卷8《艺文志》著录。

同治《藤县志》，边其晋修，胡毓璠纂，22卷，存。有台北成文出版社《中国方志丛书》本。

边其恒，字蕴和，号松君，清代封丘人。咸丰十年（1860）进士，曾官刑部云南司主事。见民国《封丘县续志》卷12《选举表》小传。

《农家》等诗9首，边其恒作，存。民国《封丘县续志》卷27《文征十四》著录，并收入全文。

樊振家，字凯臣，清代内黄人。举人出身。光绪十七年（1891）来任封丘训导。事迹见民国《封丘县续志》卷14《宦绩略·樊振家传》。

《重修封丘城隍庙碑记》，樊振家撰，存。民国《封丘县续志》卷26《文征六》著录，并收入全文，称该碑光绪二十三年（1897）立，在旧城隍庙头门左侧，后"就所立地址，将碑掩埋"。

《重修封丘文昌阁碑记》，樊振家撰。民国《封丘县续志》卷26《文征六》著录，并收入全文，称原碑光绪二十五年（1899）立，"现仍在文昌阁前"。

许鼎臣（1870—1933），字石衡，号渔岑，孟津人。光绪二十三年（1897）举人，曾设馆课塾30余年，桃李济济，称誉当时。

《上吟秋先生书》《寄吟秋先生书》，许鼎臣撰，存。民国《封丘县续志》卷26《文征三·书启类》著录，并收入全文，称"录自《龙嘴山馆文集》"。

黄庭芝，字瀛桥，广东文昌（今属海南）人。拔贡出身。光绪二十五年（1899）来任封丘知县。生平事迹见民国《封丘县续志》卷14《宦绩略·黄庭芝传》。

《修筑城垣城濠谕》，黄庭芝撰，存。该文撰于光绪二十六年（1900）。民国《封丘县续志》卷18《掌故一》著录，并收入全文。

《正义书院购置图书以备阅览谕》，黄庭芝撰，存。该文撰于光绪二十五年（1899）。民国《封丘县续志》卷20《掌故四》著录，并收入全文。

《订立正义书院领书条例》，黄庭芝撰，存。该文撰于光绪二十六年（1900）。民国《封丘县续志》卷20《掌故四》著录，并收入全文，文末附"正义书院藏书目录"。

《遵饬设学通禀并章程》，黄庭芝撰，存。该文撰于光绪三十年（1904）。民国《封丘县续志》卷20《掌故五》著录，并收入全文，内含"办学章程"21条。

《和留别二章》《留别四章》等诗多首，黄庭芝撰，存。民国《封丘县续志》卷27《文征十四》著录，并收入全文。

姜麟书，字伯亮，江苏常州阳湖人。举人出身，光绪三十二年（1906）来任封丘知县。事迹详见民国《封丘县续志》卷14《宦绩略·姜麟书传》。

《改良私塾推广学堂谕并章程》，姜麟书撰。民国《封丘县续志》卷20《掌故五》著录，并收入全文，内含章程六条。

苌芬，字芳洲，号复庵，清代封丘人。廪膳生。事迹见民国《封丘县志》卷 15《人物略·孝友·苌芬传》。

《仁孝语录》，苌芬撰。民国《封丘县续志》卷 8《艺文志》著录。

《构窗琐录》，苌芬撰。民国《封丘县续志》卷 8《艺文志》著录。

《考古择善编》，苌芬撰。民国《封丘县续志》卷 8《艺文志》著录。

《宝砚斋集》，苌芬撰。民国《封丘县续志》卷 8《艺文志》著录。

苌日辰，字灿东，苌芬之子，清代封丘人。贡生出身，曾官获嘉县训导。工书画，留心岐黄。事迹见民国《封丘县续志》卷 16《人物略·艺术·苌日辰传》。

《大中图解》，苌日辰撰。民国《封丘县续志》卷 8《艺文志》、卷 16《苌日辰传》均著录。

《春秋补注》，苌日辰撰。民国《封丘县续志》卷 8《艺文志》、卷 16《苌日辰传》均著录。

《春秋辑要》，苌日辰撰。民国《封丘县续志》卷 8《艺文志》、卷 16《苌日辰传》均著录。

孟新元（1888—1971），原名昭桀，字心垣，河南杞县人。1914 年，毕业于北京法政专门学校。后教私塾，当律师。1920 年被聘修杞县志，1921—1927 年被选为省议会议员。1930 年参与修河南通志。1949 年中华人民共和国成立后，曾任河南省图书馆馆长、省法院审判员、省政府文管会委员。1953 年被聘为省文史研究馆馆员并任馆委，1952 年入民革并任政协河南省第一、二、三届委员。见《河南省图书馆志》第八章第一节小传。

《牛东藩墓表》，孟新元撰。牛东藩，字景式，封丘三合营村人，光绪戊戌年进士。民国《封丘县续志》卷 27《文征五》著录，并收入全文。

牛东翰，字宣臣，封丘县人。优廪生出身。宣统元年（1909）任劝学所所长。

《县长姚公慰宗救济水灾纪念碑》，牛东翰撰。民国《封丘县续志》卷 26《文征六》著录，并收入全文，称民国二十六年（1937）原碑立于县东留光集。

侯文波，字学海，民国封丘人。民国二十二年（1933）任第四区区长，二十四年（1935）卸任。见民国《封丘县续志》卷 10《职官表·县官下》小传。

《县长姚公慰宗救济水灾留影纪念赞》，侯文波撰。民国《封丘县续志》卷 26《文征七》著录，并收入全文。

边祖恭，字子允，号安卿，封丘人。民国十一年（1922）卒，享年81 岁。生平事迹详见民国《封丘县续志》卷 15《人物略·乡宦·边祖恭传》。

《堤口补竣请禁就堤挖土公禀》，边祖恭等撰。堤指护城堤。该文撰于光绪三十三年（1907）。民国《封丘县续志》卷 18《掌故一》著录，并收入全文，文后附《保护章程》五条。

《城工修浚呈请验收公禀》，边祖恭等撰。光绪三十二年（1906），大雨导致封丘县城墙倒塌二十余丈，因经费问题延迟至宣统元年（1909）修筑，该文主要记载此事。民国《封丘县续志》卷 18《掌故一》著录，并收入全文。

崔震东，字雅艇，民国封丘人。毕业于师范学校。曾任中国国民党封丘县党部执行委员。见民国《封丘县续志》卷 27《文征十三》小传。

《醉芳轩吟稿》，崔震东撰，1 卷。民国《封丘县续志》卷 8《艺文志》著录。

《燕南游草》，崔震东撰。民国《封丘县续志》卷 27《文征十三》摘录《白松树》《甲子除夕》诗 2 首。

郑思源，民国封丘人。民国十三年（1924）任长葛县知事①。

《闲闲吟社诗钞》，郑思源撰。民国《封丘县续志》卷 8《艺文志》

---

① 县知事，官名。辛亥革命后废府、州，仅设县，置县知事一人，为一县行政长官，后改称县长。

著录。

黄荫楠，字子毓，民国封丘县人。约民国二十六年（1937）前后在世。曾任本县文献委员会委员、文学研究会会长。

《古槐书屋诗钞》，黄荫楠，1卷。民国《封丘县续志》卷8《艺文志》著录，卷27《文征》摘录《重游泮水和友人》《大水行》诗2首。

贾书山，字酉菴，民国封丘县陶北人。庠生出身，"设帐四十余年，诲人不倦"。事迹详见民国《封丘县续志》卷15《人物略·文学·贾书山传》。

《闻见随笔稿》，贾书山辑，10卷。民国《封丘县续志》卷8《艺文志》、卷15《贾书山传》均著录，后者称"六册"。

宁芾亭，字茂棠，清代封丘大里薛人。廪生出身。生平见民国《封丘县续志》卷26《文征六》小传。

《民产纪念碑记》，宁芾亭撰。民国《封丘县续志》卷26《文征六》著录，并收入全文，称"此碑有三，一在和寨，一在张光，一在大岸，民国九年立"。

姚家望，字慰宗，浙江绍兴人。曾任陈留、新蔡、伊阳等县县长，民国二十二年（1933）来任封丘县长。

民国《封丘县续志》，姚家望修，黄荫楠纂，28卷，卷首1卷，卷末1卷，存。有民国二十六年（1937）新豫印刷所铅印本，《河南大学图书馆馆藏地方志目录·新乡地区》《河南地方志综录·新乡地区》均著录。封丘县志二百余年未续修，民国二十年（1931）县长吴文涛倡议续修县志，姚家望继任后大力扶持，于民国二十六年（1937）完稿付印。此为续志，目录前有民国二十六年（1937）胡汝麟、嵇文甫、杜扶东[1]、赵振洲、黄荫楠等人"序"。全志分正志、附志，体例、内容均较旧志完备。

---

[1]　原名振亚，字扶东。事迹详见民国《封丘县续志》卷15《人物略·乡宦传·杜振亚传》。

新增通纪、氏族、宦绩、金石等目。地理、建置、教育目更为充实。地理志除沿革、疆域、物产、乡镇等目外，另有经纬度、气候、地质等目。艺文志记载清初至当时的封丘人著述，不论是否刻印，就访查所及，按人编次书名、卷数。河渠志独为1卷，附《封丘县历代黄河决口年月表》，起自金代，止于民国二十四年（1935）。旧志科第列入人物，今设选举表。文征专收碑记、传赋、诗歌等。掌故最具价值，为赋役、车马差徭、田赋、交通、救灾、教育等公文档案。本县迭遭黄河水灾，档案多失，故清代记载多缺漏，重点在民国时期。该志书体例宏大，资料翔实，是民国时期河南方志中的佳作。

《呈报黄水为灾请拨急赈》电文，姚家望撰。该文作于民国二十二年（1933）。民国《封丘县续志》卷23《掌故八》著录，并收入全文。

《请拨急赈以济灾黎》，姚家望撰。民国《封丘县续志》卷23《掌故八》著录，并收入全文，末附《封丘县被灾各区调查事项一览表》。

第七章　原阳文献

一　原阳的历史沿革

1949 年，原武县与阳武县合并为原阳县。其历史沿革分述如下。

原武县。战国时属魏国卷邑。秦代置卷县，与阳武县同属三川郡。西汉置卷县，属河南郡。东汉因之。三国魏元帝咸熙元年（264），升置原武郡。晋代初年，废原武郡、原武县，并入阳武县，属荥阳郡。北魏太平真君八年（447）省，太和十一年（487）复置，仍属荥阳郡。北齐天保七年（556），省入阳武县。隋代开皇十六年（596）移置原武县于此，属荥阳郡郑州，后改名原陵。唐朝初年复名原武，武德四年（621）"属管州，贞观元年复属郑州"①。五代因之。宋代熙宁五年（1072）省为镇，归入阳武县。元朝初年属郑州，后属开封府，寻又属延州，至元九年（1272）属汴梁路。明代洪武元年（1368），析原武县置安城县。安城、原武、阳武等三县同属开封府。正统年间，废安城县。清代雍正二年（1724），改属彰卫怀道怀庆府。

阳武县。公元前 221 年，秦始置阳武县。公元前 206 年，分置原武县，皆属河南郡。东汉因之。晋省原武，以阳武"属荥阳郡"②。东魏改属广武郡。北齐省。隋代开皇年间复置，仍属荥阳郡。唐代武德四年（621），阳武县移治汉代原武城（今原阳县城），属管州。贞观元年（627），改属郑州。唐代天宝元年（742），属荥阳郡。五代时属开封府。宋代、金代因之。金代贞祐三年（1215），置延州（今原阳县延州村），

---

① （唐）李吉甫撰，贺次君点校：《元和郡县图志》，中华书局 1983 年版，第 205 页。

② （唐）李吉甫撰，贺次君点校：《元和郡县图志》，中华书局 1983 年版，第 205 页。

辖延津、阳武、原武等三县。元代初年属延州。明代属开封府，清因之。乾隆四十八年（1783），改属怀庆府。

民国二年（1913）废府，设豫北道，次年改河北道，原武、阳武两县属隶。民国十七年（1928），废道设行政区，原武、阳武两县属河南省第二行政区。民国三十七年（1948），原武、阳武两县解放，隶于冀鲁豫区第四专区。中华人民共和国成立后，原武、阳武属平原省新乡专区。1950 年，原武、阳武两县正式合并为原阳县，同时与郑县、广武、新乡、封丘等县调整边界。1952 年，平原省撤销，原阳县改属河南省新乡专区。1969 年，改属新乡地区。1986 年，新乡地区撤销，原阳县划归新乡市管辖。

二 明代以前的原阳文献

陈平（？—前 178），阳武户牖乡（今河南原阳东南）人。少时家贫，好读书。陈涉军至魏，平从之，转归项羽，羽不能用，乃从汉王。汉兴，擒楚王信，解白登之围，其计多自平出。高祖七年（前 200），封曲逆侯。孝惠时，先后任左丞相、右丞相。卒谥"献侯"。事迹详见《史记》卷 56《陈丞相世家》《汉书》卷 40《陈平传》、嘉靖《阳武县志》卷 3《人物志·陈平传》、乾隆《阳武县志》卷 9《陈平传》、民国《阳武县志》卷 4《名贤志·陈平传》。

《奏议定列侯功次》《上代王即位议》《奉诏除连坐法议》等文 3 篇，陈平撰。分别见于《汉书·高后纪》诸篇，严可均《全汉文》卷 14 辑入。

张苍（？—前 152），阳武（今河南原阳）人。为人好书，于书无所不观，尤精于律历。沛公略地过阳武，张苍以客从军。西汉初年，封北平侯。后迁御史大夫、丞相。孝景五年（前 145）卒，享年 100 余岁，谥"文侯"。事迹详见《史记》卷 96《张苍传》、《汉书》卷 42《张苍传》、民国《阳武县志》卷 4《名贤志·张苍传》。

《春秋左氏传训故》，张苍撰。《汉书·张苍传》记载："汉兴，北平侯张苍修《春秋左氏传》。"其后《崇文总目》、姚振宗《汉书艺文志拾补》均著录。《说文解字·叙》云："北平侯张苍献《春秋左氏传》。"段玉裁注云："汉之献书，张苍最先。"《隋书·经籍志·经部·春秋类序》云："《左氏》，汉初出于张苍之家。"以上三种文献皆言其献书，难判孰是孰非。

《章程》，张苍撰，佚。《史记》卷130《太史公自序》云："汉兴，萧何次《律令》，韩信申《军法》，张苍为《章程》，叔孙通定礼仪，则文学彬彬稍进。"《集解》曰："章，历数之章术也；程者，权衡丈尺斛斗之平法也。"大概苍时为计相，故整齐度量衡器，《章程》乃度量之法。姚振宗《汉书艺文志拾补》亦著录。

《终始五德传》，张苍撰。《史记·十二诸侯年表》云："汉相张苍历谱五德。"《索隐》释曰："张苍著《终始五德传》也。"

《张苍》16篇，张苍撰。《汉书》卷30《艺文志·阴阳家类》著录，《奏论淮南王罪》《奏驳公孙臣汉应土德议》《奏议除肉刑》3篇被严可均辑入《全汉文》卷14。《汉书·张苍传》称苍"著书十八篇，言阴阳律历事"，"八""六"可能因形近而讹。《隋书·经籍志》未著录，盖已佚。《奏论淮南王长罪》《奏议除肉刑》等2篇分别见于《史记·张苍传》《汉书·刑法志》。

毛宝（？—339），字硕真，阳武（今河南原阳）人。约活跃于晋时，官至豫州刺史①。事迹详见《晋书》卷81《毛宝传》、嘉靖《阳武县志》卷3《毛宝传》、乾隆《阳武县志》卷9《毛宝传》和民国《阳武县志》卷10《毛宝传》。

《定龟窍》，毛宝撰，1卷，佚。始见《宋史·艺文志五》，后佚。

毛惠素，南朝荥阳阳武（今原阳）人。善画。仕齐，为少府卿②，被谗杀。事迹见《南齐书》卷53《良政列传·李珪之传》和民国《阳武县

---

① 刺史，官名。汉武帝时分全国为13个监察区，除司隶校尉所部区域外，其十二部刺史所辖区域均称为州。东汉时刺史在名义上虽仍为监察官，实际上已与行政长官无异。至东汉末，改刺史为州牧，遂正式形成地方的州、郡、县三级制。魏晋时统治者鉴于州牧之权过重，难于控制，废不复置，仍改为刺史。魏晋南北朝军事频仍，刺史加将军者，其权始重，加督者尤重。

② 少府卿，官名。梁天监七年（508），改少府为少府卿，官署称少府寺，地位相当于尚书左丞。

志》卷 4《孝义志·毛惠素传》。

《骑马变图》，毛惠素撰，1 卷，佚。《隋书·经籍志·子部·兵家类》注云："梁有《骑马变图》一卷，亡。"姚振宗《隋书经籍志考证》卷 33 云："张氏《名画记》载南齐毛惠远（盖"素"字之误），荥阳阳武人，官至少府卿，善画马，有《骑马变势图》传于世，似即此《骑马变图》，脱'势'字，亦即为毛惠远所画欤？"

毛爽，毛喜之弟，阳武（今河南原阳）人。通晓音律。南朝陈时曾为山阳太守。入隋后，授淮州刺史，辞不赴官。

《律谱》文 1 篇，毛爽等撰。《隋书》卷 16《律历上·候气》著录，被辑入《全上古三代秦汉六朝文·全隋文》卷 15。

韦承庆（640—706），字延休，韦思谦之子，唐代阳武人。擢进士第，后官至宰相。为政公正，善写文章，曾参与修撰《则天实录》《则天皇后纪圣文》。事迹详见《新唐书》卷 116《韦承庆传》、乾隆《阳武县志》卷 9《人物志·韦承庆传》和民国《阳武县志》卷 4《名贤志·韦承庆传》。

《南行别弟》《凌朝浮江旅思》诗 3 首，韦承庆作，存。乾隆《阳武县志》卷 11《艺文志·诗歌》著录，并收入全文。

邢恕，字和叔，北宋原武（今原阳）人。初从程颢学，因出入司马光、吕公著之门。治平四年（1067）进士，后官至御史中丞①。卒年 70 岁。事迹详见《宋史》卷 471《奸臣一·邢恕传》。

《游浯溪》等诗 10 首，邢恕撰，存。《续会稽掇英集》卷 5、《古今事文类聚》卷 22、《金石萃编》卷 132 等均有收录。

《书程明道先生行状后》《邵康节先生〈伊川击壤集〉后序》，邢恕撰，存。乾隆《原武县志》卷 9《艺文》、民国《重修原武县志》卷 4《附录诗文》均著录，并收入全文。

---

① 御史中丞，官名。西汉始置，为御史大夫副贰，居宫中兰台，为皇帝近臣。宋为御史台长官，初为正四品，兼理检使，常以他官兼。元丰改制后，为正员职事官，从三品。

《将归河北留别邵康节先生》诗 1 首，邢恕撰，存。乾隆《原武县志》卷 10《艺文》著录，并收入全文。

邢居实（1068—1087），字惇夫，邢恕之子，宋代阳武人。八岁作《明妃引》，知名于世。所宗师者司马光等，所从游者苏轼、黄庭坚等。元祐二年（1087）病卒，当时 19 岁。事迹详见晁公之《嵩山文集》卷 19《邢惇夫墓表》、《宋史》卷 471《奸臣传·邢恕传附邢居实传》、乾隆《原武县志》卷 7《隽才·邢居实传》和民国《原武县志》卷 9《邢居实传》。

《拊掌录》，邢居实撰，1 卷，存。《郑堂读书记》卷 67 则作宋元怀撰，云："前有延祐甲寅'自序'，称'吕居仁作《轩渠录》，皆纪一时可笑之事。余观诸家杂说中，亦多有类是者。暇日裒成一集，目之曰《拊掌录》，以补《轩渠》之遗'。今观其书，凡三十则，皆述宋人可笑之事，颇具端末，而皆不详出处，盖聊以资开卷一笑，不足以言著书也。"今有《百川学海》本、《古今说海》本、《说郛》本、《五朝小说》本、《学海类编》本、《丛书集成初编》本。

《明妃引》《秋风三叠》《昭君引》《寄陈履常》《雨后出城马上作》《枣阳道中》等，邢居实，存。万历《原武县志·艺文》、乾隆《原武县志》卷 10《艺文》、民国《重修原武县志》卷 9《人物·隽才·附录》皆著录，并收入全文。

《呻吟集》，邢居实撰。《宋史》卷 471《奸臣传·邢恕传附邢居实传》和乾隆《原武县志》卷 7《隽才·邢居实传》均著录。

《南征赋》，邢居实撰，存。万历《原武县志·艺文》、乾隆《原武县志》卷 10《艺文》和民国《重修原武县志》卷 9《人物·隽才·附录》均著录，并收入全文。

万俟卨（1083—1157），字元忠（又作元中），宋代阳武（今原阳）人。北宋政和二年（1112）登进士第，官至尚书右仆射。曾构陷岳飞。绍兴二十六年（1156）升任尚书右仆射同平章事，次年去世，年 75 岁，谥号"忠靖"。生平事迹详见《宋史》卷 474《奸臣四·万俟卨传》。

《太后回銮事实》，万俟卨撰，10 卷，存。《宋史·万俟卨传》《宋史·艺文志二》均著录。《四库全书总目提要》卷 52《史部八·杂史类存目一》曰："绍兴十二年，宣和太后至自金。咼新为参知政事，纪事献颂，称为千载一时之荣遇。盖贡谀之词，非其事实也。"《中国野史集成续编》第 4 册收入。

复姓绍之，字子绍，号郢庄，万俟卨之曾孙，宋代阳武（一说郢人，即今湖北钟祥）人。宋理宗时在世，入江湖诗派①。事迹见《全宋词》第 4 册小传。

《郢庄吟稿》，1 卷，万俟绍之撰。赵万里《校辑宋金元人词》辑有《郢庄词》1 卷。

靖天民（1130—1209），字达卿，自号南湖老人，金代原武（一说滏阳）人。少时尝两试乡魁，自期甚高。"晚年买田南湖，葺园圃，植竹梅，以诗酒为事。"生平详见元好问《南湖先生雪景乘骡图诗引》。

《南湖诗集》，靖天民撰，佚。《全金诗》仅收 1 首。

吕鹏，元代郑圃人。进士出身。

《刘公去思碑记》，吕鹏撰。刘公指元代刘鬴，字文炳，扶沟人，仁宗时曾任阳武县令。万历《阳武县志》卷 8《艺文志》著录，并收入全文。

三　明代的原阳文献

毛志（1432—1503），明代阳武（今属河南原阳）人。天顺八年（1464）进士，授吏科给事中。天性骨鲠，不避权位。卒祀乡贤祠。事迹详见嘉靖《阳武县志·选举》、万历《阳武县志·乡贤》、乾隆《阳武县志》卷 9《人物志·甲科》和民国《阳武县志》卷 4《人物·仕绩志》小传。

---

①　江湖诗派，南宋诗派之一。书商陈起刊行《江湖集》《江湖前集》《江湖后集》《江湖续集》《中兴江湖集》等，收 90 余诗人作品，后遂称之江湖诗派。江湖诗人都为科考落第文士，仕途不得志，即浪迹江湖，彼此歌和。

《广严寺》等诗 2 首,《文殊院记》文 1 篇,《陈平迹传》文 1 篇,毛志撰,存。广严寺在县南三十里,文殊院在县西北二十里福宁集,陈平祠在县治东北。嘉靖《阳武县志·祠庙第三》著录,皆收入全文。

《孙节妇传》,毛志撰,存。乾隆《阳武县志》卷 11《艺文志》著录,并收入全文。

周旻,明代湖北麻城县人。举人出身,曾任阳武知县。事迹见乾隆《阳武县志》卷 8《职官志·明知县》小传。

《关王庙记》,周旻撰。该记载成化间修建阳武县城北门外关王庙事。嘉靖《阳武县志》卷 1《祠庙第三》著录,并收入全文。

张林茂,明代直隶满城(今属河北)人。举人出身,弘治间来任阳武知县,"九年秩满"升均州知州。事迹见乾隆《阳武县志》卷 8《职官志·张林茂传》和民国《阳武县志》卷 3《循良·张林茂传》。

弘治《阳武县志》,张林茂修,佚。弘治六年(1493)修成志书付刊,有张天瑞"序",存嘉靖《阳武县志》。嘉靖《阳武县志》主纂吕楠如此评价该志:"编次颇无伦序,而芜辞蔓事十居七八。"《河南地方志提要下·河南方志佚书目录·新乡市》著录。

蔺佩,蔺澄从子,明代阳武人。进士出身,曾任直隶衡水知县、陕西凤县知县。见乾隆《阳武县志》卷 9《人物志》小传。

《城隍庙记》,蔺佩撰。记载弘治年间修建城隍庙之事。嘉靖《阳武县志》卷 1《祠庙第三》著录,并收入全文。

范箕,字斗南,明代顺天大兴(今属北京)人。嘉靖二年(1523)进士,当年来任阳武知县。见乾隆《阳武县志》卷 8《职官志》小传。

嘉靖《阳武县志》,范箕修,吕楠①纂,3 卷,存。阳武王光官山西宪副,利用到京述职之机回乡,携弘治旧志,向范箕推荐吕楠删辑新修,

---

① 吕楠,字幸吾,号泾野子,明代陕西高陵人。正德三年(1508)状元,曾修《高陵县志》。

于嘉靖六年（1527）完成付印。凡 3 卷，前有弘治六年（1493）张天瑞旧志"序"和吕楠"序"，后者略云："阳武县志，县尹京人范子箕所索刊者也。初予得旧志于实斋王先生，编次颇无伦序，而芜辞蔓事十居七八，实斋命予删订，乃得七篇，共三卷。"卷首尚有县境图和县治图。卷 1 是地理第一、建置第二、祠祀第三，卷 2 分别是田赋第四、官师第五，卷 3 分别是人物第六、选举第七。末有范箕"跋"。全书以简括为宗旨，如地理中有沿革、星野、形胜、四至、城池、山川、古迹等，各项内容极简要，唯山川之黄河条较详；田赋仅粮、盐 2 项，田地、差徭等均无；人物所收甚少，汉、晋、唐、宋各为 1 人；不设艺文目，诗文题记等附于各目。吕楠自谓："阳武，古名县，而贤士哲人代多有之。独恨予未至其地，遍访其故，则录十一于千百者不可谓无也。"该志书只就旧志删订而成，可视为弘治志的简本。《天一阁藏明代地方志考录》著录，今有孤本藏天一阁博物馆，另有简化标点本《原武阳武明清方志》（合订本）。

《增建文庙记》，范箕撰。该记作于嘉靖五年（1526），增建文庙 5 间，两斋 10 间，创建两庑 14 间。嘉靖《阳武县志》卷 1《建置第二》著录，并收入全文。

阎邦宁，字仲谧，号月川，明代原武人。隆庆二年（1568）进士。曾官工部主事、松江知府、山西按察使司副使。入松江名宦祠。事迹见顺治《原武县志·乡贤·阎邦宁传》、乾隆《原武县志》卷 7《人物·文苑·阎邦宁传》、民国《原武县志》卷 9《人物志·名臣·阎邦宁传》。

《重修善护寺记》，阎邦宁撰。万历《原武县志·艺文》、乾隆《原武县志》卷 9《艺文》、民国《重修原武县志》卷 2《坛庙祠附录诗文》均著录，并收入全文。

《重修显佑伯寝殿成记》，阎邦宁撰。万历《原武县志·艺文》著录，并收入全文。

《重修娄贞公祠堂记》，阎邦宁撰。娄贞公即娄师德。万历《原武县志·艺文》、乾隆《原武县志》卷 9《艺文》和民国《重修原武县志》卷 2《坛庙祠附录诗文》均著录，并收入全文。

《皇明阎实口关王庙落成碑》，阎邦宁撰。万历《原武县志·艺文》、民国《重修原武县志》卷2《坛庙祠附录诗文》均著录，并收入全文。

《东关外玄元观记》，阎邦宁撰。万历《原武县志·艺文》、民国《重修原武县志》卷2《坛庙祠附录诗文》均著录，并收入全文。

《临河有感》诗3首，阎邦宁撰，存。乾隆《原武县志》卷9《艺文》著录，并收入全文。

张祥，字梦麟，号鲁郊，明代潞县（今北京通州）人。万历四年（1576）举人，授壶关知县。万历十八年（1590）来任原武县知县。事迹详见《潞阴志略·人物·张祥传》。

万历《原武县志》，张祥、张邦敬①修，阎邦宁、胡希舜纂，2卷，存。《澹生堂书目》《内阁藏书目录》《千顷堂书目》均著录，今仅有孤本藏台湾，中国国家图书馆有胶卷，另有简体标点本《原武、阳武明清县志》（合订本）。张祥聘阎邦宁纂修县志，历2年，书将脱稿，因离任而中辍。后张邦敬聘胡希舜赓续前业，万历二十二年（1594）完稿付梓。前有张祥、张邦敬、阎邦宁、胡希舜等人所作"序"，收入乾隆《原武县志》。凡上下二卷，设图考、沿革、星野、祥异、疆域、山川、风俗、户口、田赋、里甲、村落、市集、土产、官制、贡、祠祀、乡贤、社学、乡约、仓储、恤寡、方技、庙寺、古迹（附丘墓）、节孝、艺文等目，每目皆有小序，略叙其设目之由与内容梗概。

《新建文昌祠碑》，张祥撰，存。万历《原武县志·艺文》、民国《重修原武县志》卷2《坛庙祠附录诗文》均著录，并收入全文。

《汉条侯周亚夫先茔记》，张祥撰，存。万历《原武县志·艺文》、民国《重修原武县志》卷2《坛庙祠·陵墓》均著录，并收入全文。

《娄才店管河公署始末》，张祥撰，存。万历《原武县志·艺文》、民国《重修原武县志》卷6《建置·公署》均著录，并收入全文。

冯师孔（？—1642），字景鲁，号芝图，明代原武（今河南原阳）人。万历四十四年（1616）进士，授刑部主事。迁直隶正定府守，升井

---

① 张邦敬，号中轩，明代陕西韩城人，万历二十一年（1593）来任知县。事迹详见乾隆《原武县志》卷7《文苑·张邦敬传》。

陉道兵备①。历固原、密云兵备副使②，官至陕西都察院右佥都御史。事迹详见《明史》卷 263《冯师孔传》、顺治《原武县志·乡贤·冯师孔传》、乾隆《原武县志》卷 7《人物·冯师孔传》、民国《原武县志》卷 9《人物志·冯师孔传》。

《审录题稿》，冯师孔撰，佚。乾隆《原武县志》卷 7《人物》著录，今未闻有传本。乾隆《原武县志·冯师孔传》记载尤详："杨小娃等一百八十名疑狱起，孔廉得其情，毅然为之抗疏请命，皆有关于纲常伦礼，非经生所敢言者。关西少长惊叹悦服，称其有于定国、徐有功之风。所著《审录题稿》行于世。"

胡希舜，字用中，号见虞，原武教谕廷瓒之子，明代原武人。万历二年（1574）进士。生平事迹详见民国《原武县志》卷 9《人物志·胡希舜传》。

《原武李侯去思碑》，胡希舜撰，存。万历《原武县志·艺文》、民国《重修原武县志》卷 2《坛庙祠·陵墓》均著录，并收入全文。李侯即李起元，字瞻予，明代直隶顺德府南和县人，进士出身，曾任原武知县。

徐庆云，明代开化县人。举人出身，曾任原武县教谕。博学能文，诲士不倦。见乾隆《原武县志》卷 6《职官》小传。

《皇明科贡题名记》，徐庆云撰，存。万历《原武县志·艺文》著录，并收入全文。

杨顺，字子备，号匪石，明代山东德州人。嘉靖年间来任原武知县。生平事迹详见乾隆《原武县志》卷 7《人物志·名宦·杨顺传》。

---

①　兵备，整饬兵备道官之省称，一般由按察司副使或佥事官担任。明沈德符《万历野获编》卷二二《整饬兵备之始》："兵备官之设，始于弘治十二年。……至嘉靖末年，东南倭事日棘，于是江、浙、闽、广之间，凡为分巡者无不带'整饬兵备'之衔。"《明史·职官志·按察使司》："按察司副使、佥事分司诸道……整饬兵备道。"

②　兵备副使，明代提刑按察副使、整饬兵备道省称。《明史·职官志四》："按察使……副使、佥事，分道巡察，其兵备、提学、抚民、巡海、清军、驿传、水利、屯田、招练、监军，各专事置，并分员巡备京畿。"

《原武重修城门记》，杨顺撰。记载嘉靖壬寅（1542）修筑城门之事。万历《原武县志·艺文》著录，并收入全文。

《均田疏议》，杨顺撰。康熙《原武县志·赋税》收入全文。

王时泰，明代山东平原人。举人出身，万历十七年（1589）来任阳武知县。事迹见乾隆《阳武县志》卷8《职官志》小传。

万历《阳武县志》，王时泰修，王东鲁①纂，8卷，残。王时泰嘱东鲁纂修，东鲁携贾悌等人，旁搜博采，删订编辑，历时三月稿就，万历十九年（1591）付梓。有孤本藏台湾地区（上海图书馆藏有胶卷），仅存后3卷及王时泰"序"、王东鲁"后序"。《河南地方志提要（上册）》《河南地方志综录·原阳县》《上海图书馆地方志目录·原阳县》均著录。凡8卷，前5卷分别为舆地、官室、食货、官师、选举，仅存卷6—8三卷，分别为人物、王言、艺文。《人物志》分乡贤（帝纪附）、孝子、友悌、顺孙、义士、义夫、隐寓、贞妇8目。义夫以下3目只载明朝。各目所收不滥，以乡贤最多，自汉至明均有收录。《王言志》收录明景泰四年（1453）至嘉靖十年（1531）间皇帝谕敕，除首篇《谕祭河伯文》外，余皆为封赠本县人士之敕命、诰命，俱登录全文，共十余篇。《艺文志》分文、诗2目。

赵应垣，明代直隶完县（今属河北）人。举人出身，天启四年（1624）来任阳武知县，后升亳州知州。事迹见乾隆《阳武县志》卷8《职官志·赵应垣传》和民国《阳武县志》卷3《循良·赵应垣传》。

天启《阳武县志》，赵应垣修，徐登瀛②纂，佚。赵应垣在任期间，将原45保并为17保，大大减轻了负担，为本县大事，故有修志之举。天启七年（1627）付刊。是书已佚，仅有徐登瀛旧志"序"被辑入民国《阳武县志》卷5《文征》。《河南地方志提要（下册）·河南方志佚书目录》著录。

《汉张苍碑记》，赵应垣修，存。该碑天启丁卯（1627）立。民国

---

① 王东鲁，明代河南河内（今沁阳）人。贡生出身，时任阳武县儒学教谕。

② 徐登瀛，明代直隶新城人（一说福建沙县人）。贡生出身，时任阳武县教谕。

《阳武县志》卷 5《文征》著录，并收入全文。

　　景源，明代河北卢龙（今属河北秦皇岛市）人。监生出身，曾任阳武知县。事迹见乾隆《阳武县志》卷 8《职官志·明知县》小传。

　　《萧举人孝行记》，景源撰。萧举人即萧盛，字世昌，明代阳武人。万历《阳武县志·艺文》著录，并收入全文。

　　黄德孚，明代安徽祁门县人。选贡出身，万历二十年（1592）来任阳武县教谕。事迹见乾隆《阳武县志》卷 8《职官志·教谕》小传。

　　《时公祠》，黄德孚撰，存。民国《阳武县志》卷 5《文征》著录，并收入全文。

　　赵明远（1572—1654），字虚白，原武（今河南原阳）人。崇祯七年（1634）进士，授直隶卢龙知县，调南和。后荐入为户部员外郎，以母忧归。明亡不仕清，抚按奉诏，以遗逸征，以病辞。年 76 卒。事迹见乾隆《原武县志》卷 7《人物志·赵明远传》、民国《原武县志》卷 9《人物志·赵明远传》。

　　《碎语格言》，赵明远撰，佚。乾隆《原武县志》卷 7《赵明远传》著录。

　　《世德堂集》，赵明远撰，佚。《中州艺文录》卷 42 著录。

　　《邑侯萧父母重新先师庙像碑记》，赵明远撰，存。该文作于顺治六年（1649），萧父母即原武知县萧鉴，字含白，河北保定府新城人。顺治《原武县志·文艺志》著录，并收入全文。

　　王士梅，明代江苏武进人。曾任原武县令。见乾隆《原武县志》卷 6《职官·知县》小传。

　　《桑氏两氏贞节传记》，王士梅撰，存。康熙《原武县志》卷 6《艺文》、乾隆《原武县志》卷 9《艺文下》均著录，并收入全文。

　　《重修原武县儒学记》，王士梅撰，存。康熙《原武县志》卷 6《艺文》、乾隆《原武县志》卷 8《艺文上》、民国《重修原武县志》卷 2《坛庙祠附录诗文》均著录，并收入全文。

《重修东岳庙记》，王士梅撰，存。康熙《原武县志》卷 6《艺文》、乾隆《原武县志》卷 9《艺文下》、民国《重修原武县志》卷 2《坛庙祠附录诗文》均著录，并收入全文。

《忠爱堂记》，王士梅撰，存。乾隆《原武县志》卷 8《艺文上》、民国《重修原武县志》卷 6《公署》均著录，并收入全文。

堵天颜，字梦日，号严咫，明代阳武人。万历四十一年（1613）癸丑进士，授予直隶清苑县知县，后来官至陕西右布政使。享年 87 岁，葬县城东 13 公里太平镇西南隅。事迹详见民国《阳武县志》卷 4《仕绩志·堵天颜传》。

《阳武砌砖城记》，堵天颜撰。康熙《阳武县志》卷 7《艺文》、民国《阳武县志》卷 5《文征》均著录，并收入全文。

四 清代的原阳文献

赵宾，字珠履，号锦帆，阳武县人（今原阳县人）。顺治三年（1646）进士，授陕西淳化县知县，升刑部主事。与宋琬、施闰章、张文光、周釜山、严沆、丁澎，以诗酬唱日下，也称燕台七子。事迹详见乾隆《阳武县志》卷 9《人物志·赵宾传》、卷 11《艺文志·赵锦帆先生传》和民国《阳武县志》卷 4《仕绩·赵宾传》。

《学易庵诗稿》，赵宾撰，8 卷，刊本。民国《阳武县志》卷 5《艺文》著录，称“《学易庵诗集》”，并录入张慎为“序”。另有郜焕元、任璇、孙泠等人所作“序”。

《燕台七子诗》，赵宾撰。《中州艺文录》卷 42 著录。

《甘泉草》，赵宾撰。《中州艺文录》卷 42 著录。

《江北七子诗选》，赵宾撰。《中州艺文录》卷 42 著录。乾隆《原武县志》卷 9《艺文》收入谢廷聘《江北七子诗选序》。

《四声韵言》，赵宾撰。民国《阳武县志》卷 5《艺文》著录。

《赵锦帆文集》，赵宾撰。民国《阳武县志》卷 5《艺文》著录，并收入陈步青“序”。

《李公日敬实政传》，赵宾撰，存。李日敬，字伯忠，封丘人，曾任鲁山训导。顺治《封丘县志》卷 8《艺文·传类》和乾隆《卫辉府志》

卷49《艺文志·传一》均著录，并收入全文。

《堵天颜传》，赵宾撰，存。康熙《阳武县志》卷7《艺文》、乾隆《阳武县志》卷11《艺文志》并著录，并收入全文。

《博浪沙歌》《吊张丞相墓》《子房祠》《秋日谒柏乡公祠》诗多首，赵宾撰，存。乾隆《阳武县志》卷11《艺文志》、民国《阳武县志》卷6《文征》均著录，并收入全文。

《义烈吴公奉敕配享时公祠记》《重修东岳离宫记》文2篇，赵宾撰，存。民国《阳武县志》卷5《文征》著录，并收入全文。

《姜邑侯德政序》，赵宾撰，存。乾隆《阳武县志》卷11《艺文志》著录，并收入全文。民国《阳武县志》卷5《文征》称《姜邑侯德政碑》，并收入全文。

《谢邑侯祷雨序》《谢邑侯生祠记》文2篇，赵宾撰，存。乾隆《阳武县志》卷11《艺文志》、民国《阳武县志》卷6《文征》均著录，并收入全文。

赵五云，字韩奏，赵宾从子，清代阳武县人。诸生。从宾学，为文奇博典丽，兼工诗歌，古体宗法汉、魏，近体似开宝以上诸家，数奇不偶。以诸生终。生平详见乾隆《阳武县志》卷11《艺文志·赵韩奏先生传》。

《字斋文集》，赵五云撰，佚。乾隆《阳武县志》卷11《赵韩奏先生传》、《河南通志艺文志稿》、《中州艺文录》卷42皆著录。

《啸余集》，赵五云撰，佚。乾隆《阳武县志》卷11《赵韩奏先生传》和《中州艺文录》卷42均著录。

《三皇庙碑记》，赵五云撰，存。该文作于康熙三十五年（1696）。民国《阳武县志》卷5《文征》著录，并收入全文。

《关帝庙碑记》，赵五云撰，存。该文作于康熙三十六年（1697）。民国《阳武县志》卷5《文征》著录，并收入全文。

《祈雪文》，赵五云撰，存。民国《阳武县志》卷6《文征》著录，并收入全文。

萧鉴，字含白，别号秦悬，满洲籍保定府新城人。贡生出身，顺治五年（1648）来任原武知县。见乾隆《原武县志》卷6《职官·知县》

小传。

《鼎建土地祠碑记》，萧鉴撰，存。作于顺治六年（1649）。顺治《原武县志·文艺志》著录，并收入全文。

《原武县题名碑记》，萧鉴撰，存。作于顺治六年（1649）。顺治《原武县志·文艺志》著录，并收入全文。

《祈雨祭神文》，萧鉴撰，存。作于顺治七年（1650）。顺治《原武县志·文艺志》著录，并收入全文。

张慎为，字含锐，号寒濯，河南阳武县人。顺治三年（1646）进士，授浙江湖州府长兴知县。时百务待理，张慎为问民疾苦，立社课士，以不善事上官，投劾归。卒年85岁。事迹详见乾隆《阳武县志》卷9《人物志·张慎为传》、卷11《艺文志·张含锐先生传》和民国《阳武县志》卷4《仕绩志·张慎为传》。

《立雪堂文集》，又名《张含锐文集》，张慎为撰。民国《阳武县志》卷5《艺文》著录，并收入陈步青"序"。

《立雪堂诗集》，张慎为撰。乾隆《阳武县志》卷11《艺文志·诗歌》从该集摘录《春日封植韦丞相墓》诗1首。

《赵锦帆先生传》，张慎为撰，存。赵锦帆即赵宾，字珠履，号锦帆，阳武县人。康熙《阳武县志》卷7《艺文》、乾隆《阳武县志》卷11《艺文志》均著录，并收入全文。

《刘侯生祠记》，张慎为撰，存。刘侯即刘邦彦。康熙《阳武县志》卷7《艺文》、乾隆《阳武县志》卷11《艺文志》、民国《阳武县志》卷5《文征》均著录，并收入全文。

《折漕记》，张慎为撰，存。乾隆《阳武县志》卷11《艺文志》、民国《阳武县志》卷5《文征》均著录，并收入全文。

《河上成民谣》，张慎为撰，存。乾隆《阳武县志》卷11《艺文志》、民国《阳武县志》卷6《文征》均著录，并收入全文。

《大王庙碑记》，张慎为撰，存。民国《阳武县志》卷5《文征》著录，并收入全文。

《李烈妇杨氏传》，张慎为撰，存。康熙《延津县志》卷8《传》、乾隆《卫辉府志》卷50《艺文志·传二》著录，并收入全文。

《重新汉曲逆侯祠记》，张慎为撰，存。曲逆侯即陈平。康熙《阳武县志》卷7《艺文》著录，并收入全文。

顺治《长兴县志》，张慎为修，金镜纂，10 卷。顺治六年（1649）付梓。上海图书馆藏有胶卷本。

郝翀翰，字健翮，号卧滩，河南阳武县人。顺治四年（1647）进士，初任福建邵武府推官，后补江南太平府推官。事迹详见乾隆《阳武县志》卷 11《艺文志·郝卧滩先生传》和民国《阳武县志》卷 4《仕绩志·郝翀翰传》。

《还园诗集》，郝翀翰撰。《中州艺文录》卷 42 著录。乾隆《阳武县志》卷 11《艺文志》自该诗集摘录《春日封植韦丞相墓》诗 1 首。

伍九官，浙江於潜（今属杭州市临安区）人。贡士出身，顺治十二年（1655）来任知县，病卒于官。事迹见乾隆《阳武县志》卷 8《职官志·伍九》。

顺治《阳武县志》，伍九官修，赵宾纂，佚。伍九官"持币卑请司寇郎锦帆赵先生秉笔"，不逾月稿竣，顺治十六年（1659）付梓。是书已佚，仅有伍九官"序"、赵宾"跋"存于康熙《阳武县志》。《河南地方志提要（下册）·河南方志佚书目录》著录。

《潭口寺大王庙纪事》，伍九官修，赵宾纂，存。康熙《阳武县志》卷 7《艺文志》、乾隆《阳武县志》卷 11《艺文志》、民国《阳武县志》卷 5《文征》均著录，并收入全文。

顺治《阳武县志·序》，伍九官撰，存。康熙《阳武县志》卷首、民国《阳武县志》卷 6《文征》均著录，并收入全文。

宁弘舒，字翼如，山西汝水人。拔贡出身。顺治十二年（1655）来任原武知县。事迹见乾隆《原武县志》卷 6《职官·宁弘舒传》。

顺治《原武县志》，宁弘舒修，裴之亮、孟文升纂，2 卷，存。弘舒奉河南巡抚贾汉复修志檄，遂延绅耆，纂成志稿，顺治十五年（1658）付梓。此书每目有小序，略可见其大意。各目内容均极简略，稍有可观者为田赋。此目记载了明及当时守土者提出的一套整治措施，重整田土，严分地界，以保证赋役征收。河防目虽缺河防资料，但对历代河患记载较多，多可参稽。《河南地方志提要（上册）》著录，仅有孤本，藏中国国家图书馆，另有简体标点本《原武阳武明清县志》本。《上海图书馆地方志目录·原阳》亦著录，称有顺治十八年（1661）刻本缩微胶卷。

邓奇，字挺庸，号蘧若，清代广东东莞茶山人。顺治十四年（1657）举人，康熙七年（1668）来任原武知县。见乾隆《原武县志》卷6《职官·知县》小传。

《重修文庙记》，邓奇撰。康熙《原武县志·艺文》、乾隆《原武县志》卷8《艺文上》均著录，并收入全文。

安如泰，清代江苏淮安山阳县（今属淮安）人。监生，康熙二十四年（1685）来任阳武知县。俸满升刑部督捕司主事。事迹见乾隆《阳武县志》卷8《职官志·安如泰传》、民国《阳武县志》卷3《循良·安如泰传》。

康熙《阳武县志》，安如泰修，张慎为纂，8卷，存，刊本。《日本见藏稀见中国地方志目录》著录，现有孤本藏日本内阁文库，中国科学院图书馆、上海图书馆、南京图书馆藏有缩微胶卷本。此志为奉檄之作，依顺治旧志增删，仅数月而竣事。康熙二十九年（1690）付梓。有安如泰"序"、张慎为"跋"和旧志赵宾"跋"、王时泰"序"、徐登瀛"跋"。凡8卷，除卷2、卷6纲目尚称完整外，余空疏无物。各目皆有小序，多能反映实际，对清初尖锐的社会问题与赋役真相秉笔直书。河防目记载明朝初年至修志时，黄河在阳武决口及修堤情况，颇有条理。《灾祥志》始于明代嘉靖七年（1528），以迄清代康熙二十九年（1690），特详于明代。

《学前创筑堤桥亭碑记》，又名《学前安堤记》，安如泰撰，存。康熙《阳武县志》卷7《艺文志》、民国《阳武县志》卷5《文征》均著录，并收入全文。

《重建八蜡祠碑记》，安如泰撰，存。民国《阳武县志》卷5《文征》著录，并收入全文。

王永祚，字锡谷，清代阳武县人。康熙十七年（1678）举人，三十九年（1700）进士。潜心理学，与孙奇逢之孙孙洤游，凡孙奇逢遗书，皆参考焉。事迹见乾隆《阳武县志》卷11《艺文志·王锡谷传》、民国《阳武县志》卷4《文学志·王永祚传》。

《四书典要》，王永祚撰，佚。民国《阳武县志》卷4《王永祚传》、卷5《艺文》皆著录，后者收入张慎为"序"。

《四书讲义》，王永祚撰，佚。民国《阳武县志》卷4《王永祚传》《河南通志艺文志稿》皆著录。

《博浪沙》诗1首，王永祚撰，存。乾隆《阳武县志》卷11《艺文志·七言律诗》著录，并收入全诗。

《学前安堤三桥记》，王永祚撰，存。民国《阳武县志》卷5《文征》著录，并收入全文。康熙《阳武县志》卷7《艺文》作《学前创筑堤桥亭记》。

《还园赋》，王永祚撰，存。民国《阳武县志》卷6《文征》著录，并收入全文。

叶元锡，字子祚，清代浙江金华府兰溪县人。康熙三十年（1691）辛未科进士出身，康熙四十三年（1704）来任阳武知县。事迹见乾隆《阳武县志》卷8《职官志·叶元锡传》。

《补修大成殿两庑戟门棂星门启圣祠记》，叶元锡撰。民国《阳武县志》卷5《文征》著录，并收入全文。

马震生，字巏来，清代阳武县人。康熙五十六年（1717）岁贡，曾官舞阳县训导。年80岁卒。事迹详见乾隆《阳武县志》卷9《人物志·岁贡·马震生传》、民国《阳武县志》卷4《文学志·马震生传》。

《评庄管见》，马震生撰，佚。民国《阳武县志》卷4《马震生传》《河南通志艺文志稿》子部"道家类"、《中州艺文录》卷42皆著录，今佚。

《仿郦集》，马震生撰。民国《阳武县志》卷4《马震生传》《中州艺文录》卷42均著录。

《博浪沙》诗1首，马震生撰，存。乾隆《阳武县志》卷11《艺文志》、民国《阳武县志》卷6《文征》均著录，并收入全文。

《黄河繁流赋》，马震生撰，存。乾隆《阳武县志》卷11《艺文志》、民国《阳武县志》卷6《文征》均著录，并收入全文。

张抒，字鹿洞，清代原武县人。康熙六十一年（1722）岁贡，曾官伊阳县训导。事迹见乾隆《原武县志》卷6《选举·张抒传》。

《洪水雪岚诗草》，张抒撰。乾隆《原武县志》卷6《张抒传》《中州艺文录》卷42均著录，前者卷9《艺文》收入《河工告成》诗1首，应摘自该文献。

任洵，清代云南昆明人。康熙五十二年（1713）曾以延津县令署理原武县令。事迹见乾隆《原武县志》卷2《学校》。

《增修文庙碑记》，任洵撰，存。民国《原武县志》卷2《坛庙祠附录》收入全文。

《烟寺暮雨》《龙潭月照》《大河春涨》《金堤柳浪》《卷城晓烟》《扈亭斜晖》《灵鹊晴沙》《曙阁残雪》《留别原邑诸绅士民》等诗多首，任洵撰。乾隆《原武县志》卷9《艺文下·诗》著录，并收入全文。

薛珆，字彩玉，号俟庵，清代原武（今河南原阳）人。雍正十一年（1733）拔贡。游太学归，"遂绝意仕进。筑室西苑，讲学其中。以尚实务本为尚"，诗古文辞皆雄健，有古人风。事迹详见民国《重修原武县志》卷9《人物志·文苑·薛珆传》。

《学庸讲义稿》，薛珆撰，佚。民国《原武县志·薛珆传》《中州艺文录》卷42和《河南通志艺文志稿》均著录。

《重修邑侯张公祠疏引》，薛珆撰，存。张公即张椿，字伯行，曾任原武县知县。乾隆《原武县志》卷9《艺文下》著录，并收入全文。

薛乘时，字际可，清代原武（今河南原阳）人。举人出身，乾隆二十一年（1756），任黄梅县知县。事迹见乾隆《原武县志》卷6《选举·薛乘时传》。

《黄梅县志》，薛乘时修，沈元寅等纂，12卷，存。《中国地方志联合目录》《大连图书馆古籍善本书目》均著录，今有乾隆五十四（1789）刻本，北京故宫博物院图书馆藏。此志为乘时任黄梅知县时主修，无凡例。该志书更旧志之体例，分表志传为三纲，秩次纷繁。

张灿然，字天章，原武县人。潜心伊洛之学，闻孙奇逢讲学苏门，徒步往从。奇逢深器重之。二年后辞归，奇逢送以诗，有"天章多慧根"之句。由是从学者日众。事迹详见乾隆《原武县志》卷7《文苑·张灿然传》和民国《重修原武县志》卷9《人物志·文苑·张灿然传》。

《东室诗草》，张灿然撰。民国《重修原武县志》卷9《张灿然传》《中州艺文录》卷42均著录。

《学庸讲义稿》，张灿然撰，佚。《河南通志艺文志稿》著录。

薛增，字蓝玉，号益滋，清代原武县人。雍正时岁贡，曾官武安县训导。"教士以礼自持，举动严重，不肯苟同流俗。会公宴，众技杂陈，盛饰女乐，令长及僚属皆欢呼相戏谑，增独屏坐一隅，未终席竟长揖辞去，众皆笑为迂。"是夕，县人以一联署宴，所语极不堪。而榜其上曰："一薛居州。"年60卒于武安学署。事迹见乾隆《原武县志》卷7《文苑·薛增传》和民国《原武县志》卷9《人物志·文苑·薛增传》。

《西堂诗稿》，薛增撰。乾隆《原武县志》卷7《薛增传》著录。

赵五星，清代阳武（今原阳）人。诸生。

《读左笔记》，赵五星撰。《河南通志艺文志稿》著录，今未见。

谈諟曾，字松庭，清代浙江湖州府德清县人。拔贡出身，乾隆八年（1743）来任知县。事迹详见乾隆《阳武县志》卷8《职官志》小传。

乾隆《阳武县志》，谈諟曾修，杨仲震[1]等纂，12卷，存。乾隆九年（1744），谈諟曾奉藩司增修县志檄文，遂与仲震等四五人，参稽旧志，博采纂辑，3月而成，次年付梓，记事止于九年（1744）。凡12卷16门

---

① 杨仲震，字继伯，清代阳武人。举人出身，候选知县。事迹见《阳武县志》卷9《人物志·乡科》。

（舆图、沿革、天文、疆域、建置、礼乐、山川、古迹、风俗、土产、祠祀、田赋、职官、人物、艺文、灾祥）58 目。该志承康熙旧志体例，然内容及子目多有增补。人物志细目多至 17 项，新增补忠烈，选举亦系于此。建置志达 3 卷之多，河防、市集、乡村、街坊皆系于此，并将碑文录入。该县地临黄河，河防为一大要务，因详述之，河防细目有"本邑黄河道""古黄河道""今黄河道"，记载历代河决情况，明代、清初特详，采辑资料多录自历代名臣奏疏。风俗志记载尤细，逐目详述婚、丧、冠、祭之礼，对集市贸易亦有反映，乃研究风土民俗之重要资料。该县滨河而土地硗瘠，河患与灾荒频仍，致民生凋敝，土产志于此多所反映。《北京图书馆方志目录三编》《河南大学图书馆世家藏地方志目录·新乡地区》《山东大学图书馆古籍善本书目·史部》《甘肃省藏古代地方志总目提要》均著录，中国国家图书馆、河南大学图书馆、山东大学图书馆、甘肃省图书馆、西北民族大学图书馆等多处有藏。另有《中国地方志集成》影印本。

《盐船口渡河》《久旱得雨志喜》《太平镇即目叠韵》《八月十三日明伦堂朝贺》《西郊晚眺》等诗 7 首，谈諟曾撰，存。乾隆《阳武县志》卷 11《艺文志》著录，并收入全文。

《观麦喜仿竹枝词》诗 4 首，谈諟曾撰，存。乾隆《阳武县志》卷 11《艺文志》、民国《阳武县志》卷 6《文征》均著录，并收入全文。

《祈雨文》，谈諟曾撰，存。乾隆《阳武县志》卷 11《艺文志》著录，并收入全文。

《募修元帝殿疏引》，谈諟曾撰，存。乾隆《阳武县志》卷 11《艺文志》、民国《阳武县志》卷 6《文征》著录，并收入全文。

《修理乡贤祠记》，谈諟曾撰，存。民国《阳武县志》卷 5《文征》著录，并收入全文。

陈步青，字云卿，号澹园，清代阳武县人。乾隆九年（1744）贡生，后曾授洛阳学篆。曾受邀主稿乾隆《阳武县志》。事迹详见乾隆《阳武县志》卷 9《人物志·陈步青传》和民国《阳武县志》卷 4《文学志·陈步青传》。

《重修城池记》《重修西庑明伦堂尊经阁记》文 2 篇，陈步青撰，存。

民国《阳武县志》卷5《文征》著录，并收入全文。

《募建通济桥疏引》，陈步青撰，存。民国《阳武县志》卷6《文征》著录，并收入全文。

《谈邑侯修学宫》《张丞相墓》诗2首，陈步青撰，存。民国《阳武县志》卷6《文征》著录，并收入全诗。

《张含锐先生传》，陈步青撰，存。张含锐即张慎为，清代阳武人。乾隆《阳武县志》卷11《艺文》著录，并收入全文。

《赵韩奏先生传》，陈步青撰，存。赵韩奏即赵五云，清代阳武人。乾隆《阳武县志》卷11《艺文》著录，并收入全文。

白霖，嘉庆十八年（1813）之前来任阳武知县。其他不详。

《义行记》，白霖撰，存。民国《阳武县志》卷6《文征》著录，并收入全文。

顾廷琥，清代苏州元和县人。举人出身，道光六年（1826）来任阳武知县。后曾任孟县知县、均州（今湖北丹江口县）知州。见民国《阳武县志》卷3《职官·知县》小传。

《重修文庙碑记》，顾廷琥撰。该文作于道光八年（1828）。民国《阳武县志》卷5《文征》著录，并收入全文。

谢包京（1616—1672），原名包国京，字令夏，号两雁山人，浙江省永嘉县人。顺治十二年（1655）进士，康熙元年（1662）来任阳武知县。"居官清正，民德之，立生祠于五柳集。祀名宦。"事迹见乾隆《阳武县志》卷8《职官志》和民国《阳武县志》卷3《循良》小传。

《陈曲逆侯祠碑记》，谢包京撰，存。康熙元年（1662）该祠重修，陈曲逆侯指西汉陈平。民国《阳武县志》卷5《文征》著录，并收入全文。

《留侯祠碑记》，谢包京撰，存。留侯指西汉开国功臣张良。民国《阳武县志》卷5《文征》著录，并收入全文。

《别阳武父老》《别阳武诸生》《留侯祠》《过陈孺子故里》等诗5首，谢包京撰，存。民国《阳武县志》卷6《文征》著录，并收入全文。

詹槐芬，字元直，号木斋，清代江西浮梁县人。顺治十七年（1660）庚子科举人，康熙二十六年（1687）来任原武知县。事迹见乾隆《原武县志》卷2《学校》、卷2《公署》。

康熙《原武县志》，詹槐芬修，戚一燮纂，6卷，卷首、卷末各1卷，存。该志为奉上宪檄文纂修，两月书成，康熙二十九年（1690）付梓。首卷有饬修县志檄文和旧志序。新志较前志略有增损。增旧河图、新河图及景图说等，新旧河图显示了黄河之改道变迁；景图说之"大河春涨""金堤柳浪"等描绘了大河桃花春暖，惊涛怒起，时有渔舟往返，一派烟云迷离的景象。河防目尤其详细，增加了"防"的内容，附有堤工、堡夫、堡房、柳园等。方伎目属新设。艺文增入有关社会的内容，《告蝗虫文》《再告蝗虫文》反映了严重的蝗灾现象。人物目实则选举，所载皆进士、举人等。该志收录明万历志"序"4篇、清顺治"序"1篇，以存修志沿革。《河南地方志综录》《中国古籍善本书目·史部·地理类》《中国古籍总目·史部》均著录，有善本藏中国国家图书馆（上海图书馆有胶卷本）。另有简体标点《原武阳武明清县志》版。

《告蝗虫文》《再告蝗虫文》各1篇，詹槐芬撰，存。康熙《原武县志》卷6《艺文》著录，并收入全文。

戚一燮，字望鲁，清代原武人。岁贡出身。曾受原武知县詹槐芬邀参修县志。学问渊博，"为人方直笃厚，邑人士重之，以齿德举为乡饮宾。年七十余卒"。事迹见民国《原武县志》卷9《人物志·文苑·戚一变传》。

《喜雨记》，戚一燮撰，存。康熙《原武县志》卷6《艺文》著录，并收入全文。

吴文炘，字晓村，清代江西娄县人。岁贡出身，雍正八年（1730）来任原武知县。事迹见乾隆《原武县志》卷6《职官·知县》小传。

乾隆《原武县志》，吴文炘修，张耀等参订，何远①等编纂，10卷，

---

① 张耀，字子韬，清代河南汲县岁贡，任原武县教谕。何远，清代原武岁贡。

存。此志为奉布政使赵城修志檄而修，乾隆十一年（1746）书成，次年（1747）刊行。记事一般止于乾隆六年（1741）。凡 10 卷 30 目（图考、沿革、星野、疆域、山川、古迹、城池、学校、公署、仓库、祠祀、乡镇、冢墓、风俗、物产、礼乐、赋税、户口、邮政、河防、职官、选举、恩荣、名宦、人物、孝义、列女、艺文、祥异、摭遗）。以卷 4 赋税、卷 5 河防尤详，继承旧志，又有补充，具有重要文献价值。《北京图书馆方志目录三编》《河南大学图书馆馆藏地方志目录·新乡地区》《甘肃省藏古代地方志总目提要》均著录，中国国家图书馆、甘肃省图书馆（存卷 2—9）、河南大学图书馆、河南省图书馆、河南省社会科学院图书馆、新乡市图书馆等皆有藏，另有《中国地方志集成》影印本。

《祷雨文》《得雨谢神疏》，吴文炘撰，存。民国《原武县志》卷 5《典礼（下）附录》著录，并收入全文。

《原武县新修城记》，吴文炘撰，存。民国《原武县志》卷 6《建置附录》著录，并收入全文。

《原武县开浚沟渠记》，吴文炘撰，存。民国《原武县志》卷 7《水利附录》著录，并收入全文。

孙锡畴，字伦叙，别号木山子，清代阳武人。贡生出身。事迹见民国《阳武县志》卷 4《文学志·孙锡畴传》。

《御制百家姓详注》，孙锡畴撰。民国《阳武县志》卷 4《孙锡畴传》著录。

《学宫谱》，孙锡畴撰。民国《阳武县志》卷 4《孙锡畴传》著录。

《四书贯解》，孙锡畴撰。民国《阳武县志》卷 4《孙锡畴传》著录。

《四书广义》，孙锡畴撰。民国《阳武县志》卷 4《孙锡畴传》、卷 5《艺文》均著录，卷 5《艺文》收入王宪"序"。

《四书正俗》，孙锡畴撰。民国《阳武县志》卷 4《孙锡畴传》、卷 5《艺文》均著录，卷 5《艺文》收入其侄孙笃之"序"。

《县志考》，孙锡畴撰。民国《阳武县志》卷 4《孙锡畴传》云："以邑乘久未续修，留心搜采，凡地方文献有关民情物理者，笔而记之，曰《县志考》。"民国《阳武县志》卷 5《艺文》亦著录，并收入"自序"。

刘宗瀚，清代陕西韩城人。举人出身，光绪十八年（1892）来任阳武知县。见民国《阳武县志》卷3《职官》小传。

《重修节孝总祠碑记》，刘宗瀚撰，存。民国《阳武县志》卷5《文征》著录，并收入全文。

冯光元，清代江苏阳湖县人。同治十二年（1873）癸酉科顺天乡试中式副榜，光绪二年（1876）丙子科顺天乡试中式举人，充实录馆校官。① 后曾任河南分守彰怀卫兵备道。

《第五保栗大王庙碑记》，冯光元撰。光绪二十二年（1896）立碑，栗大王栗指毓美（1778—1840），字含辉，山西浑源县人，清代治河名臣。栗大王庙几乎遍布河南黄河中下游沿岸，并在民间享有广泛的影响，成为人们最为虔诚崇拜的河神之一。他还被被朝廷供奉在国庙嘉应观，享受国家祭祀。民国《阳武县志》卷5《文征》著录，并收入全文。

王宝森，字玉堂，号卓人，民国阳武县人。"光绪戊子考取优贡，旋捷秋闱。戊戌大挑一等，分陕西任韩城知县。"后归乡，年50岁终。事迹详见民国《阳武县志》卷4《仕绩·王宝森传》。

《重修文庙碑记》，王宝森撰。该碑立于民国二年（1913）。民国《阳武县志》卷5《文征》著录，并收入全文。

《邑侯赵公惺吾去思碑记》，王宝森撰。该碑立于民国十五年（1926）。赵惺吾，河南温县人，民国十四年（1925）来任阳武县县长。民国《阳武县志》卷5《文征》著录，并收入全文。

刘启泰，字尧初，清代光山县人。光绪二十九年（1903）举人，民国九年（1920）来任原武县知事。

民国《原武县志稿》，刘启泰修，乔纯修、苗元勋②纂，10卷，存。

---

① 秦国经主编：《清代官员履历档案全编》第5册，华东师范大学出版社1997年版，第57页。

② 乔纯修，字懋卿，原武人，清拔贡，录为七品吏部京官，入民国曾当选县议员。苗元勋，字硕辅，号憨僧，原武人，清宣统拔贡，民国初毕业于京师法政专门学校，任职于财务总署税务处。

民国十一年（1922），刘启泰筹资编纂县志，聘乔纯修为修志局长兼纂修，协同本县娄玉珂（字鸣銮，清拔贡）、李森（字玉堂，清岁贡）、黄东来共同编辑，因财政拮据，不久后局裁人散。翌年，乔纯修应聘北京之教，时苗元勋亦在京，协同编辑志稿，成十之六七。民国十七年（1928）秋，二人相携归里，适省府修志令又下，娄玉珂等请县长李育三重开志局，乔、苗二人欣然就职，于民国二十三年（1934）完稿。由于诸种缘故，未刊。全书 10 卷 15 门，约 45 万字。卷前有修志公文，乔纯修、苗元勋、娄玉珂、黄东来等人"序"和旧志"序"。此志以民国十一年（1922）河南省通志局所颁大纲，结合实际，损益折中。内容"合新旧一炉而冶，互为修饰"。凡采录旧志均注明，新旧接续明晰。新续内容丰富。丁田漕粮有道光、同治、光绪、民国的记载，民国最详，并附《原武民间完漕米价沿革记》。实业各目反映出工、商、林、牧、蚕等业落后萧条。物产目详述特产碱的兴衰变化。风俗杂记目，包括医术、拳术、方士、酒、赌、春祈会、私报会、擂马匹、义和团、神坛、扶乩、在理会、金钟罩、老母会、同善社、枪会等社会各方面的记载，很有价值。灾异自周襄王二十七年（前 625），迄民国二十二年（1933），为当时最翔实的记载。杂记中捻军、大圣教等记述具体翔实。该书内容丰富，层次分明，当属民国河南地方志的佳作。是书稿现藏原阳县档案局，保存完整，誊写洁美。

黄东来，字紫云，原武人。晚清岁贡出身。

《玲珑塔诗》1 首，黄东来作。民国《原武县志》卷 2《名胜附录》著录，并收入。

邓瀛宾，字仙舫，南阳邓州人。历任太康县、尉氏县县长，民国二十四年（1935）来任阳武县县长。后任河南正阳县县长、登封县县长。

民国《阳武县志》，邓瀛宾、窦经魁修，耿愔[①]等人纂，6 卷，存。民国十五年（1926），县知事赵某曾筹款议修，以时局动荡，未及设馆而

---

① 窦经魁，字星楼，河北邢台人，民国二十五年（1936）来任阳武县长。耿愔，字汝和，兰封人。廪生出身。

止。继任两县长均曾设志馆，后因故中辍。邓瀛宾来任后，经上级一再督促，乃组织力量，纂成志稿，民国二十五年（1936）付印。凡 6 卷 40 余目。卷首有王尹西、窦经魁、邓瀛宾、耿悟等人的"序"以及凡例、编纂始末等文。该志因时变通，较旧志颇有创新。通纪仿余越园《龙游县志》例，年经事纬，记载古今大事。社会、经济、政法、文教诸方面记载较全。田赋目之户口、田粮、漕粮、杂税等数额具体，又述其沿革，详略互见。旧志有河防无水利，此志考沟渠遗迹及民国以来水利设施，特记水利。阳武乃土白壤，宜于树艺，农林门记载林业设施、制官林、民林表。武备记民国以来民团、保安队、壮丁等组织。有河南豫成印刷所铅印本。河南省现存较多。另有《中国地方志集成》影印本。

第八章　长垣文献

一　长垣的历史沿革

长垣，西周时属卫国。春秋时期，卫国于长垣之地置蒲邑、匡邑。战国时期，卫国之蒲邑、匡邑被魏国兼并，在今县城东北5公里的陈墙村一带，置首垣邑。

公元前221年，秦并天下，设郡县，改首垣邑为长垣县。西汉时仍名长垣，新置平丘县、长罗侯国。新莽改长垣县为长固县。东汉置长垣侯国与平丘县。建武五年（29），复置长罗侯国。建武十五年（39），长罗侯国废。三国时属魏，隶兖州陈留国。西晋因之。北魏景明三年（502），复置长垣县，仍属东郡。东魏、北齐因之。从战国至隋代初年的800多年中，县治皆在今陈墙村。

隋朝初年仍名长垣，开皇十六年（596）移县治于妇姑城（今城南司坡一带），因该城西南有古匡城，故改名匡城县；同年又于韦城（在今滑县东南妹村）置长垣县。大业元年（605），废匡城县并入长垣，皆属东郡。唐代武德元年（618），仍分匡城、长垣两县，皆属河南道滑州。贞观八年（634），废长垣县，仍并入匡城县。五代后梁时，改匡城为长垣，属开封府；后唐改匡城县，属汴州。北宋建隆元年（960），为避太祖"匡"字讳，改匡城为鹤丘县。大中祥符二年（1009），复改长垣县，属开封府。自隋初至金初六百余年，县治皆在司坡一带。

金代泰和四年（1204），为避黄河水患，迁县治于柳冢一带（今旧城）。泰和八年（1208），因与开封府隔河不便，改属大名府路开州（今濮阳）。元初，曾改县为保垣州，不久仍改长垣县，归大名路（后改大名府）。金代、元代共计165年，县治均在柳冢一带。洪武二年（1369），因黄河水患，迁县治蒲城镇，即今县治所在地。清属直隶大名府。

民国十八年（1929），改隶河北省。民国二十五年（1936），属河北省第十一行政督察专区。民国三十五年（1946），属河北省第十四行政督察专区。民国三十六年（1947），长垣县城解放。1949 年，重新划定长垣县境，属平原省濮阳专区。1952 年，平原省撤销，长垣改属河南省濮阳专区。1954 年，濮阳专区撤销，改属新乡专区。1955 年，划归安阳专区。1958 年，安阳专区撤销，长垣又属新乡专区。1961 年，安阳专区恢复，长垣又复归安阳。1983 年，安阳专区撤销，长垣属新设的濮阳市。1986 年，划归新乡市。2014 年，正式归河南省直管。①

二 明代之前的长垣文献

班昭，字惠班，一名姬，史学家班彪之女，班固之妹，东汉扶风安陵（今陕西咸阳东北）人。因嫁给曹世叔，亦称曹大家。事迹详见《后汉书》卷 84《列女传七十四·班昭传》。

《东征赋》，曹大家撰，存。民国《长垣县志》卷 15《艺文志》著录，并收入全文。曹大家之子曹成从京都洛阳调往陈留郡，长长垣县，"大家随至官，作《东征赋》，以叙行历而见志焉"。记叙条清缕析，言志婉转含蓄，抒情回环细腻，不同于汉之铺排大赋，别是一家。

毛玠，字孝先，陈留平丘（今河南长垣西南）人，活动于汉末魏初。曾被曹操辟为治中从事。入魏为尚书仆射。因忤旨下狱，免。卒于家。生平事迹详见《三国志》卷 12《魏书十二·毛玠传》。

《对状》文 1 篇，毛玠撰。辑入《全上古三代秦汉三国六朝文·全后汉文》卷 94。

岑参（715—770），唐代荆州江陵（今湖北江陵）人。天宝三载（744）进士及第，授兵曹参军。天宝八载（749）赴安西（今新疆库车）充节度使府掌书记。天宝十三载（754），赴北庭（今新疆吉木萨尔），任

---

① 该部分参考乔向周《长垣县历史沿革》，《长垣文史资料》第 1 辑，内部出版，第 1—3 页。

安西北庭节度判官，肃宗时历官右补阙、起居舍人、虢州长史。大历二年（767），任嘉州刺史，世称岑嘉州。后客死成都。岑参为盛唐著名边塞诗人，与高适齐名。其诗雄健奔放，想象奇特，色彩瑰丽，尤长于七言古诗，陆游称其"太白、子美之后一人而已"。

《至大梁寄匡城主人》《醉题匡城周少府壁》诗 2 首，岑参撰，存。民国《长垣县志》卷 15《艺文志》著录，并收入全文。

李翰，字子宇，赵州赞皇人，唐代散文家。曾第进士，官至左补阙①、翰林学士。事迹详见《旧唐书》卷 190 下《李翰传》、《新唐书》卷 203《李翰传》。

《殷太师王子比干碑记》，李翰撰，存。嘉靖《长垣县志》卷 9《文章》、万历《卫辉府志》卷 14《艺文志上》、乾隆《卫辉府志》卷 43《艺文志·碑上》均著录，并收入全文。

李嗣真（？—697），字承胄，唐代滑州匡城（今长垣）人。弱冠举明经，补许州司功参军。后受贺兰敏之荐直弘文馆，参与修撰。永昌中，官至右御史中丞②。事迹详见《旧唐书》卷 191《方伎·李嗣真传》、《新唐书》卷 91《李嗣真传》。

《孝经指要》，李嗣真撰，1 卷，佚。《旧唐书》卷 191《李嗣真传》、《新唐书·艺文一》均著录。

《明堂新礼》，李嗣真撰，10 卷，佚。《旧唐书》卷 191《李嗣真传》著录。

段迥，唐代匡城县人。天宝时乡贡进士。

---

① 左补阙，官名。唐代垂拱元年（685），门下省始置左、右补阙，从七品上，掌供奉讽谏。

② 右御史中丞，西汉为御史大夫副贰，东汉为御史台长官，主管监察、执法，常出督军旅。魏、晋、南北朝沿置。隋朝因避讳，改置御史大夫。唐朝因隋制，高宗时因避讳，由治书侍御史改名，为御史台次官。武则天改置左右肃政台中丞，中宗改称左右御史中丞，玄宗复并为一员。中唐以后，御史大夫常阙，中丞亦常为外官所带宪衔，不掌实职。初秩正五品上，武宗时升正四品下。

《匡城县业修寺碑》，段迥撰，存。民国《长垣县志》卷 14《艺文志·碑记》《全唐文新编》卷 405 著录，并收入全文。

邓方，宋代河南长垣人。事迹见《全宋文》卷 554 小传。

《安香炉疏》文 1 篇，邓方撰，存。《长垣县志》卷 15《金碌》著录，辑入《全宋文》卷 554。

杜仁杰，字仲梁，号止轩，又号善夫，济南长清人。金正大中，隐居内乡山中。入元，屡征不仕。

《崇真观碑记》，杜仁杰撰，存。至元八年（1271）作。康熙《长垣县志》卷 5《旧志艺文上·碑文》和民国《长垣县志》卷 14《艺文志·碑记》均著录，并收入全文。

《河内公祠堂记》，杜仁杰撰，存。嘉靖《长垣县志》卷 9《文章》、康熙《长垣县志》卷 6《旧志艺文下·碑文》、民国《长垣县志》卷 14《艺文志·碑记》均著录，并收入全文。

赵景文，元代河南长垣人。

《蛾眉亭四首并序》，赵景文撰，存。收入《元诗选癸集》戊上。

三 明代的长垣文献

邢枢（1340—1406），字九成，河南长垣人。洪武初由明经任行人司行人，前后三使奴儿干。事迹详见嘉靖《长垣县志》卷 7《选举·邢枢传》和康熙《长垣县志》卷 3《邢枢传》。

《咏郭节妇》等诗 2 首，邢枢撰，存。嘉靖《长垣县志》卷 9《文章》著录，并收入全文。

《永宁寺记》，邢枢撰，存。原碑为明永乐十一年（1413）明朝内官亦失哈奉命前往黑龙江下游奴儿干都指挥使司所在地特林时所立，现藏俄罗斯符拉迪沃斯托克市州立历史博物馆，邢枢撰。碑阳上方额题汉字楷书"永宁寺记"，这块碑记录了明朝内官亦失哈受命拓土，择地"奴儿干之西"，修建永宁寺，经营包括库页岛在内的黑龙江下游地区的历史过程，是明朝建设和巩固东北边疆的历史记录。

刘矩，字仲方，明代开州人。成祖永乐十二年（1414）乡试中举。十九年（1421），辛丑科进士第二人，授翰林编修。一生尊崇理学，以宋代理学大师程颢、张载为自己的典范。卒祀乡贤祠。

《蘧伯玉祠堂记》，刘矩撰。嘉靖《长垣县志》卷9《文章》著录，并收入全文。

《重修学岗记》，刘矩撰。民国《长垣县志》卷14《艺文志·碑记》著录，并收入全文。

胡俨（1360—1443），字若思，号颐庵，明代江西南昌人。洪武末举人，授华亭县教谕。丁母忧后，改任长垣教谕，又改任余干教谕。建文元年（1399），授桐城知县。永乐元年（1403），荐入翰林，与解缙等七人入内阁。后拜国子监祭酒。永乐八年（1410）兼侍讲，掌翰林院，辅佐皇太孙监国。洪熙元年（1425），加太子宾客，致仕归，闲居终老。生平事迹详见《明史》卷147《胡俨传》。

《颐庵记》，胡俨撰，存。嘉靖《长垣县志》卷9《文章》、民国《长垣县志》卷14《艺文志·碑记》均著录，并收入全文。

《神龟赋》，胡俨撰，存。嘉靖《长垣县志》卷9《文章》著录，并收入全文。

《谒河内公》《谒蘧伯玉墓》诗2首，胡俨撰。嘉靖《长垣县志》卷9《文章·诗》著录，并收入全文。

萧翼，字体全，又字弦斋，明代江西永新人。宣德七年（1432）举人，正统四年（1439）进士，曾任潜山知县、长垣知县、顺德知府。事迹见民国《长垣县志》卷10《循政志·萧翼传》。

《登科题名记》，萧翼撰，存。嘉靖《长垣县志》卷9《文章》著录，并收入全文。

伍余福，字畴中，明代江苏吴县（今苏州）人。正德十二年（1517）进士，次年（1518）授长垣知县。后升兵部郎中。事迹见民国《长垣县志》卷10《循政志》小传。

《祭双忠文》《三善堂铭》《与李空同》等，伍余福撰，存。民国《长垣县志》卷15《艺文志》著录，并收入全文。

翟璘（1492—1563），字润卿，明代长垣（今属河南）人。正德十二年（1517）进士，授工部主事，迁营缮郎中，谪判信阳，升湖州府推官。致仕后卒于家。事迹见康熙《长垣县志》卷3《选举·翟璘传》、民国《长垣县志》卷12《政事·翟璘传》。

《马西野去思碑记》，翟璘撰，存。马西野即马聪，字舜达，别号西野，明代山西太平人。嘉靖《长垣县志》卷9《文章》著录，并收入全文。

《长垣县创修仪仗所军器局县厅吏廨记》，翟璘撰，存。嘉靖《长垣县志》卷9《文章》著录，并收入全文。

王玺（1421—1492），字大用，明代长垣（今属河南）人。天顺四年（1460）进士，"初授户部主事，改吏部考功清吏司员外郎，累官苑马寺卿"①。"性颖敏，能文，尤工辞赋。"事迹见嘉靖《长垣县志》卷7《选举·王玺传》、康熙《长垣县志》卷3《选举·王玺传》、民国《长垣县志》卷12《人物志·文苑·王玺传》。

《恒斋稿》，王玺撰，3卷。康熙《长垣县志》卷3《王玺传》、民国《长垣县志》卷12《王玺传》均著录。

《长垣王侯去思碑记》，王玺撰，存。王侯即王良弼，明代陕西同州人。嘉靖《长垣县志》卷9《文章》和康熙《长垣县志》卷5《旧志艺文上》均著录，并收入全文。

《吊比干赋》，王玺撰，存。嘉靖《长垣县志》卷9《文章》、民国《长垣县志》卷15《艺文志》著录，并收入全文。

---

① 苑马寺卿，明代官名。苑马寺是明代在各地掌管设苑养马事宜的专门机构。永乐四年（1406），首置苑马寺于北直隶、辽东、甘肃和平凉，后陆续在各地增置，是掌管设苑养马事宜的专门机构。每寺辖6监，每监管4苑，共24苑。每寺设卿一人为长官，少卿一人和寺丞若干佐之，掌管六监24苑之马政，而听于兵部。

胡睿（1428—1492），字好问，明代长垣（今属河南）人。天顺元年（1457）进士，"初授刑部主事，累官至工部侍郎"。事迹详见嘉靖《长垣县志》卷7《选举志·胡睿传》、康熙《长垣县志》卷3《选举·胡睿传》、民国《长垣县志》卷12《政事·胡睿传》。

《长垣畅侯去思碑记》1篇，胡睿撰，存。畅侯即长垣知县畅亨，成化十四年（1478）任。嘉靖《长垣县志》卷9《文章》和康熙《长垣县志》卷5《旧志艺文上》均著录，并收入全文。

吴宽（1435—1504），字原博，号匏庵，明代江苏长洲（今苏州）人。成化八年（1472）进士，官至礼部尚书。卒赠太子太保①，谥文定。著有《匏庵集》。事迹详见《明史》卷184《吴宽传》。

《重修学岗孔子庙记》，吴宽撰，存。嘉靖《长垣县志》卷9《文章》著录，并收入全文。

杜启（1452—?），字子开，明代苏州府吴县人。成化丁未（1487）进士，弘治三年（1490）来任长垣知县。"治河有功，筑太行长堤，增坝堰铺舍，暇与诸生讲授易学，人士皆宗之。擢监察御史。"事迹见康熙《长垣县志》卷3《职官》小传。

《二忠祠记》，杜启撰，存。二忠指关龙逢、比干。嘉靖《长垣县志》卷9《文章》著录，并收入全文。

崔尚义（1460—1535），明代长垣（今属河南）人。正德二年（1507）举人，任官南直隶江宁知县、阶州知州、临洮府同知等。事迹见康熙《长垣县志》卷3《选举·举人·崔尚义传》、民国《长垣县志》卷12《政事·崔尚义传》。

《张侯去思碑记》，崔尚义撰。张侯指张治通，字时济，正德十年（1515）任长垣知县。嘉靖《长垣县志》卷9《文章·记》著录，并收入

---

① 太子太保，官名。与太子太师、太子太傅统称东宫三师，又有太子少师、太子少傅、太子少保等东宫三少，与以上太子三师合称为东宫六傅。隋唐以后各代设此官，仅为勋官显臣的加官名，并不任实际职事。

全文。

《王侯去思碑记》，崔尚义撰。王侯即王三省，字诚甫，号内庵，明代陕西朝邑人。进士出身。嘉靖《长垣县志》卷9《文章·记》著录，并收入全文。

《吊比干》诗1首，崔尚义撰。嘉靖《长垣县志》卷9《文章·记》著录，并收入全文。

《妇姑祠记》，崔尚义撰。妇姑乃春秋时人物。康熙《长垣县志》卷6《旧志艺文下》、民国《长垣县志》卷14《艺文志·记》著录，并收入全文。

胡锭，字希曾，胡睿之子，明代长垣人。弘治十二年（1499）进士，初授南京刑部主事，官至副都御史、户部右侍郎。卒葬县西3里胡家庄。事迹见嘉靖《长垣县志》卷7《选举·胡锭传》、雷礼《国朝列卿纪》卷37《胡锭传》、康熙《长垣县志》卷4《人物·勋业·胡锭传》和民国《长垣县志》卷12《人物志·政事·胡锭传》。

《新建河内公书院记》，胡锭撰，存。嘉靖《长垣县志》卷9《文章》著录，并收入全文。

《送翟太守尧佐贬云南》《吊比干》诗2首，胡锭撰，存。嘉靖《长垣县志》卷9《文章·诗》著录。

《鹤城叹》《蓬公里》诗2首，胡锭撰，存。民国《长垣县志》卷15《艺文志·诗》著录，并收入全文。

《正德〈长远县志〉序》，胡锭撰，存。康熙《长垣县志》卷5《旧志艺文上》著录，并收入全文。

赵祜（1478—1527），字汝承，号鹤亭，明代长垣（今属河南）人。弘治十五年（1502）壬戌科进士。历官陕西西安府知府、登州知府、山西按察司副使等。事迹详见嘉靖《长垣县志》卷7《选举·赵祜传》、民国《长垣县志》卷12《政事·赵祜传》。

《诗文集》，赵祜撰。嘉靖《长垣县志·赵祜传》著录。

王辅，字良弼，明代陕西同州人。成化壬辰（1472）进士，次年授长垣知县。后官至浙江按察司佥事。事迹见康熙《长垣县志》卷3《职官·王辅传》。

《重修长垣学记》，王辅撰，存。嘉靖《长垣县志》卷9《文章》著录，并收入全文。

刘宏，一作刘弘，字超远，明代江苏无锡县人。举人出身，景泰五年（1454）任长垣知县。后升东平知州。事迹详见康熙《长垣县志》卷3《人物·循政·刘宏传》。

《学岗咏归亭》《问志亭》《仲子墓》诗3首，刘宏撰，存。民国《长垣县志》卷15《艺文志·诗》著录，并收入全文。

《进士题名记》，刘弘撰，存。嘉靖《长垣县志》卷9《文章》著录。

汪濬，明代江西丰城人。举人出身，正德九年（1514）来任长垣县教谕。后升沙河县知县。见民国《长垣县志》卷9《职官志·教谕》小传。

《重修学堂岗记》，汪濬撰，存。嘉靖《长垣县志》卷9《文章》著录，并收入全文。

《长垣卢侯去思碑记》，汪濬撰，存。卢侯即卢煦，字子春，明代浙江金华人，进士出身，正德庚午（1510）来任长垣知县。嘉靖《长垣县志》卷9《文章》著录，并收入全文。

《题蘧公祠》诗1首，汪濬撰，存。嘉靖《长垣县志》卷9《文章》著录，并收入全诗。

张治道，字时济，一字孟独，号太微山人，明代陕西长安县人。正德八年（1513）癸酉科举人，九年（1514）甲戌科进士，正德十年（1515）任长垣知县。事迹详见嘉靖《长垣县志》卷5《官师·张治道传》和康熙《长垣县志》卷3《张治道传》。

正德《长垣县志》，张治道等修，刘芳等纂，9卷。《文渊阁书目》卷4、《千顷堂书目》卷6均著录。《天一阁藏明代方志选刊》第50册辑入，实为嘉靖重刻版。

《修城题名记》，张治道撰。嘉靖《长垣县志》卷9《文章》著录，并收入全文。

《长垣县重修文庙记》，张治道撰。嘉靖《长垣县志》卷9《文章》著录，并收入全文。

《河内公祠堂记》，张治道撰。河内公即孔子弟子仲由，字子路，又字季路。嘉靖《长垣县志》卷9《文章》著录，并收入全文。

李梦阳（1473—1530），字献吉，号空同，汉族，明代河南扶沟人①。弘治六年（1493）进士。明代中期文学家，复古派前七子的领袖人物。其父曾任封丘周王府教授，遂定居开封府。著有《空同集》66卷。事迹详见《明史》卷186《李梦阳传》。

《双忠祠碑》，李梦阳撰，存。嘉靖《长垣县志》卷9《文章》、康熙《长垣县志》卷6《旧志艺文下》均著录，并收入全文。

《太仆边公有猷传》，李梦阳撰，存。顺治《封丘县志》卷8《艺文》和乾隆《卫辉府志》卷49《艺文志·传一》均著录，并收入全文。

《尚书黄公绂传》，李梦阳撰，存。黄绂，字用章，明代封丘人，正统间进士。事迹详见乾隆《卫辉府志》卷31《人物·名宦·黄绂传》和顺治《封丘县志》卷6《人物·贤哲·黄绂传》。顺治《封丘县志》卷8《艺文·传类》、乾隆《卫辉府志》卷49《艺文志·传一》均著录，并收入全文。

《博浪沙》《春日谒三皇庙》诗2首，李梦阳撰，存。乾隆《阳武县志》卷11《艺文志》、民国《阳武县志》卷6《文征》著录，并收入全诗。

《自大过渡河趋陂沙岗》诗1首，李梦阳撰，存。民国《阳武县志》卷6《文征》著录，并收入全文。

《啸台重修记》，李梦阳撰，存。该文记载正德十年（1515）重修孙登啸台事。嘉靖《辉县志》卷6《文章》、万历《卫辉府志》卷14《艺文志上》和乾隆《卫辉府志》卷46《艺文志·记二》均著录，并收入全文。

① 李梦阳，祖籍河南扶沟县，出生于庆阳府安化县（今甘肃省庆城县），后又还归故里，故《登科录》中李梦阳为河南扶沟人。

《游辉县记》，李梦阳撰。万历《卫辉府志》卷14《艺文志上》、乾隆《卫辉府志》卷46《艺文志·记二》均著录，并收入全文。

胡缵宗（1480—1560），字世甫，号可泉，明代甘肃秦安人。正德三年（1508）进士。历任安庆、苏州知府，山东、河南巡抚，为官廉洁，政绩卓然。著作有《辛巳集》《丙辰集》等。事迹详见《明史》卷202《胡缵宗传》。

《重修学岗孔庙记》，胡缵宗撰。嘉靖《长垣县志》卷9《文章》著录，并收入全文。

《瑞麦亭记》，胡缵宗撰，存。嘉靖《长垣县志》卷9《文章》著录，并收入全文。

王崇庆（1484—1565），字德征，号端溪，明代开州（今河南濮阳）人。正德三年（1508）进士，累官南京吏部尚书。卒年82岁。为文峻洁有古风。

《重修双忠祠创建射圃厅记》，王崇庆撰，存。嘉靖《长垣县志》卷9《文章》著录，并收入全文。

《学堂岗》诗2首，王崇庆作，存。嘉靖《长垣县志》卷9《文章》著录，并收入全文。

《嘉靖年志序》，王崇庆撰，存。康熙《长垣县志》卷5《旧志艺文上》著录，并收入全文。

王三省，明代陕西朝邑县（今大荔县）人。进士出身，嘉靖四年（1525）来任长垣县知县。后曾任彰德府知府。事迹详见嘉靖《长垣县志》卷5《官师·王三省传》、康熙《长垣县志》卷3《职官·王三省传》。

《开小乌口碣记》，王三省撰。嘉靖《长垣县志》卷9《文章》著录，并收入全文。

《明故长垣令焦君墓碑》，王三省撰，存。民国《长垣县志》卷15《艺文志·墓表》著录，并收入全文。

郭三仁，明代山西蒲州人。举人出身，嘉靖八年（1529）来任长垣教谕，后升陕西朝邑知县。事迹见民国《长垣县志》卷9《职官·教谕》小传。

《重修河内公书院碑记》，郭三仁撰。嘉靖《长垣县志》卷9《文章》著录，并收入全文。

李行简，明代陕西乾州人。嘉靖庚子（1540）顺天举人。嘉靖十八年（1539）来任长垣训导。事迹见民国《长垣县志》卷9《职官·训导》小传。

《修建公馆记》，李行简撰，存。嘉靖《长垣县志》卷9《文章》著录，并收入全文。

刘文玉，明代南直隶太仓人。丁酉举人。嘉靖二十九年（1550）来任长垣知县。见民国《长垣县志》卷9《职官·知县》小传。

《吊夏大夫关公殷太师王子诗》1首，刘文玉撰，存。民国《长垣县志》卷15《艺文志·诗》著录，并收入全诗。

李化龙（1554—1611），字于田，号霖寰，明代长垣（今属河南）人。万历二年（1574）进士，除嵩县知县。后任南京工部主事、右通政使①、右佥都御使②、兵部右侍郎等官。万历二十七年（1599），总督湖广川贵军务，兼巡抚四川，平定播州叛臣杨应龙。三十一年（1603），以工部右侍郎总理河道，以功晋兵部尚书，加少保，秩满加柱国、少傅，兼太子太保，卒于官。归葬魏庄镇傅堤村西。事迹见《明史》卷228《李化龙传》和康熙《长垣县志》卷3《选举·李化龙传》。

《平播全书》，李化龙撰，15卷，存。《千顷堂书目》卷5、《明史》卷97《艺文志二》皆著录，有明万历刻本、《四库全书存目丛书》本、

---

① 通政使，官名。明代洪武十年（1377）设，通政使司长官，正三品，掌受理内外章疏、敷奏封驳之事。清沿置，光绪末年裁。

② 右佥都御使，官名。明朝都察院置左、右佥都御史，正四品，位次于正三品之左、右副都御史。

《丛书集成初编》本和《续修四库全书》本。是书成于明万历二十八年（1600），王嘉谟编次。《四库全书总目提要》卷54《史部十·杂史类存目三》亦著录，并云："播州杨氏自唐乾符中据有其地，历二十九世八百余年。万历初，杨应龙为宣慰使，恃险作乱。诏起化龙巡抚四川，寻进总督四川、湖广、贵州军务，进讨平之。以其地置遵义、平越二府。因裒军中前后文牍，编为是书。前五卷为进军时奏疏，六卷为善后事宜奏疏，七卷为咨文，八卷至十一卷为牌票，十二卷至十四卷为书札，十五卷为评批、为祭文。明代用兵，大抵十出而九败，不过苟且以求息事，而粉饰以奏功。惟平播一役，自出师至灭贼，凡百有十四日，成功颇速。史称化龙是役，可与韩雍、项宗垿。其出师次第，虽载其大纲，而情形曲折，则不及此书之详具。录存其目，亦足资参考也。末有万历辛丑四川布政使参议王嘉谟'后序'，称身在军中，备见行事。盖所言犹为实录云。此书虽载文而不纪事，然其文全为平定播州而作，实具斯一事之始末。其载文即纪事也。又虽冠以奏疏，而仅三之一，不可入奏议；虽出一人之手，而大抵书记吏胥之所为，不可入别集。故从其本事，入之杂史类焉。"民国《长垣县志》卷14《艺文志》亦著录，并收入明人张悌"序"。

　　《邦政条例》，李化龙撰，10卷，佚。张廷玉《明史》卷97《艺文志二》著录。

　　《治河奏疏》，李化龙撰，4卷，佚。《四库全书总目提要》卷56《史部·诏令奏议类存目》著录，并云："是编奏疏，乃万历三十一年化龙以工部右侍郎总督河道时所上。时黄河横决，化龙遍行淮徐，得泇河遗迹，乃奏请疏凿。凡开二百六十丈，工讫而为流沙所阻。化龙持之益力，复改凿峒头一路，运道遂通。故此编于泇河一事，最为注意，言之尤为恳切。"

　　《辽东奏议》，又名《抚辽疏稿》，李化龙撰，6卷，残。该奏议乃化龙以右佥都御史巡抚辽东时所上奏疏。《千顷堂书目》卷30、《中国古籍善本书目·史部》均著录。中国国家图书馆藏有明万历间刻本残本（仅存1至3卷），另有《四库禁毁书丛刊》影印本。

　　《李于田诗集》，李化龙撰，12卷，存。中国国家图书馆藏有万历间刻本，另有《四库全书存目丛书》本。是集共有嵩下稿1卷，中州稿1卷，辽阳稿1卷，田居稿1卷，西征稿1卷，河上稿1卷，东省稿1卷，都下稿 1 卷，南都稿 2 卷，场居稿 2 卷。以上数稿乃万历间刻本《李于田诗集》之残本，或为单行本。有黄克缵、李维桢、赵南星等人"序"。

《李襄毅公诗文集》，李化龙撰，14 卷。《千顷堂书目》卷 25《别集类》著录。是集乃《场居》《田居》等诸稿的汇刻本。

《吴明卿东游泊舟江上同欧桢伯、李惟寅、方子及携具访之》等诗 3 首，李化龙作，存。《明诗纪事》庚签卷 11 辑入。

《登医无闾山》《秋日饮张司理》诗 2 首，李化龙撰，存。《御选明诗》卷 85 收录。

《重修儒学记》《重修学堂岗文庙记》文 2 篇，李化龙撰，存。康熙《长垣县志》卷 5《旧志艺文上》、民国《长垣县志》卷 14《艺文志·碑记》著录，并收入全文。

王永光，字有孚，明代长垣人。万历二十年（1592）进士，授中书舍人①。光宗即位，累官至户部尚书，调掌南京都察院，告归。崇祯元年（1628），起为户部尚书，改吏部。后归故里，卒。建王氏祠堂时，崇祯皇帝亲赐"四朝元老"镏金匾额。现在王氏后裔仍保存着崇祯皇帝给王永光的三道圣旨。卒葬县南 10 里木锨店。事迹见康熙《长垣县志》卷 4《勋业·王永光传》、民国《长垣县志》卷 12《人物志·政事·王永光传》。

《侍御集》，王永光撰，4 卷，存。《中国古籍善本书目·集部》著录，今有明刻本。

《冰玉堂集》，王永光撰，佚。康熙《长垣县志》卷 3《王永光传》《千顷堂书目》卷 25《别集类》均著录。丛书《四库未收书辑刊》第五辑收入《冰玉堂诗草》1 卷，疑为部分。

王家祯（？—1644），明代长垣人。万历三十五年（1607）进士。天启四年（1624），以左金都御史②巡抚甘肃，擢户部左侍郎。崇祯八年

① 中书舍人，官名。三国时候的魏国曾在中书省设中书通事舍人。后代沿置，省称中书舍人。明朝中书舍人为皇帝的近侍臣僚，从七品。

② 左金都御史，明朝都察院次官，正四品，佐掌监察百官，辨明冤枉，提督各道监察御史，为皇帝耳目风纪之臣。后有以尚书、侍郎、少卿等官加授者。出外则为总督、提督、巡抚，其职多为总理一方军务，有事则遣，事毕复命。清代乾隆年间与右金都御史俱罢。

（1635），巡抚河南，落职闲住。甲申三月，李自成陷京师，遣兵据长垣，家祯与子元炌皆自经死。卒葬县西 20 里邢固堤。事迹见《明史》卷 264《王家祯传》和康熙《长垣县志》卷 4《忠节·王家祯传》。

《王少司马奏疏》，王家祯撰，2 卷，存。是编乃其历官所具奏疏。上卷为抚河南时所作，起崇祯九年（1636）迄十一年（1638），有敬陈流寇情形并分布方略疏、议设监军监纪疏、恭报南阳灾荒请蠲钱粮疏等。次卷为官户部时所具，后附召对记言三则，系崇祯初年抚甘肃请饷一卷，天启四年（1624）编次。谢国桢《增订晚明史籍考》卷 7 云："是编载有《召对平台记言》《敬陈流寇情形并分布方略疏》《议设监军监纪疏》《恭报南阳灾荒请蠲钱粮疏》等篇，可以见农民军进入河南，踞宋南阳及南阳灾情严重，老弱转于沟壑，农民壮丁少妇急起响应之情况。"《千顷堂书目》卷 30 著录，作"《王家祯总理奏议》七卷"。今存有《乾坤正气集》本、《畿辅丛书》本、《丛书集成》本等。

《成节妇双贞传》，王家祯撰，存。康熙《长垣县志》卷 7《新志艺文上》、民国《长垣县志》卷 14《艺文志·传》均著录，并收入全文。

李蛟祯（？—1644），字得云，明代嵩县（今属河南）人。隆庆五年（1571）进士，授长垣知县。升户部清吏司主事，迁本部员外郎，擢岳州知州。闻京变，自缢亡。事迹见光绪《嵩县志》卷 27《李蛟祯传》。

《增城集》，李蛟祯撰，16 卷，存。该集乃自编，崇祯十二年（1639）刊。光绪《嵩县志》卷 27 著录，有北京大学图书馆藏 16 卷本和日本尊经阁文库藏 22 卷本。另有《四库禁毁书丛刊补编》本、《明别集丛刊》本。

杨文昌（1574—1631），字六星，号阶平，明代长垣（今属河南）人。万历四十七年（1619）进士，授汝阳知县。擢兵科给事中，丁母忧去。服阕，崇祯即位，补户科给事中，迁刑科左给事中①。崇祯四年

---

① 刑科左给事中，明、清刑科属官。明洪武二十四年（1391）设左、右各一人，秩从八品，后改从七品。清顺治十八年（1661）定设满、汉各一人，掌稽核刑名案件，注销刑部文卷之事。

（1631）卒，年 57 岁，葬县南 5 里樊家屯。事迹见民国《长垣县志》卷 12《人物志·政事·杨文昌传》。

《心得录》，杨文昌撰，佚。民国《长垣县志》卷 12《杨文昌传》著录。

《琐闻纪事》，杨文昌撰，佚。民国《长垣县志》卷 12《杨文昌传》著录。

成伯龙（1563—1633），字为苍，号生洲，明代长垣人。万历二十三年（1595）进士，授山东曹县知县。十年后，擢南京吏部主事，改补户部主事。后迁山西岢岚道按察司佥事，以疾告归。卒葬樊相镇樊相村，祀乡贤祠。事迹见康熙《长垣县志》卷 4《成伯龙传》和民国《长垣县志》卷 12《人物志·政事·成伯龙传》。

《一笑斋集》，成伯龙撰，佚。民国《长垣县志》卷 12《成伯龙传》著录。

《吊伯玉墓》诗 2 首，成伯龙撰，存。伯玉即蘧伯玉，长垣人，春秋时卫国贤大夫，孔子称之"君子"。康熙《长垣县志》卷 8《新志艺文下》著录，并收入全文。

邢第，字进卿，明代长垣（今属河南）人。嘉靖五年（1526）进士，授山东临邑知县，升监察御史，浙江按察司副使。事迹见嘉靖《长垣县志》卷 7《选举·邢第》、康熙《长垣县志》卷 3《选举·邢第传》、民国《长垣县志》卷 12《政事·邢第传》。

《重修城隍庙记》文 1 篇，邢第撰。嘉靖《长垣县志》卷 9《文章》著录，并收入全文。

徐大壮（1515—1566），字子贞，明代长垣（今属河南）人。嘉靖三十二年（1553）进士，授淮安府推官，擢南京监察御史①。丁父忧服除，补河南道，巡按湖广。嘉靖四十三年（1564）罢，次年复按山东。卒年

---

① 监察御史，官名。明代都察院设监察御史 100 余人，正七品，"主察纠内外百司之官邪，或露章面劾，或封章奏劾"。

51 岁，葬魏庄镇大臣村东北。生平事迹详见康熙《长垣县志》卷 3《选举·徐大壮传》和民国《长垣县志》卷 12《人物志·政事·徐大壮传》。

《校正春秋肯綮》，徐大壮撰，佚。民国《长垣县志》卷 12《徐大壮传》著录。

《广舆图叙谱》，徐大壮撰，佚。民国《长垣县志》卷 12《徐大壮传》著录。

《朴庵黄侯去思碑》，徐大壮撰，存。黄侯指黄国华，字良实，江西丰城人，嘉靖年间曾任长垣知县。康熙《长垣县志》卷 5《旧志艺文上》著录，并收入全文。

赵莘（1522—1590），字师尹，号任斋，又号拙叟，赵祜之子，明代长垣（今属河南）人。嘉靖三十八年（1559）进士，授临颖知县，升太仆寺丞，以母老告归。后为刑部郎中，转贵州布政司参议。卒，私谥介修先生，祀乡贤。事迹见民国《长垣县志》卷 12《人物志·政事·赵莘传》。

《长垣县志》，赵莘撰，佚。《内阁藏书目录》《千顷堂书目》、民国《长垣县志》卷 12《赵莘传》皆著录。该志于隆庆五年（1571）纂成，万历七年（1579）刊印。

《两邑政略》，赵莘撰，佚。民国《长垣县志》卷 12《赵莘传》著录。

《任斋诗文稿》，赵莘撰，佚。民国《长垣县志》卷 12《赵莘传》著录。

《攀留慈君图序》，赵莘撰，存。作于万历九年（1581）。康熙《长垣县志》卷 5《旧志艺文上·序类》著录，并后入全文。

岳木，明代陕西咸宁人。举人，嘉靖三十七年（1558）授长垣教谕，敷教以宽，动得大体，士子皆感服。升山西祁县知县，擢户部主事。事迹详见民国《长垣县志》卷 10《循政志·岳木传》。

《节烈李妇王氏传》，岳木撰，存。民国《长垣县志》卷 15《艺文志下·传》著录，并收录全文。

郜永春（1532—1609），字子元，明代长垣人。嘉靖四十一年（1562）进士，官至山西按察使。卒时78岁，葬魏庄镇高店村东。事迹详见同治《长垣县志》卷12《人物志·郜永春传》、民国《长垣县志》卷12《人物志·政事·郜永春传》。

《皇明三儒言行要录》，郜永春等辑，14卷，存。嘉靖、隆庆间永春家居时辑，隆庆二年（1568）付梓。《千顷堂书目》卷11《儒家类》著录，作"《三儒言行录》十四卷"，下注云"河汾、白沙、阳明"。同治《长垣县志》卷12《郜永春传》、民国《长垣县志》卷12《郜永春传》、《中国古籍善本书目》卷15、《中国善本书提要·子部儒家类》亦著录，后者作"十二卷"。现有隆庆刻本，中国国家图书馆藏。前有"自序"，云："延厉斋段子、益斋程子，于蒲阳蘧伯玉祠重加校订，以寿诸梓。"

《问学指南》，郜永春撰。同治《长垣县志》卷12《郜永春》、民国《长垣县志》卷12《郜永春传》均著录。

《郡伯王公建学记》，郜永春撰，存。吴司教指吴嵚，江苏武进人，曾任长垣教谕。康熙《长垣县志》卷5《旧志艺文上》、民国《长垣县志》卷14《艺文志上·记》著录，并收入全文。

《吴司教崑麓兴学记》，郜永春撰，存。吴司教指吴嵚，江苏武进人，曾任长垣教谕。康熙《长垣县志》卷5《旧志艺文上》、民国《长垣县志》卷14《艺文志上·记》著录，并收入全文。

《重修伯玉祠记》《修子路书院并祠记》《修城隍庙记》文3篇，郜永春撰，存。康熙《长垣县志》卷6《旧志艺文下》、民国《长垣县志》卷14《艺文志上·记》著录，并收入全文。

《周侯内征序》，郜永春撰，存。康熙《长垣县志》卷5《旧志艺文上》著录，并收入全文。

吴嵚，字宗高，别号崑麓，明代江苏武进人。隆庆年间任长垣教谕，后升国子监助教。事迹详见民国《长垣县志》卷14《艺文志上·崑麓吴公祠堂碑记》。

《退省斋记》，吴嵚撰。民国《长垣县志》卷14《艺文志上·记》著录，并收入全文。

刘芳，明代长垣（今属河南）人。嘉靖中庠生。

嘉靖《长垣县志》，张治道、杜纬①修，刘芳等纂，9 卷，存。张治道来任次年，感叹旧志疏简，乃命刘芳与庠生王汉、王珙、杨旻等纂新志，三月而成。二十余年后，杜纬任长垣知县，谓刘芳志"滥而寡要"，故继之以校刊，遂成是编。故此志实乃张治道原修，杜纬增补，但无法分离。凡 9 卷 9 大类（地理、田赋、祠祀、建置、官师、人物、选举、古迹、文章）54 个小目，卷首有王崇庆"序"。嘉靖二十年（1541）刊，中国国家图书馆有藏。另有《天一阁藏明代方志选刊》影印本。

苏民望，字子惠，明代河南长垣县人。隆庆戊辰（1568）进士。历官刑部主事、贵州道御史和陕西按察副使。卒葬本县张寨乡苏坟村东。事迹详见民国《长垣县志》卷 12《人物志·政事·苏民望传》。

《刘侯擢天曹序》，苏民望撰，存。康熙《长垣县志》卷 5《旧志艺文上》著录，并收入全文。刘侯指刘学曾，万历二十三年（1595）任长垣知县。

《重修城隍庙记》，苏民望撰，存。康熙《长垣县志》卷 5《旧志艺文上》著录，并收入全文。

穆文熙（1532—1617），字敬甫，明代山东东明人。嘉靖四十一年（1562）壬戌科进士，后官至广东副使。著有《逍遥园集》。民国《长垣县志》卷 14《艺文志上·重修学岗记》小传。

《重修学岗记》，穆文熙撰，存。民国《长垣县志》卷 14《艺文志上·碑记》著录，并收入全文。

王锡爵（1534—1610），字元驭，明代江苏太仓人。嘉靖四十一年（1562）会试第一，廷对第二，授编修。万历初年掌翰林院，累官至礼部尚书兼文渊阁大学士，入内阁居首辅。卒谥文肃。著有《王文肃集》。事迹详见《明史》卷 218《王锡爵传》。

《重建儒学记》，王锡爵撰，存。当时王锡爵任国子祭酒。康熙《长

---

① 杜纬，陕西蒲城县举人。嘉靖十七年（1538）来任长垣知县。

垣县志》卷 5《旧志艺文上》和民国《长垣县志》卷 14《艺文志·记》均著录，并收入全文。

《明赠御史郜公墓表》，王锡爵撰，存。民国《长垣县志》卷 14《艺文志上·墓表》，并收入全文。郜公指郜壬，字明远，郜永春之父，长垣人。

赵南星（1550—1627），字梦白，号侪鹤，别号清都散客，明代真定高邑（今河北元氏）人。万历二年（1574）进士。生平事迹详见《明史》卷 243《赵南星传》。

《李节妇传》《郜节妇传》等文 2 篇，赵南星撰，存。康熙《长垣县志》卷 5《旧志艺文上》、民国《长垣县志》卷 15《艺文志下·传》均著录，并收入全文。

《定居楼》诗 1 首，赵南星撰，存。乾隆《卫辉府志》卷 41《艺文志·诗类》著录，并收入全文。

《光禄寺少卿冯元靖墓志铭》，赵南星撰，存。冯元靖，明代获嘉人，事迹详见民国《获嘉县志》卷 12《乡宦·冯元靖传》。乾隆《卫辉府志》卷 52《艺文志·墓志铭》著录，并收入全文。

赵浩，赵莘之子，明代长垣人。万历七年（1579）举人，授襄城知县，升信阳知州。事迹见民国《长垣县志》卷 11《选举志·举人》小传。

万历《长垣县志》，张文炫修，赵浩纂，佚。该志乃万历三十一年（1603）续旧志而成。《河南地方志提要下·河南方志佚书目录》著录。

《王氏三节妇传》，赵浩纂，存。民国《长垣县志》卷 15《艺文志下·传》著录，并收入全文。

魏鸣世（1554—1639），字景德，明代长垣（今属河南）人。万历四十四年（1616）岁贡，授延庆州永宁县训导。后升山西寿阳知县，二年后致仕归乡。居乡十六年卒，寿 85 岁。事迹见康熙《长垣县志》卷 7《新志艺文上·景德魏公传》、民国《长垣县志》卷 12《人物志·政事·魏鸣世传》。

《古柏山房集》，魏鸣世撰，佚。康熙《长垣县志》卷7《新志·艺文上·景德魏公传》、民国《长垣县志》卷12《魏鸣世传》均著录。

杜芳，字实夫，号月湖，长垣人。崇祯癸未（1643）进士。入清，征翰林院庶吉士。卒祀乡贤。事迹详见康熙《长垣县志》卷7《新志·艺文上·杜芳传》、民国《长垣县志》卷12《人物志·政事·杜芳传》。

《菊有斋集》，杜芳撰。民国《长垣县志》卷12《杜芳传》著录。

成仲龙，字为霖，别号环洲，明代长垣县人。崇祯三年（1630）进士，授夏邑知县，后历官兵科给事中、陕西关内道参政、陕西右布政使等。年74岁卒，葬长垣樊相镇刘村寺西。祀乡贤祠。事迹康熙《长垣县志》卷7《新志艺文上·成仲龙传》和民国《长垣县志》卷12《人物志·政事·成仲龙传》。

《东壁楼诗集》，成仲龙撰，佚。《千顷堂书目》卷27、民国《长垣县志》卷12《成仲龙传》均著录。

《燕越墨迹》，成仲龙撰。民国《长垣县志》卷12《成仲龙传》著录。

《王邑侯甎城落成志感》《遂王射斗入拜大司农》《长垣中秋夜坐》等诗3首，成仲龙撰，存。民国《长垣县志》卷15《艺文志下·诗》均著录，并收入全诗。

四　清代以来的长垣文献

崔對，字天柱，号埭墟，明代吏部尚书崔景荣之孙，长垣县人。顺治三年（1646）进士，授山东蒙阴知县。青兖兵乱时，抱印投井而亡，葬县城北关外。祀名宦、乡贤祠。事迹见康熙《长垣县志》卷4《忠节·崔對传》和民国《长垣县志》卷12《人物志·忠节·崔對传》。

《苦梦诗》①，崔對撰，1卷。民国《长垣县志》卷12《崔對传》

---

① 文献名称有不同记载，《明清民国长垣县志》（整理本）（第386页）作"苦萝诗"，崔聚成主编《历代崔氏人物辞典·古代卷》（吉林文史出版社2011年版，第308页）称"萱萝诗"。

著录。

　　郜焕元，字凌玉，号雪岚，清代长垣县人。顺治三年（1646）丙戌科进士，授太原知县。清初"江北七子"之一。事迹详见民国《长垣县志》卷12《人物志·文苑·郜焕元传》、徐世昌《大清畿辅先哲传》卷20《文学传二·郜焕元传》。

　　《猗园存笥稿》，郜焕元撰。民国《长垣县志》卷12《郜焕元传》、徐世昌《大清畿辅先哲传·郜焕元传》均有著录，后者云："明季诗学榛芜，历下、竟陵争焰互燔，浸淫五六十年，国初犹沿余习。江北七子出，然后诗道浸昌。"

　　《郜凌玉诗》，郜焕元撰，1卷，存。《中国丛书综录·类编·集类·总集》著录，今存康熙《皇清百名家诗》本。

　　《前题次韵二首》《谒圣庙》《咏怀垣境古迹六首》《榖日成鸣玉招集》《赠吴太史耕方再校天雄》《赠秦明府》等诗多首，郜焕元撰，存。民国《长垣县志》卷15《艺文志》著录，并收入全文。

　　《大竹令朱印哲传》，郜焕元撰，存。乾隆《卫辉府志》卷50《艺文志·传二》著录，并收入全文。

　　《李恭人传》，郜焕元撰，存。康熙《封丘县续志·艺文·传记》著录，并收入全文。

　　《康熙乙酉修学记》，郜焕元撰，存。民国《长垣县志》卷14《艺文志上·记》著录，并收入全文。

　　《崐麓吴公祠堂碑记》，郜焕元撰，存。吴公即吴嶔，字宗高，别号崐麓，江南武进人，曾任长垣教谕。康熙《长垣县志》卷7《新志艺文上》、民国《长垣县志》卷14《艺文志上·记》著录，并收入全文。

　　《李伊庵诗序》，郜焕元撰，存。李伊庵，指李聘，字梓起，号伊庵，郜焕元同乡。民国《长垣县志》卷15《艺文志下·序》著录，并收入全文。

　　《景德魏公传》，郜焕元撰，存。魏公即魏鸣世，字景德，长垣人。康熙《长垣县志》卷7《新志艺文上》著录，并收入全文。

　　《李赠君传》，郜焕元撰，存。李赠君即李灿明，事迹详见康熙《长垣县志》卷4《李灿明传》。康熙《长垣县志》卷7《新志艺文上》著录，并收入全文。

李灿明，字葆闇，开封知府李犹龙子，清代长垣人。深明河洛理数。事迹详见康熙《长垣县志》卷 4《人物·懿德·李灿明传》、民国《长垣县志》卷 12《人物志·懿德·李灿明传》。

《义经蒙解》，李灿明撰。民国《长垣县志》卷 12《李灿明传》著录。

崔蔚林，字夏章，号定斋，清代长垣人。顺治戊戌（1658）进士，曾官翰林院侍讲学士①。卒时 53 岁，葬长垣县北 20 里邓岗。事迹详见同治《长垣县志》卷 12《人物志·政事·崔蔚林传》。

《四书讲义》，崔蔚林撰。同治《长垣县志》卷 12《崔蔚林传》著录。

《解易》，崔蔚林撰。同治《长垣县志》卷 12《崔蔚林传》著录。

《重修魁星楼记》《阖学生员贺宗父母序》《徐谓弟传》文 3 篇，崔蔚林撰，存。康熙《长垣县志》卷 7《新志艺文上》著录，并收入全文。

王还冲，王永光孙，王镁子，长垣县人。以官生授沔阳知县，后调贵池知县。事迹详见民国《长垣县志》卷 12《人物志·卓行·王还冲传》和《畿辅通志》卷 240《列传四十八·王还冲传》。

《意草》，王还冲撰，2 卷。《中州艺文录》卷 36、民国《长垣县志》卷 12《王还冲传》、《畿辅通志》卷 240《王还冲传》均著录。

王元烜，字用恒，号以轩，王家桢之子，清代长垣县人。康熙五年（1666）丙午科举人，授武进知县。事迹详见《畿辅通志》卷 240《王元烜传》、民国《长垣县志》卷 12《人物志·政事·王元烜传》。

《惜三斋诗稿》，王元烜撰。民国《长垣县志》卷 12《王元烜传》著录。

《尊经阁落成》《宗明府再任即席口占》《墓春社集文逊园二首》诗 3

---

① 侍讲学士，清代翰林院官员，正四品，掌给皇帝讲授经史等书。

首，王元烜撰，存。民国《长垣县志》卷 15《艺文志下·诗》著录，并收入全文。

《宗邑侯去思碑》，王元烜撰，存。宗邑侯，即宗琮，康熙九年（1670）任长垣知县。康熙《长垣县志》卷 7《新志艺文上》著录，并收入全文。

王维坤，字幼舆，号鹅知，王家桢之孙，王元烜之侄，清代直隶长垣县人。顺治间进士，曾任四川梓潼知县。后归故里，隐县西青冈，自称"青冈农父"，躬耕薄田以自给。事迹详见民国《长垣县志》卷 12《人物志·文苑·王维坤传》、徐世昌《大清畿辅先哲传》卷 20《文学传二·王维坤传》。

《搜弃集》，王维坤撰，12 卷。民国《长垣县志》卷 12《王维坤传》、徐世昌《大清畿辅先哲传·王维坤传》均著录。

《渐细斋诗文集》，王维坤撰。民国《长垣县志》卷 12《王维坤传》、徐世昌《大清畿辅先哲传·王维坤传》均著录。

《同友人游杏坛》《黄河再涨纪事》等诗 3 首，王维坤撰，存。民国《长垣县志》卷 15《艺文志下·诗》著录，并收入全文。

《寄慰乾一落第》《除夕》诗 2 首，王维坤撰，存。沈德潜编《清诗别裁集》卷 6 辑入。

胡具庆，字余也，号俟斋，清代杞县人（原籍直隶容城）。康熙五十九年（1720）庚子举人，乾隆壬戌中明通榜。官山西石泉知县。夏峰私淑弟子，孝友笃学，学夏峰甚似。

《孝烈祠记》，胡具庆撰。祠主为崔九围，直隶新安人，曾侨寓长垣。民国《长垣县志》卷 14《艺文志上·记》著录，并收入全文。

李振世，字章六，号卧衡，清代长垣县人。康熙九年（1670）进士，授获嘉县知县，后官江西永丰知县、刑部江南司郎中、陕西凉庄道布政使参政等。卒祀乡贤。事迹详见乾隆《获嘉县志》卷 12《循吏·李振世传》、徐世昌《大清畿辅先哲传》卷 30《贤能传三·李振世传》、民国《长垣县志》卷 12《人物志·政事·李振世传》。

《退食稿》，李振世撰。徐世昌《大清畿辅先哲传》卷 30《贤能传三·李振世传》、民国《长垣县志》卷 12《李振世传》均著录。

《毁淫祠文》，李振世撰，存。民国《长垣县志》卷 15《艺文志》著录，并收入全文。徐世昌《大清畿辅先哲传》卷 30《贤能传三·李振世传》云："父忧，服阕，补江西永丰知县。署中旧有妖祠，乃作毁淫祠文，驱蟒蛇斩之。蟒长二丈，粗斗余，以皮送郡守，人咸壮之。"

崔征壁，字文宿，一字祀功，号方厓，清代长垣县人。康熙九年（1670）进士，授内阁中书舍人，历官河南怀庆府知府、工部右侍郎。76 岁卒，葬县北 20 里邓冈。祀乡贤、名宦祠。《大清畿辅先哲传》卷 4《名臣传四》、民国《长垣县志》卷 12《人物志·政事》均有传记。

《西清初学编》，崔征壁撰。《大清畿辅先哲传》卷 4《崔征壁传》、民国《长垣县志》卷 12《崔征壁传》均有著录。

《东海集》，崔征壁撰。《大清畿辅先哲传》卷 4《崔征壁传》、民国《长垣县志》卷 12《崔征壁传》均有著录。

《金台集》，崔征壁撰。《大清畿辅先哲传》卷 4《崔征壁传》、民国《长垣县志》卷 12《崔征壁传》均有著录。

《怀州集》，崔征壁撰。《大清畿辅先哲传》卷 4《崔征壁传》、民国《长垣县志》卷 12《崔征壁传》均有著录。

《游梁集》，崔征壁撰。民国《长垣县志》卷 12《崔征壁传》有著录。

《岳渎陪祀记》，崔征壁撰。《大清畿辅先哲传》卷 4《崔征壁传》、民国《长垣县志》卷 12《崔征壁传》均有著录。

《诗韵鹄》，崔征壁撰。《大清畿辅先哲传》卷 4《崔征壁传》、民国《长垣县志》卷 12《崔征壁传》均有著录。

《存仁录》，崔征壁撰。《大清畿辅先哲传》卷 4《崔征壁传》、民国《长垣县志》卷 12《崔征壁传》均有著录。

宗琮，字侣璜，清代陕西泾阳人。顺治辛丑进士，康熙九年（1670）来任长垣知县。事迹详见康熙《长垣县志》卷 3《职官·宗琮传》和卷 7《新志艺文上·宗邑侯去思碑记》。

康熙《长垣县志》，张文炫①原本，宗琮增修，王元烜增纂，8 卷，刊本，存。《北京师范大学图书馆古籍善本书目·史部·地理类》《河南地方志综录》均著录，中国国家图书馆、北京师范大学图书馆等均有藏。另有《故宫珍本丛刊》影印本，前有知县周卜世"序"，应为康熙三十九年（1700）增刊本。宗琮初次来任，以县志八十余年未有增补，乃与本县人湖广学道郜焕元商议，集县学生员编辑，以丁忧离职。后复补本县知县，奉命修志，乃取万历张文炫本，由王元烜等人增删而成，当年刊行。凡 8 卷 56 目，卷前有郜焕元"序"和宗琮"序"，书后无跋。该志保存了万历旧志内容和明末清初的大量资料，有较高价值。

《重修尊经阁碑记》《修八蜡庙记》各 1 篇，宗琮撰，存。康熙《长垣县志》卷 7《新志艺文上》、民国《长垣县志》卷 14《艺文志上·记》均著录，并收入全文。

《长垣县社仓序》，宗琮撰，存。康熙《长垣县志》卷 8《新志艺文下》、民国《长垣县志》卷 15《艺文志下·序》均著录，并收入全文。

《征修长垣县志引》，宗琮撰，存。民国《长垣县志》卷 15《艺文志下·引》著录，并收入全文。

《恭谒杏坛》诗 1 首，宗琮撰，存。民国《长垣县志》卷 15《艺文志下》著录，并收入全文。

《请减协济柳束详文》《葬埋骨骸详文》各 1 篇，宗琮撰，存。康熙《长垣县志》卷 8《新志艺文下》著录，并收入全文。

李聘，字莘起，号伊庵，李犹龙之孙，清代长垣人。康熙十五年（1676）进士，选江西宁都知县，后补广东陵水知县。康熙四十四年（1705）告归，卒年 76 岁。事迹详见民国《长垣县志》卷 12《人物志·政事·李聘传》和徐世昌《大清畿辅先哲传》卷 20《李聘传》。

《伊庵诗集》，李聘撰，1 卷，佚。民国《长垣县志》卷 12《李聘传》、徐世昌《大清畿辅先哲传》卷 20《李聘传》和《续修四库全书总目提要稿·别集类》均有著录，道光间付梓。李澄中"序"云："莘起令宁都，两载辄罢去，怀才蕴抱，无所发抒，溢为幽忧之旨，独独漉漉，大

---

① 张文炫，明代山东安丘人，进士出身，万历二十七年（1599）来任长垣知县。

放厥词，有伯玉之简穆，曲江之萧远。"

《余存集》，李聘撰，2 卷。徐世昌《大清畿辅先哲传》卷 20《李聘传》著录。

黄图昌，字淑岱，清代长垣人。康熙十五年（1676）进士，二十五年（1686）任万安知县。康熙三十四年（1695），任静乐知县。事迹见民国《长垣县志》卷 11《选举志·进士》小传。

康熙《万安县志》，黄图昌修，12 卷，存。明代万安有弘治、嘉靖二志，清代则康熙十年（1671）有县令胡区枢志。值甲寅年版毁于寇，不唯旧籍少存，而 12 年以来之事亦缺。黄图昌因延邑绅，博采广搜，节繁补略，编为 12 卷。旧志于科第遗漏甚多，重叠、错讹亦多，此编悉为补订，颇优于旧志。有康熙二十八年（1689）刊本。《江西省地方志综合目录·万安县志目录》著录，中国国家图书馆、天津市图书馆等均有藏。另有《续修四库全书》影印本。

康熙《静乐县志》，黄图昌修纂，俎夏鼎续修，10 卷，存。刊于康熙三十九年（1700）。雍正八年（1730），知县俎夏鼎又于黄图昌志每卷后单独续增相应内容，增补刊行。《山西地方志综录·忻州地区》著录，上海市图书馆、天津市图书馆均有藏康熙间刻本。另有 1986 年静乐县志编纂委员会标注铅印本。

杨绿绶，字公垂，号易轩，清代长垣县人。康熙三十四年（1695）进士，授山东定陶知县，除刑部山西司主事，升员外郎，擢湖广安乐知府，进按察司副使。民国《长垣县志》卷 12《人物志·政事》、徐世昌《大清畿辅先哲传》卷 30《贤能传三》和《畿辅通志》卷 240《列传四十八》均有小传。

《玩易轩诗集》，杨绿绶撰，2 卷，存。民国《长垣县志》卷 12《杨绿绶传》、徐世昌《大清畿辅先哲传》卷 30《杨绿绶传》均著录，今存有《续修四库全书》影印乾隆刻本。卷首有江鼎金"序"，古今体诗共230 余首。

赵国麟（1673—1750），字仁圃，号拙庵，又号跛道人，清代山东泰安人。康熙四十五年（1706）进士。五十八年（1719），授直隶长垣县知县，创寡过书院，文教大兴。后任永平府知府、福建布政使、福建巡抚、安徽巡抚、刑部尚书、文渊阁大学士、礼部尚书等。乾隆十六年（1751），卒于家。后入乡贤祠。生平事迹详见《国朝耆献类征初编》卷16《赵国麟传》。

《赋得黄河之水天上来》《雨后登尊经阁望太行》《九日同人游学堂岗》诗3首，赵国麟撰，存。民国《长垣县志》卷15《艺文志下·诗》著录，并收入全文。

陈烈，字定宇，清代长垣县人。康熙五十年（1711）辛卯科举人，乾隆四年（1739）授山西平陆知县。生平事迹详见民国《长垣县志》卷12《人物·政事·陈烈传》。

《步陶集》，陈烈著，2卷。民国《长垣县志》卷12《陈烈传》著录。

李文敷，清代长垣人。雍正丙午（1726）副榜，授行唐教谕。事迹详见民国《长垣县志》卷12《人物·懿德·李文敷传》。

《家塾教法》，李文敷撰。民国《长垣县志》卷12《李文敷传》著录。

《质疑文集》，李文敷撰。民国《长垣县志》卷12《李文敷传》著录。

《游鲁记》，李文敷撰。民国《长垣县志》卷12《李文敷传》著录。

陈恂，字寅天，清代长垣人。乾隆元年（1736）进士，官广西苍梧知县。工楷书，精于韵学。事迹见民国《长垣县志》卷11《选举·进士》小传和嘉庆《长垣县志》卷12《人物记·文苑·陈恂传》。

《六经正字》，陈恂撰。嘉庆《长垣县志》卷12《陈恂传》著录。

李受曾，字介梧，清代长垣人。乾隆五十一年（1786）举人。历官甘肃成县、徽县知县、阶州知州和秦州知州。民国《长垣县志》卷12《人物志·政事·李受曾传》。

《阅篁山馆诗抄》，李受曾撰，4卷，存。民国《长垣县志》卷12

《李受曾传》、柯愈春《清人诗文集总目提要》和《中国古籍总目·集部》均著录，今中国国家图书馆有存嘉庆间刻本。此集盖年 50 时自编，删存古今体诗 330 余首，多在甘肃任官时所作。其中《兰州竹枝词》4 首，《秦州》6 首，皆记载当地风物民情。

《古卫风谣》，李受曾撰，1 卷。民国《长垣县志》卷 12《李受曾传》《中州艺文录》卷 36 均著录。

《敬乐斋试帖》，李受曾撰，1 卷。民国《长垣县志》卷 12《李受曾传》《中州艺文录》卷 36 均著录。

《闻长垣贼警纪事》诗 10 首，李受曾撰，存。民国《长垣县志》卷 15《艺文志下·诗》著录，并收入全文。

傅常山，字北岳，清代长垣人。富而好施，嘉庆八年（1803）、十九年（1814）皆捐粟助贫。喜为诗，年逾八旬，手不释卷，吟咏忘疲。事迹详见民国《长垣县志》卷 12《人物·义行·傅常山传》。

《用作堂稿》，傅常山撰。民国《长垣县志·傅常山传》著录。

《谒仲子墓》诗 1 首，傅常山撰。民国《长垣县志》卷 15《艺文志下·诗》著录，并收入全文。

张琦，字玉堂，清代长垣县城东街人。活动于道光、咸丰年间，精堪舆学，且慷慨好义。卒年 83 岁。事迹见同治《长垣县志》卷下《人物·义行·张琦传》和民国《长垣县志》卷 12《人物·义行·张琦传》。

《地理传疑集》，张琦撰。民国《长垣县志·张琦传》著录。

《青囊奥语》，张琦撰。民国《长垣县志·张琦传》著录。

《地理摘要》，张琦撰。民国《长垣县志·张琦传》著录。

《吉凶妙诀》，张琦撰。民国《长垣县志·张琦传》著录。

徐谓弟，字子逊，号青岳，清代长垣县人。顺治九年（1652）壬辰科进士，历官安丘县令、户部员外郎、山西提学道佥事等。崇祀乡贤祠。事迹见康熙《长垣县志》卷 7《新志艺文上·徐谓弟传》和《畿辅通志》卷 240《列传四十八·徐谓弟传》。

《诗韵镜》，徐谓弟撰，2 卷。《北京师范大学图书馆古籍善本书目·

经部·小学类》著录，有康熙刻本，前有康熙元年（1662）"自序"。

《举行社仓序》《阖邑行户公颂宗父母德政序》《百姓公颂宗侯德政序》文3篇，徐谓弟撰，存。康熙《长垣县志》卷8《新志艺文下·序》著录，并收入全文。

屠之申，号可如，清代湖北孝感人。嘉庆中，初为刑部员外郎，迁郎中，后授大名道。道光元年（1821），由甘肃布政使调任直隶布政使。后升直隶总督。其父屠祖赉，乾隆年间曾任长垣知县。见《续碑传集》卷34《屠之申传》。

《重修寡过书院记》，屠之申撰，存。民国《长垣县志》卷14《艺文志上·记》著录，并收入全文。

王柟，王永光曾孙，长垣县人。好读书，手不释卷，年89卒。事迹详见民国《长垣县志》卷12《人物志·文苑·王柟传》和李鸿章《畿辅通志》卷240《王柟传》。

《乌衣漫抄》，王柟撰，8卷。民国《长垣县志》卷12《王柟传》、李鸿章《畿辅通志》卷240《王柟传》均著录。

李叙曾，字征园，清代长垣县人。嘉庆五年（1800）庚申科举人。曾官新河县教谕。事迹见民国《长垣县志》卷12《人物志·文苑·李叙曾传》。

《存慧草堂集》，李叙曾撰。民国《长垣县志》卷12《李叙曾传》和《中州艺文录》卷36均著录。

《学堂岗题壁》诗2首，李叙曾撰，存。民国《长垣县志》卷15《艺文志下·诗》著录，并收入全文。

郭荷传，清代长垣县人。嘉庆二十一年（1816）丙子科举人。卒时75岁。事迹见民国《长垣县志》卷12《人物志·文苑·郭荷传传》。

《伏中集》，郭荷傅撰。民国《长垣县志》卷12《郭荷传传》和《中州艺文录》卷36均著录。

葛之镛，字藕生，清代湖南善化人（今长沙）。举人出身，曾任新城知县，道光二十六年（1846）调任长垣知县。

《重修儒学记》，葛之镛撰，存。同治《增续长垣县志》下卷《艺文志》、民国《长垣县志》卷 14《艺文志上·记》均著录，并收录全文。

道光《续长垣县志》，葛之镛等修，蒋庸、郭余裕纂，2 卷。道光二十八年（1848），大名府檄属县修志，以备府志采用，知县葛之镛遂因嘉庆旧志成此续志二卷，继任陈寿昌踵其成。《中国历史博物馆藏普通古籍目录·史部·地理类》《中国古籍总目·史部》均著录。有道光二十九年（1849）刊本，中国国家图书馆、天津市图书馆、上海市图书馆等有藏。又有同治十二年（1873）刊本，北京大学图书馆、南京大学图书馆等有藏。

王兰广（1806—1874），字心耕，号香圃，清代河南修武县人。道光十七年（1837）丁酉科拔贡，同治四年（1865）任长垣知县。事迹见同治《增续长垣县志》上卷《职官志·知县》小传。

《重修仲子祠记》，王兰广撰，存。仲子指孔子弟子子路。同治《增续长垣县志》下卷《艺文志》、民国《长垣县志》卷 14《艺文志上·记》均著录，并收录全文。

《长垣创修士埝碑记》，王兰广撰，存。同治《增续长垣县志》下卷《艺文志》、民国《长垣县志》卷 14《艺文志上》均著录，并收录全文。

《重修东关普济桥路记》，王兰广撰，存。同治《增续长垣县志》下卷《艺文志》著录，并收录全文。

《八蜡庙述异碑记》《重修长垣大王庙感应碑记》《大王灵迹记》等文 3 篇，王兰广撰，存。同治《增续长垣县志》下卷《艺文志》、民国《长垣县志》卷 14《艺文志上》均著录，并收录全文。

《重修长垣双忠祠卧石记》《看守埝工碑记》《重修寡过书院记》，王兰广撰，存。同治《增续长垣县志》下卷《艺文志》、民国《长垣县志》卷 14《艺文志上》均著录，并收入全文。

《重谒学堂岗述怀五古》诗 1 首，王兰广撰，存。同治《增续长垣县志》下卷《艺文志》著录，并收入全文。

费瀛，清代江苏苏州府吴县人。监生，同治五年（1866）任长垣知县。事迹见同治《增续长垣县志》上卷《职官·知县》小传。

《增修南关大王庙戏楼官厅碑记》，费瀛撰。同治《增续长垣县志》下卷《艺文志》、民国《长垣县志》卷 14《艺文志上·记》均著录，并收录全文。

《重修寡过书院增添试院记》，费瀛撰。记载同治癸酉（1873）重修寡过书院，其地在县城东南隅。同治《增续长垣县志》下卷《艺文志》、民国《长垣县志》卷 14《艺文志上·记》均著录，并收录全文。

陈金式，江苏武进县人。监生出身，同治八年（1869）调长垣知县。事迹见同治《增续长垣县志》上卷《职官·知县》小传。

《重修文昌阁记》，陈金式撰。同治《增续长垣县志》下卷《艺文志》、民国《长垣县志》卷 14《艺文志上·记》均著录，并收录全文。

郭维翰，字西园，别号拙斋，清代长垣县人。举人出身，74 岁卒。事迹见民国《长垣县志》卷 12《人物志·政事·郭维翰传》。

《仲子祠义塾碑文》，郭维翰撰，存。民国《长垣县志》卷 14《艺文志上·记》著录，并收入全文。

王景源，字仙洲，号仲浦，清代故城人。举人出身，光绪二十三年（1897）任长垣县教谕。事迹详见民国《长垣县志》卷 10《循政志·王景源传》。

《修葺兴国寺小学校碑记》《学堂岗宣讲圣谕记》《冯母杨孺人輓帐文序》文 3 篇，王景源撰，存。民国《长垣县志》卷 14《艺文志上》著录，并收入全文。

《清岁贡生侯君翰之德行碑》，王景源撰，存。侯君指侯维屏，字翰之，世居长垣县高店村。民国《长垣县志》卷 14《艺文志》著录，并收入全文。

《学堂岗谒圣感赋二律》《九日祭古蒲仲子墓》《长垣学署送别会稽卢君雅泉三首》《登长垣祝庄玉帝阁偶题》《顶率成二律》《别白榴》《烂柯台怀古》《大堤行》《题长垣讳氏墓图》等诗多首，王景源撰，存。民国

《长垣县志》卷 15《艺文志下》著录，并收入全文。

赵廷祯，清代长垣县人。光绪癸卯（1903）科举人。

《崔景甫先生德行碑》，赵廷祯撰，存。民国《长垣县志》卷 14《艺文志上·碑》著录，并收录全文。

毛宪章，长垣县人。宣统二年（1910），任民国长垣县农会会长，后任织机传习所所长。

《蔡先生懿行碑记》，毛宪章撰，存。蔡先生指蔡应桂，字子丹，长垣县人。清末诸生。民国《长垣县志》卷 14《艺文志上》著录，并收入全文。

李兰生，字香亭，长垣县人。毕业于北洋师范。民国元年（1912）任劝学所所长，民国十五年（1926）任教育局局长。还曾任职保定优级师范和大名、易县、汲县等县中学教员。事迹详见民国《长垣县志》卷 12《人物志·文苑·李兰生传》。

《秉心李公懿行碑》，李兰生撰，存。李公即李宣猷，字秉心，号漱石，长垣县人。民国《长垣县志》卷 15《艺文志下·碑》著录，并收入全文。

《城楼眺远》诗 2 首，《看城隍出巡有感》诗 2 首，《咏书斋前古槐》诗 1 首，李兰生作，存。民国《长垣县志》卷 15《艺文志下·诗》著录，并收入全诗。

袁时熙，河南郏县人。民国六年（1917）来任长垣县长。生平见民国《长垣县志》卷 9《职官志·知县》小传。

《重修南关大王庙碑文》，袁时熙撰，存。民国《长垣县志》卷 15《艺文志下·碑》著录，并收入全文。

李毓藻，山东莱阳人。拔贡出身，民国八年（1919）来任长垣县长。见民国《长垣县志》卷 9《职官·知县》小传。

《重修圣庙碑记》，李毓藻撰，存。民国《长垣县志》卷 14《艺文志上·记》著录，并收入全文。

李宣猷（1867—1929），字秉心，号漱石，长垣县人。事迹详见民国《长垣县志》卷 14《艺文志上·秉心李公懿行碑》。

《仵县长崇如去思碑记》，李宣猷撰，存。民国《长垣县志》卷 14《艺文志》著录，并收入全文。

《李汉昇先生懿行碑》，李宣猷撰，存。李汉昇，名锡畴，长垣人。庠生出身。民国《长垣县志》卷 15《艺文志下·传》著录，并收入全文。

参考文献

一　古籍

（明）储珊修，（明）李锦纂：正德《新乡县志》，《天一阁藏明代方志选刊》第 49 种，上海古籍书店 1964 年版。

长垣县地方史志编纂委员会编：《明清民国长垣县志》（整理本），长垣县地方史志编纂委员会 1993 年版。

（宋）陈振孙撰：《直斋书录解题》，上海古籍出版社 1987 年版。

（宋）晁公武编，孙猛校：《郡斋读书志校证》，上海古籍出版社 1990 年版。

（清）德昌修；（清）徐朗斋等纂：乾隆《卫辉府志》，《中国地方志集成·河南府县志辑 11》，上海书店出版社 2013 年版。

邓瀛宾、窦经魁修，耿愔等纂：民国《阳武县志》，《中国地方志集成·河南府县志辑 17》，上海书店出版社 2013 年版。

（清）董诰等编：《全唐文》，中华书局 1983 年版。

（清）观祐修，（清）齐联芳等纂：同治《增续长垣县志》，《中国方志丛书·华北地方》第 197 号，台北：成文出版社 1969 年版。

（清）顾祖禹撰，施和金点校：《读史方舆纪要》，中华书局 2005 年版。

（清）顾嗣立编：《元诗选》，上海古籍出版社 1993 年版。

韩邦孚监修，田芸生总编：民国《新乡县续志》，《中国方志丛书·华北地方》第 473 号，台北：成文出版社 1976 年版。

（明）侯大节纂修，卫辉市地方史志办公室点校：万历《卫辉府志》，中州古籍出版社 2010 年版。

辉县市史志编纂委员会编，任鸿昌校注整理：道光《辉县志》（简体校注本），中州古籍出版社 2010 年版。

（清）黄虞稷撰，瞿凤起、潘景郑整理：《千顷堂书目》，上海古籍出版社 2001 年版。

（清）刘纯德修，（清）郭金鼎纂：顺治《胙城县志》，《中国地方志集成·河南府县志辑 20》，上海书店出版社 2013 年版。

（清）李鸿章，（清）黄彭年纂，崔广社点校：光绪《畿辅通志》，河北大学出版社 2017 年版。

（清）李于垣修，（清）杨元锡纂：嘉庆《长垣县志》，《中国方志丛书·华北地方》第 524 号，台北：成文出版社 1969 年版。

（唐）李吉甫撰，贺次君点校：《元和郡县图志》，中华书局 1983 年版。

（清）孟镠、耿纮祚修，（清）李承绶纂：康熙《封丘县续志》，《中国地方志集成·河南府县志辑 14》，上海书店出版社 2013 年版。

（清）倪灿撰：《补辽金元艺文志》，中华书局 1985 年版。

（清）钱熙彦编次：《元诗选补遗》，中华书局 2002 年版。

（清）钱大昕撰：《补元史艺文志》，中华书局 1985 年版。

宋静溪纂修：民国《长垣县志》，《中国地方志集成·河南府县志辑 28》，上海书店出版社 2013 年版。

（明）孙能传：《内阁藏书目录》，文物出版社 1992 年版。

（清）谈諟曾修，（清）杨仲震纂：乾隆《阳武县志》，《中国地方志集成·河南府县志辑 17》，上海书店出版社 2013 年版。

（清）吴乔龄修，（清）李栋纂：乾隆《获嘉县志》，《中国方志丛书·华北地方》第 490 号，台北：成文出版社 1976 年版。

（清）吴文圻修，（清）张耀等参订，（清）何远等编纂：乾隆《原武县志》，《中国地方志集成·河南府县志辑 16》，上海书店出版社 2013 年版。

（清）王赐魁修，（清）李会生、宋作宾纂：康熙《封丘县志》，《中国地方志集成·河南府县志辑 14》，上海书店出版社 2013 年版。

（宋）王尧臣等撰：《崇文总目》，上海古籍出版社 1987 年版。

（清）徐汝瓒修，（清）杜昆纂：乾隆《汲县志》，《中国地方志集成·河南府县志辑 13》，上海书店出版社 2013 年版。

徐世昌撰：《大清畿辅先哲传》，北京古籍出版社 1993 年版。

（清）余缙修，（清）李嵩阳、万化纂：顺治《封丘县志》，《中国地方志集成·河南府县志辑 14》，上海书店出版社 2013 年版。

（清）余心孺纂修：康熙《延津县志》，《中国地方志集成·河南府县志辑 16》，上海书店出版社 2013 年版。

（金）元好问编，张静校注：《中州集校注》，中华书局 2018 年版。

（清）严可均辑，任雪芳审订：《全汉文》，商务印书馆 1999 年版。

（清）严可均辑：《全晋文》，商务印书馆 1999 年版。

（清）姚振宗著：《姚振宗集》，浙江古籍出版社 2020 年版。

（清）姚振宗撰：《汉书艺文志拾补》，开明书店 1936 年版。

（民国）姚家望修，黄荫楠纂：民国《封丘县志》，《中国地方志集成·河南府县志辑 14》，上海书店出版社 2013 年版。

（清）永瑢等撰：《四库全书总目》，中华书局 1965 年版。

原阳县志编纂委员会整理：民国《重修原武县志》（整理本），内部印刷 2004 年版。

邹古愚修、邹鹄纂：民国《河南获嘉县志》，《中国方志丛书·华北地方》第 474 号，台北：成文出版社 1976 年版。

（清）赵开元纂，（清）畅俊修：乾隆《新乡县志》，《中国方志丛书·华北地方》第 472 号，台北：成文出版社 1976 年版。

（明）张天真修、金廷贵纂：嘉靖《辉县志》，《天一阁明代方志选刊续编》第 61 辑，上海书店出版社 1990 年版。

（清）周际华修，（清）戴铭等纂：道光《辉县志》，《中国地方志集成·河南府县志辑 17》，上海书店出版社 2013 年版。

（明）张治道、杜纬修，（明）刘芳等纂：嘉靖《长垣县志》，《天一阁藏明代方志选刊》第 50 种，上海古籍书店 1964 年版。

（清）宗琼增修，（清）王元烜增纂：康熙《长垣县志》，《故宫珍本丛刊》第 128 册，海南出版社 2001 年版。

中国野史集成续编编委会，四川大学图书馆：《先秦-清末民初中国野史集成续编》，巴蜀书社 2000 年版。

二　近现代专著

陈尚君辑校：《全唐诗补编》，中华书局 1992 年版。

长垣县地方史志编委员会编纂：《长垣县志》，中州古籍出版社 1991
　　年版。

戴亮主编：《银川艺文志》，方志出版社 2016 年版。

付璇琮总主编：《续修四库全书总目提要·史部》，上海古籍出版社 2014
　　年版。

傅璇琮主编：《续修四库全书总目提要·集部》，上海古籍出版社 2014
　　年版。

封丘县志编纂委员会编：《封丘县志》，中州古籍出版社 1994 年版。

胡玉缙撰，吴格整理：《续四库提要三种》，上海书店出版社 2002 年版。

中国古籍善本书目编辑委员会编：《中国古籍善本书目·经部》，上海古
　　籍出版社 1989 年版。

获嘉县志编纂委员会编：《获嘉县志》，生活·读书·新知三联书店出版
　　社 1991 年版。

辉县市史志编纂委员会编：《辉县市志》，中州古籍出版社 1994 年版。

李敏修辑录，申畅总校补：《中州艺文录校补》，中州古籍出版社 1995
　　年版。

李时灿等编：《中州先哲传》，《中国古代地方人物传记汇编》第 102 辑，
　　北京燕山出版社 2008 年版。

李晋林编著：《临汾经籍志》，山西人民出版社 2006 年版。

吕友仁主编：《中州文献总录》，中州古籍出版社 2002 年版。

刘永之、耿瑞玲：《河南地方志提要》，河南大学出版社 1990 年版。

栾星主编：《中原文化大典·著述典》，中州古籍出版社 2008 年版。

唐圭璋编纂，王仲闻参订，孔凡礼补辑：《全宋词》，中华书局 1999
　　年版。

吴格、眭骏整理：《续修四库全书总目提要·丛书部》，国家图书馆出版
　　社 2010 年版。

王天兴等主编：《河南历代名人辞典》，中州古籍出版社 1991 年版。

王重民编：《中国善本书提要补编》，北京图书馆出版社 1991 年版。

王德毅编：《中国历代名人年谱总目》，华世出版社 1979 年版。

王毓主编：《河南档案珍品评介》，内部印刷 1996 年版。

魏青铦撰：《汲县今志》，《中国地方志集成·河南府县志辑 13》，上海书

店出版社 2013 年版。

卫辉市地方史志编纂委员会编：《卫辉市志》，生活·读书·新知三联书店出版社 1993 年版。

徐世昌：《晚晴簃诗汇》，中华书局 1990 年版。

辛幹撰：《无锡艺文志长编》，上海古籍出版社 2015 年版。

续修四库全书总目提要编纂委员会编：《续修四库全书总目提要·经部》，上海古籍出版社 2015 年版。

薛瑞兆、郭明志编纂：《全金诗》，南开大学出版社 1995 年版。

新乡市档案局汇编：《新乡八县市档案馆藏珍品荟萃》，内部印刷 1992 年版。

新乡县史志编纂委员会编：《新乡县志》，生活·读书·新知三联书店出版社 1991 年版。

新乡市郊区史志编纂委员会编：《新乡市郊区志》，生活·读书·新知三联书店出版社 1993 年版。

新乡市地方史志编纂委员会编：《新乡市志》，生活·读书·新知三联书店出版社 1994 年版。

新乡市地名办公室编：《河南省新乡市地名志》，陕西人民出版社 1991 年版。

杨松如编著：《中州历史人物著作简目》，中州古籍出版社 1991 年版。

杨静琦等编：《河南地方志佚书目录》，河南省地方志编纂委员会内部印行 1982 年版。

杨维忠等主编：《东山艺文志》，广陵书社 2008 年版。

延津县史志编纂委员会编：《延津县志》，生活·读书·新知三联书店出版社 1991 年版。

原阳县志编纂委员会编：《原阳县志》，中州古籍出版社 1995 年版。

朱士嘉：《中国地方志综录》，商务印书馆 1958 年版。

曾枣庄、刘琳主编：《全宋文》，上海辞书出版社 2006 年版。

张林编著：《新乡历史名人》，中国社会出版社 2003 年版。

张耕田、陈巍主编：《苏州民国艺文志》，广陵书社 2005 年版。

郑州大学中文系编：《元明清中州艺文简目》，郑州大学中文系资料室 1984 年版。

中国古籍善本书目编辑委员会编：《中国古籍善本书目·史部》，上海古籍出版社 1993 年版。

中国古籍善本书目编辑委员会编：《中国古籍善本书目·子部》，上海古籍出版社 1996 年版。

中国古籍善本书目编辑委员会编：《中国古籍善本书目·集部》，上海古籍出版社 1998 年版。

中国科学院北京天文台主编：《中国地方志联合目录》，中华书局 1985 年版。

中国古籍总目编纂委员会编：《中国古籍总目》，上海古籍出版社 2009 年版。

三　工具书

吕宗力主编：《中国历代官制大辞典》，北京出版社 1994 年版。

唐嘉弘主编：《中国古代典章制度大辞典》，中州古籍出版社 1998 年版。

俞鹿年编著：《中国官制大辞典》，黑龙江人民出版社 1992 年版。

郑天挺等主编：《中国历史大辞典》，上海辞书出版社 2000 年版。